모든 언어는 평등하다

지구 상의 모든 언어는
인류 공동체 문명 발전의 발자취입니다.
힘이 센 나라의 언어라 해서 더 좋거나 더 중요한 언어가 아닌 것처럼,
많은 사람들이 쓰지 않는 언어라 해서 덜 좋거나 덜 중요한 언어는 아닙니다.

문화 다양성에 따른 언어 다양성은 인류가 서로 견제하고
긍정적인 자극을 주고받으며 소통, 발전할 수 있는 계기가 됩니다.
그러나 안타깝게도 현재 일부 언어가 '국제어'라는 이름 아래
전 세계 사람들에게 강요되고 있습니다.

언어평등의 꿈은 전 세계 모든 언어를 학습할 수 있는 어학 콘텐츠를
개발하는 것입니다. 어떠한 언어에도 우위를 주지 않고, 다양한 언어의 고유
가치를 지켜나가겠습니다. 누구나 배우고 싶은 언어를 자유롭게 선택해서
배울 수 있도록 더욱 정진하겠습니다.

언어평등은 문예림의 아날로그와 디지털을 아우르는
어학 콘텐츠 브랜드입니다.
56년째 언어 생각뿐.

언어평등 시리즈 첫걸음

언어평등은 누구나 평등하고 자유롭게 전 세계 모든 언어를 학습 할 수 있도록 여러분과 함께 할 것입니다.

히브리어는 아프리카-아시아어권 셈어족에 속하며, 문자는 히브리어 자음문자를 사용한다. 유대교의 언어로서 히브리 성경이나 미쉬나 등의 연구, 종교의식, 기도 등 고대 유대인 공동체 언어로 사용되다가 유대인들이 흩어지면서 AD 3세기부터 생활 언어로 사용이 중단되었다. 19세기 말에 부활된 오늘의 히브리어는 구약성경과 미쉬나의 고전 히브리어 및 한때 유대 인들의 생활 언어였던 아람어를 근간으로 한다. 전 세계 약 1,200만 명 정도가 히브리어를 알고 있고 이스라엘에서는 약 900만 명이 공 용어로 사용하고 있다. 전 세계 약 1,200만 명 정도가 히브리어를 알고 있고 이스라엘에서는 약 900만 명이 공용어로 사용하고 있다.

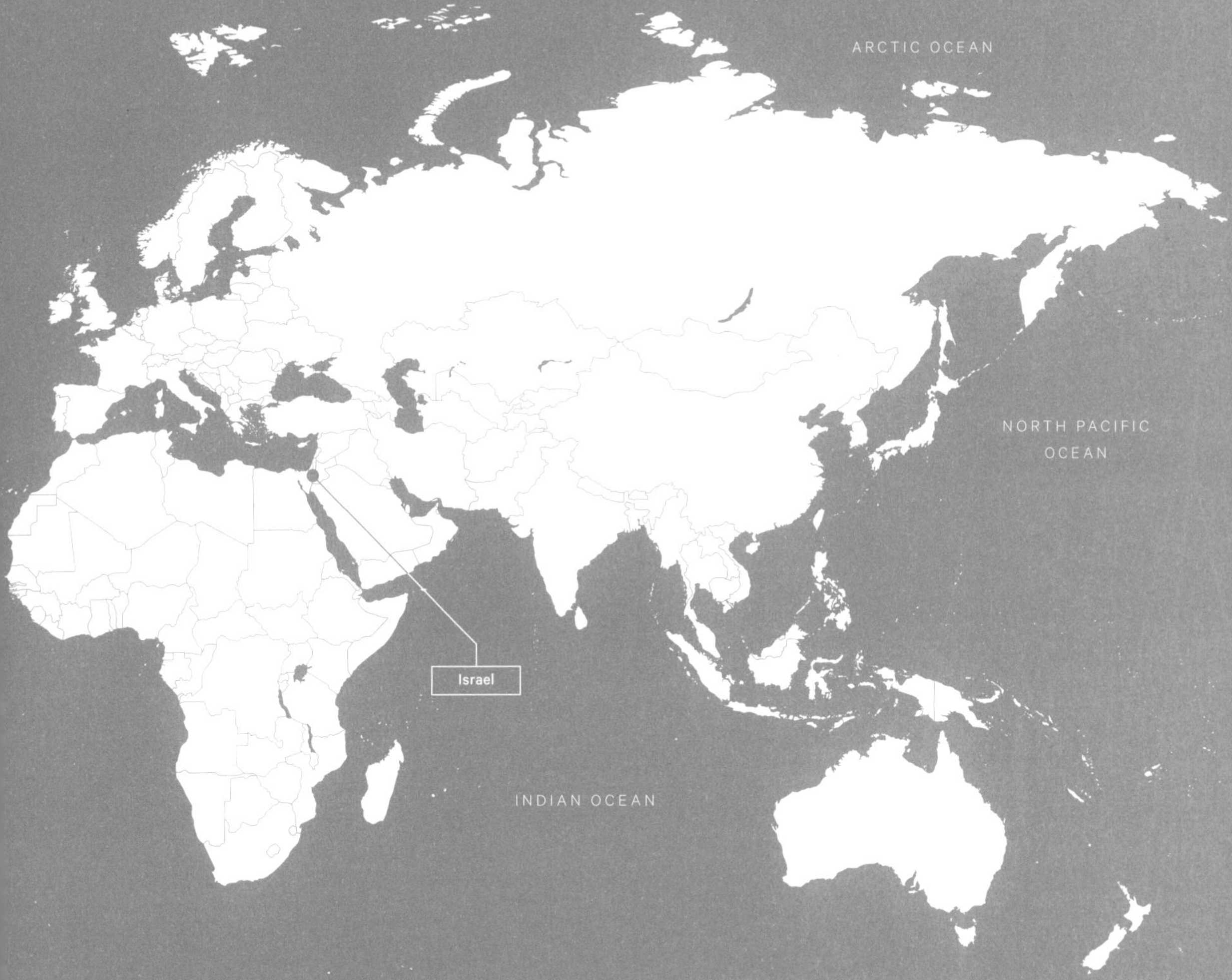
ARCTIC OCEAN
NORTH PACIFIC OCEAN
Israel
INDIAN OCEAN

동영상 강의 시청하기

언어평등 (www.EQlangs.com) 구매하면
해당도서의 강의를 보실 수 있습니다.
저자가 알려주는 언어 이야기도 보실 수 있습니다.

MP3 다운로드 방법

1단계
언어평등 (www.EQlangs.com) 사이트
고객센터 - 자료실 - MP3 들어오기

2단계
제목______________에 찾고자 하는
도서명을 입력 후 검색하세요.

www.EQlangs.com

평등한 언어 세상을 위한

평등한 언어 세상을 위한 시작

히브리어 첫걸음

הצעד הראשון בעברית

שוויון לשוני

언어평등

평등한 언어 세상을 위한

히브리어 첫걸음

초판 3쇄 인쇄 2023년 3월 15일
초판 3쇄 발행 2023년 3월 24일

지은이 신성윤
펴낸이 서덕일
펴낸곳 언어평등

출판등록 2018.6.5 (제2018-63호)
주소 경기도 파주시 회동길 366 3층 (10881)
전화 (02)499-1281~2 **팩스** (02)499-1283
전자우편 info@moonyelim.com
홈페이지 www.moonyelim.com

ISBN 979-11-964086-0-2(13790)
값 15,000원

머리말

Preface

이 책은 생활 회화를 중심으로 히브리어를 익힐 수 있도록 구성했다. 관련 어휘는 충실하게 수록하고, 문법은 친절하게 설명하려고 노력했다. 또한 연습문제와 해답을 실어 학습자 스스로 학습 성과를 확인할 수 있도록 했다.

히브리어 원문과 어휘에는 초보자의 학습을 돕기 위해 한글 음역을 달았다. 히브리어 음운 체계가 한글과 다르기 때문에 음역이 일관되지 못한 부분도 있겠지만 히브리어를 처음 학습하는 독자들에게는 좋은 길잡이가 되어 줄 것이다.

오래전부터 다양한 외국어 교재를 전문적으로 출판한 문예림을 통하여 현대 히브리어 회화 교재가 나오게 되었다. 부족한 사람에게 주신 기회에 감사드리며 책이 나올 수 있도록 도움을 주신 분들께 감사드리고 싶다.

이스라엘 첫 일 년을 함께 했던 허성군 교수님께 감사드린다. 출판사와의 만남을 주선해 주신 김종일 교수님께 감사드리며 히브리어 부분을 확인해 준 노아 아브라하미 씨에게 감사한다. 수익이 나지 않는 외국어 교재 출간에 수십 년 헌신하신 문예림의 서덕일 사장님께도 감사드린다. 언어 교재에 대한 그분의 관심과 철학이 없었다면 이 책은 나오지 못했을 것이다.

이 작은 교재가 히브리어에 관심을 가지는 분들에게 작은 도움이 되었으면 좋겠다. 이스라엘을 사랑하는 모든 분들께 이 책을 바치고 싶다. 유대 민족의 회복과 번영을 기원하며...

2018년 4월

차 례

Contents

히브리어 알파벳과 발음

히브리어 알파벳은 스물두 개이며 모두 자음이다.

명칭	인쇄체	필기체	음가와 발음
알레프 (Alef)	א	[illegible]	초성 'ㅇ'과 유사하다. 자음으로서 음가는 따로 없다고 생각하면 쉽다.
베트 (Bet)	ב	[illegible]	'ㅂ'에 해당한다. 보통 [b] 음가로 나타나지만 바로 앞에 모음이 있으면 [b]가 [v]로 약화되어 발음된다.
기멜 (Gimel)	ג	[illegible]	'ㄱ'에 해당한다.
달렛 (Dalet)	ד	[illegible]	'ㄷ'에 해당한다.
헤이 (Hei)	ה	[illegible]	'ㅎ'에 해당한다.
봐브 (Vav)	ו	[illegible]	본래 음가 [w]를 독일어 방식으로 발음한다. 즉, [v]에 해당한다.
자인 (Zayin)	ז	[illegible]	[z]의 음가이다. 'ㅈ'을 유성화시킨 것과 유사하다.
헷트 (Chet)	ח	[illegible]	목구멍 깊숙이서 발음해 내는 'ㅎ'이다.
테트 (Tet)	ט	[illegible]	'ㅌ'에 해당한다.
요드 (Yod)	י	[illegible]	[y]에 해당한다. 요드에 'ㅏ'가 오면 [야], 'ㅗ'가 오면 [요], 'ㅜ'가 오면 [유]로 발음된다.
카프 (Kaf)	כ	[illegible]	'ㅋ'에 해당한다. 보통 [k] 음가로 나타나지만 바로 앞에 모음이 있으면 [k]가 [kh]로 약화되어 발음된다.
라메드 (Lamed)	ל	[illegible]	종성 'ㄹ'과 유사하다. [l]에 해당하는 발음이다.
멤 (Mem)	מ	[illegible]	'ㅁ'에 해당한다.
눈 (Nun)	נ	[illegible]	'ㄴ'에 해당한다.

사멕 (Samekh)	ס	ס	'ㅅ'에 해당한다.
아인 (Ayin)	ע	ע	목구멍 깊숙이서 발음해 내는 초성 'ㅇ'이다.
페이 (Pei)	פ	פ	'ㅍ'에 해당한다. 보통 [p] 음가로 나타나지만 바로 앞에 모음이 있으면 [p]가 [f]로 약화되어 발음된다.
짜데 (Tsade)	צ	צ	'ㅊ'과 'ㅉ'의 중간쯤의 발음으로 들린다.
코프 (Qof)	ק	ק	'ㅋ'과 'ㄲ'의 중간쯤의 발음으로 들린다.
레쉬 (Resh)	ר	ר	초성의 'ㄹ'과 유사하다. [r]에 해당하는 발음이다.
쉰 (Shin)	ש	ש	보통 우측에 점이 오는 쉰(Shin)으로 [sh] 음가이다. 그러나 좌측에 점이 오면 신(Sin)으로 [s] 음가를 가진다.
타브 (Tav)	ת	ת	'ㅌ'과 유사하다.

다음 다섯 개의 알파벳은 단어의 마지막 알파벳이 될 때 모양이 변한다(어미형).

ץ ← צ　　ף ← פ　　ן ← נ　　ם ← מ　　ך ← כ

ארץ ← ארצ　　אלף ← אלפ　　אבן ← אבנ　　אגם ← אגמ　　מלך ← מלכ

히브리어는 오른쪽에서 왼쪽으로 쓰며 일반적인 어순은 주어–동사–목적어이다. 동사가 주어의 인칭, 성, 수에 따라 활용되기 때문에 주어가 단순히 인칭대명사인 경우에는 일반적으로 동사만으로 주어와 동사를 동시에 표현한다.

히브리어로 말할 때는 자음과 모음을 동원하여 발음하지만 히브리어로 기록할 때는 모음 없이 자음으로만 기록한다. 구약성서나 탈무드 문헌에는 본문에 모음부호가 표시되어 있지만 일반적인 책이나 신문은 자음으로만 인쇄된다. 사람들이 기록할 때도 자음으로만 쓴다. 히브리어는 자음으로만 기록해도 혼선 없이 읽을 수 있는 구조이다. 원활한 학습을 위하여 이 책의 모든 어휘에는 모음부호를 붙였다.

히브리어 알파벳 쓰기 연습

Alef

א	א	א	א	א	א	א

Bet

ב	ב	ב	ב	ב	ב	ב

Gimel

ג	ג	ג	ג	ג	ג	ג

Dalet

ד	ד	ד	ד	ד	ד	ד

Hei

ה	ה	ה	ה	ה	ה	ה

Vav

ו	ו	ו	ו	ו	ו	ו

Zayin

ז	ז	ז	ז	ז	ז	ז

Chet

ח	ח	ח	ח	ח	ח	ח

Tet

ט	ט	ט	ט	ט	ט	ט

Yod

י	י	י	י	י	י	י

Kaf

כ	כ	כ	כ	כ	כ	כ

Lamed

ל	ל	ל	ל	ל	ל	ל

Mem

מ	מ	מ	מ	מ	מ	מ

Nun

נ	נ	נ	נ	נ	נ	נ

Samekh

ס	ס	ס	ס	ס	ס	ס

Ayin

ע	ע	ע	ע	ע	ע	ע

Pei

פ	פ	פ	פ	פ	פ	פ

Tsade

צ	צ	צ	צ	צ	צ	צ

Qof

ק	ק	ק	ק	ק	ק	ק

Resh

ר	ר	ר	ר	ר	ר	ר

Shin

ש	ש	ש	ש	ש	ש	ש

Tav

ת	ת	ת	ת	ת	ת	ת

히브리어의 모음과 모음부호

히브리어의 모음은 [아] [에] [에이] [이] [오] [우]로 구성되어 있으며, 이 모음이 스물두 개의 자음에 붙어서 소리를 낸다. 히브리어 모음은 모음부호를 통하여 표시된다.

모음	모음부호 명칭	א에 모음부호가 오면	
[a]	카마쯔	אָ [아]	카마쯔가 가장 길고 하타프 파타흐가 가장 짧지만 실제 발음에서는 구별이 힘들다.
	파타흐	אַ [아]	
	하타프 파타흐	אֲ [아]	
[e]	쩨레	אֵ [에]	위에 있는 모음이 가장 길지만 실제 발음에서는 구별이 어렵다. 쉐봐 나아는 발음의 필요상 **[에]** 모음이 자연스레 만들어지는 경우이다.
	세골	אֶ [에]	
	하타프 세골	אֱ [에]	
	쉐봐 나아	אְ [에]	
[ei]	쩨레 말레	אֵי [에이]	
	세골 말레	אֶי [에이]	
[i]	히리크 하세르	אִ [이]	
	히리크 말레	אִי [이]	
[o]	홀람 하세르	אֹ [오]	카마츠(**[아]**)와 동일한 부호로 표시되는 카마츠 카탄(**[오]**)은 드물게 사용된다.
	홀람 말레	אוֹ [오]	
	카마츠 카탄	אָ [오]	
	하타프 카마쯔	אֳ [오]	
[u]	슈루크	אוּ [우]	
	쿠부츠	אֻ [우]	
[Ø]	쉐봐 나흐	אְ [으]	쉐봐 나흐를 가진 자음은 주로 종성이다.

쉐봐 שְׁוָא

쉐봐는 모음이 없음을 표시하는 부호이다. 단어를 구성하는 자음에 모음이 없는 경우 그 자음 아래에 두 개의 점을 상하로 찍어서 표시한다. 단어의 마지막에 오는 자음이 모음을 가지지 않을 경우 쉐봐는 따로 표시하지 않고 생략한다. כ가 단어의 마지막에 오면서 모음을 가지지 않는 경우에는 예외적으로 쉐봐를 넣어 ךְ로 나타낸다.

חָתִיךְ[하티크] 미남 מֶלֶךְ[멜레크] 왕

쉐봐는 '쉐봐 나흐'와 '쉐봐 나아'로 나뉜다.

1 쉐봐 나흐 שְׁוָא נָח

쉐봐를 가지는 자음이 단어 속에서 모음 없이 발음되면서 폐음절의 종성 역할을 하는 경우이다('마'나 '보'같이 자음+모음으로 이루어진 음절을 개음절, '말'이나 '봄' 같이 자음+모음+자음으로 이루어진 음절을 폐음절이라 한다). 예를 들면, 다음 단어들의 ל나 פ 밑에 나오는 쉐봐의 경우이다.

תַלְמִיד[탈믿=탈미드] 학생 מַפְסִיד[맢싣=마프시드] 손해 보는

2 쉐봐 나아 שְׁוָא נָע

소리가 발생하려면 자음과 모음이 부딪혀야 한다. 히브리어 단어가 발음되기 위해 때때로 모음 없음을 표시하는 쉐봐가 모음 역할을 해야 하는 경우가 있다. 이때 쉐바는 [에] 모음으로 나타나는데 이를 '쉐봐 나아'라고 부른다.

בְּסֵדֶר[ㅂ세데르>베세데르] 괜찮아요
עַצְמְךָ[아ㅉㅁ카>아쯔메카] 네 자신 (아ㅉ=아쯔 이것이 히브리어에서는 한 음절)
דִיבְּרוּ[딥ㅂ루>딥베루] 그들이 이야기했다 (자음 ב가 중복되는 경우, 아래 다게쉬 참조)

단어의 첫 자음 밑에 쉐봐가 오는 경우, 단어 가운데서 쉐봐가 연속될 때 두 번째 쉐봐의 경우, 중복되는 자음 밑에 오는 쉐봐의 경우가 이에 해당한다. 그러나 이 세 경우라고 해서 꼭 쉐봐 나아로 발음하는 것은 아니다. 그렇지 않은 많은 경우들이 존재한다.

סְפָרִים[ㅅ파림>스파림] 책들 (구태여 세파림으로 발음하지 않음)
דִיבְּרוּ[딥ㅂ루>딥브루] 그들이 이야기했다 (많은 사람이 딥베루 대신 딥브루로 발음)

📖 쉐봐가 어떻게 발음되는지 살펴보니 쉐봐 나흐와 쉐봐 나아로 분류되는 것이지 규칙을 정해 놓고 쉐봐 나흐와 쉐봐 나아로 구분하는 것은 아니다.

📖 단어 마지막에 오는 א나 ה는 보통 묵음이 된다.

קָרָה[카라] (일이) 일어나다	קוֹרֶה[코레] 일어나는
קָרָא[카라] 읽다, 외치다, 부르다	קוֹרֵא[코레] 읽는, 외치는, 부르는

다게쉬 דָּגֵשׁ

다게쉬는 강세를 표시하는 발음기호로 알파벳 속에 점을 찍어 표시한다. 다게쉬는 '다게쉬 칼'과 '다게쉬 카베드' 두 종류로 나뉜다.

1 다게쉬 칼 דָּגֵשׁ קַל

다게쉬 칼은 '가벼운 강세'라는 뜻이다. 자음 ב와 כ와 פ는 각각 [b]와 [v], [k]와 [kh], [p]와 [f] 두 음가를 가진다. 각 자음이 두 음가 중 어느 소리를 내는가는 그 자음이 단어 속에서 어느 위치에 오는가에 달렸다. 곧 위치에 따라서 ב가 [b]로 발음될 수도 [v]로 발음될 수도 있다. 이것은 발음하는 사람이 의도하지 않아도 자연스레 발생하는 음성학적 현상이다. 단어 속의 ב와 כ와 פ는 바로 앞에 모음이 없으면 소리가 강해져서 [b], [k], [p]로 발음되고 반대로 바로 앞에 모음이 있으면 그 영향으로 소리가 부드러워져서 [v], [kh], [f]로 발음된다.

1) 소리가 강해지는 경우 자음 안에 다게쉬 칼을 표시하게 된다.

❶ בּ와 כּ와 פּ가 단어를 구성하는 첫 번째 자음으로 올 때

בֹּקֶר[boqer 보케르] 아침

כּוֹס[kos 코스] 컵

פָּנִים[panim 파님] 얼굴

❷ בּ와 כּ와 פּ가 단어 가운데서 쉐봐(모음 없음 부호) 다음에 올 때

מַחְבֶּרֶת [mahberet 마흐베렛] 노트 מַסְכִּים [maskim 마스킴] 동의하는

מַסְפִּיק [maspiq 마스픽] 충분한

2) 소리가 약해지는 경우 자음 안에는 다게쉬 점이 표시되지 않는다.

❶ בּ와 כּ와 פּ가 단어 가운데서 모음 다음에 올 때

חָבֵר [haver 하베르] 친구 חָכָם [hakham 하캄] 지혜자; 지혜로운

סֵפֶר [sefer 세페르] 책

❷ בּ와 כּ와 פּ가 모음 없이 단어의 마지막에 올 때

חָלָב [halav 할라브] 우유 חָתִיךְ [hatikh 하티크] 미남

שָׂרַף [saraf 사라프] 태우다

이스라엘 사람의 히브리어 발음에서는 다게쉬 칼 현상이 분별되지만 히브리어로 글을 쓸 때에는 다게쉬 칼 표시를 따로 하지 않는다.

2 다게쉬 카베드 דָּגֵשׁ כָּבֵד

세 개의 자음 ב כ פ가 단어 속에서 앞 모음의 영향을 따라서 음가가 강해지거나 약해지는 자연스런 현상을 표시한 것이 다게쉬 칼이라면 다게쉬 카베드는 그 자음이 중복되었음을 표현하는 단어 속의 점이다. 곧, 그 자음이 중복되었으므로 발음할 때에는 그 음가를 중복해서 발음해야 한다. 다게쉬 카베드는 후음 계열의 자음들 א ה ח ע과 ר 외 다른 모든 자음에서 나타날 수 있다. 다게쉬 카베드가 나타나는 대표적인 경우는 히브리어 정관사가 사용될 때와 특정한 그룹의 동사들이나 명사들이 사용될 때이다.

1) 히브리어 정관사의 경우

히브리어 정관사의 본래 모양은 הַל[할]로 추정된다. 히브리어 정관사의 특징은 독립된 한 단어로 사용되지 않고 다음에 오는 단어에 접두된다는 점이다. 이때 정관사의 두 번째 자음 ל는 그 다음 자음에 동화되면서 다게쉬 카베드를 만들어 낸다. 즉, 자음을 두 번 쓰지 않는 대신 다게쉬 카베드(중복점)를 사용한다.

הַל+בַּיִת → הַלְבַּיִת → הַבְבַּיִת → הַבַּיִת [habbayit 합바이트] the house

הַל+סֵפֶר → הַלְסֵפֶר → הַסְסֵפֶר → הַסֵּפֶר [hassefer 핫세페르] the book

הַכּוֹס ← הַכְּכּוֹס ← הַלְכּוֹס ← הל+כּוֹס[hakkos 학코스] the cup

*정관사가 붙기 전의 בַּיִת와 כּוֹס에 나타나는 점은 다게쉬 칼이다. 정관사가 붙은 הַבַּיִת와 הַכּוֹס의 점은 다게쉬 카베드이다.

정관사가 א ה ח ע ר로 시작되는 단어 앞에 오게 되면 이 자음들 속에 다게쉬 카베드, 곧 중복점을 남길 수 없다. 그 경우에는 정관사 ה의 모음에 변화를 주는 것으로 대신하게 된다.

הָאוֹטוֹ ← הַאְאוֹטוֹ ← הַלְאוֹטוֹ ← הַל+אוֹטוֹ[hāoto 하오토] the auto
הֶחָכָם ← הַחְחָכָם ← הַלְחָכָם ← הַל+חָכָם[hehakham 헤하캄] the wise

2) 중복 어근을 가지는 히브리어 동사들의 경우

히브리어 동사는 보통 세 개의 자음으로 동사의 어근들을 이루게 되는데 특정한 동사 패턴은 동사의 두 번째 어근을 중복시키며 활용된다. 이때 중복되는 동사 어근은 그 자음을 두 번 쓰지 않고 가운데 다게쉬 카베드를 찍어 어근이 중복됨을 표시한다.

דִּיבֵּר[dibber 딥베르] 말하다
הִתְקַדֵּם[hitqaddem 히트캇뎀] 진보하다, 나아가다

또 다른 경우는 동사의 첫 번째 어근에 נ이 오는 동사들의 경우이다. 자음 נ이 활용 가운데 자신을 지키지 못하고 바로 뒤에 나오는 자음으로 동화하는 경향을 보인다.

נָפַל[nafal 나팔] 떨어지다

미래 2인칭 남성단수로 활용하면

תִּפּוֹל ← תִּפְפּוֹל ← תִּנְפּוֹל [tippol 팁폴] 네가 떨어질 것이다

3) 중복 어근을 가지는 히브리어 명사와 형용사들의 경우

'안식일'을 뜻하는 명사 שַׁבָּת[샤밧]은 두 번째 어근이 중복된 명사이다. '영수증'을 의미하는 קַבָּלָה[카발라]도 같은 경우이다. '많은, 큰, 위대한' 등의 의미를 가지는 형용사 רַב[라브]가 여성형이 되면 רַבָּה[라바]가 되는데 이때 두 번째 어근은 중복된 형태로 나타난다.

📖 히브리어로 글을 쓸 때 다게쉬 카베드로 따로 표시하지 않는다.

히브리어 한글 음역과 약어표

이 책에 제시된 히브리어 어휘와 표현들에 대한 한국어 음역은 히브리어 발음이 들리는 대로 최대한 맞추어 쓴 것이다. 얼마든지 제시된 음역과 다르게 표기할 수도 있다. 가장 중요한 것은 한국어 음역에 따라 발음했을 때 그 히브리어 어휘나 표현이 상대방에게 본래의 의미로 들려야 한다는 점이다.

이 책에 나오는 본문과 문법 설명 및 표현 익히기에 소개되는 모든 어휘는 각 단락의 Vocabulary에 알파벳 순으로 배열했다. 다음 어휘 표시 약어를 참고하도록 한다.

대명.	대명사
인칭대명.	인칭대명사
인칭접미.	인칭대명사 접미
지시대명.	지시대명사
의문대명.	의문대명사
목적격 대명.	목적격 대명사
소유격 대명.	소유격 대명사
명.	명사
형.	형용사
지시형.	지시형용사
수.	수사
동.	동사
조동.	조동사
to 부정.	to 부정사
정관.	정관사
부.	부사
의문부.	의문부사
전치.	전치사
접.	접속사
감.	감탄사
관용.	관용구, 숙어 표현
1.	일인칭
2.	이인칭
3.	삼인칭
m.	남성
f.	여성
c.	혼성(남여공용)
s.	단수
pl.	복수

שִׁיעוּר 01

인사

בּוֹקֶר טוֹב.

좋은 아침입니다.

Dialogue

בּוֹקֶר טוֹב. [보케르 토브]	좋은 아침입니다. (=안녕하세요: 아침 인사)
צָהֳרַיִם טוֹבִים. [쪼호라임 토빔]	좋은 낮시간입니다. (=안녕하세요 : 낮 인사)
עֶרֶב טוֹב. [에레브 토브]	좋은 저녁입니다. (=안녕하세요 : 저녁 인사)
לַיְלָה טוֹב. [라일라 토브]	좋은 밤 되세요. (늦은 밤 인사)
שָׁלוֹם. [샬롬]	안녕하세요. (모든 경우에 통하는 인사)
מָה נִשְׁמָע? [마 니쉬마]	어떻게 지내십니까?
מָה חָדָשׁ? [마 하다쉬]	새로운 일이 있나요?
לְהִתְרַאוֹת. [레히트라옷]	다시 만나요.

שָׁלוֹם, מָה נִשְׁמָע? [샬롬 마 니쉬마]	안녕하세요, 어떻게 지내십니까?
בְּסֵדֶר. תוֹדָה. [베세데르 토다]	괜찮아요. 감사합니다.
וְאַתָּה? [붸앗타]	근데 당신은요?

Vocabulary

- אֲנִי 인칭대명.1.c.s. 나
- בּוֹקֶר 명.m.s. 아침
- בְּסֵדֶר 관용. 괜찮아요
- גַּם 부. 또한
- וְאַתָּה 접. and + 인칭대명.2.m.s. 당신
- חָדָשׁ 형.m.s. 새로운
- טוֹב 형.m.s. 좋은
- טוֹבִים 형.m.pl. 좋은
- לְהִתְרַאוֹת 관용. 다시 만나요
- לַיְלָה 명.m.s. 밤
- מָה 의문대명. 무엇
- עֶרֶב 명.m.s. 저녁
- צָהֳרַיִם 명.m.pl. 오전 오후 낮 시간

שָׁלוֹם 명.m.s. 평화, 평안
תּוֹדָה 관용. 감사합니다

אֲנִי גַּם בְּסֵדֶר. תּוֹדָה.
[아니 감 베세데르 토다]
저도 괜찮아요. 감사합니다.

לְהִתְרָאוֹת.
[레히트라옷]
또 만나요.

שָׁלוֹם. לְהִתְרָאוֹת.
[샬롬 레히트라옷]
안녕히 가세요. 또 뵙지요.

Grammar

1 히브리어 명사: 성과 수

히브리어 명사에는 성과 수의 구분이 있다. 남성명사와 여성명사가 있고 명사에는 단수와 복수 구분이 있다. 문장이나 표현에서 명사가 등장하면 그것은 남성단수, 여성단수, 남성복수, 여성복수 이 넷 중 하나에 속하게 된다. 남성단수명사를 기본으로 볼 때 여성단수명사, 남성복수명사, 여성복수명사는 외적인 형태를 통해서 대략 드러난다.

남성명사		여성명사	
단수	복수	단수	복수
עֶרֶב 저녁 [에레브]	עֲרָבִים 저녁들 [아라빔]	גִּינָה 정원 [기나]	גִּינוֹת 정원들 [기놋]
סֵפֶר 책 [세페르]	סְפָרִים 책들 [스파림]	מַחְבֶּרֶת 노트 [마흐베렛]	מַחְבָּרוֹת 노트들 [마흐바롯]
חָבֵר 친구 [하베르]	חֲבֵרִים 친구들 [하베림]	חֲבֵרָה 여자친구 [하베라]	חֲבֵרוֹת 여자친구들 [하베롯]

예외가 있지만 일반적으로 여성단수명사 끝에는 ה나 ת가 나타나고 남성복수에는 ים이 여성복수에는 וֹת가 붙는다.

2 히브리어 형용사: 성과 수

히브리어 형용사에도 남성과 여성, 단수와 복수의 구분이 있다. 형용사가 명사를 수식할 때 그 형용사는 보통 그 명사 바로 뒤에 위치한다. 그리고 이때 이 형용사는 앞 명사의 성과 수에 일치하는 형태로 와야 한다.

בּוֹקֶר טוֹב
[보케르 토브]
'아침'을 뜻하는 **בּוֹקֶר**는 남성단수명사이다.
수식하는 형용사 **טוֹב**는 기본형인 남성단수 형태로 나타난다.

צָהֳרַיִם טוֹבִים
[쪼호라임 토빔]
'오전과 이른 오후'를 뜻하는 **צָהֳרַיִם**은 남성복수명사이다.
따라오는 형용사 **טוֹב**는 남성복수 **טוֹבִים** 형태로 나타난다.

אִשָּׁה טוֹבָה
[이샤 토바]
'여자'를 뜻하는 **אִשָּׁה**는 여성단수명사이다.
따라오는 형용사 여성단수 형태로인 **טוֹבָה**로 나타난다.

חֲבֵרוֹת טוֹבוֹת
[하베롯 토봇]
'여자친구들'을 의미하는 **חֲבֵרוֹת**은 여성복수명사이다.
따라오는 형용사는 여성복수형태 **טוֹבוֹת**으로 나타난다.

📖 **לַיְלָה**[라일라]는 형태상으로 여성단수이지만 남성단수명사이다. 그래서 **לַיְלָה טוֹבָה** [라일라 토바]가 아니라 **לַיְלָה טוֹב**[라일라 토브]가 된다.

형용사	남성단수	여성단수	남성복수	여성복수
טוֹב 좋은 [토브]	טוֹב [토브]	טוֹבָה [토바]	טוֹבִים [토빔]	טוֹבוֹת [토봇]
חָזָק 강한 [하자크]	חָזָק [하자크]	חֲזָקָה [하자카]	חֲזָקִים [하자킴]	חֲזָקוֹת [하자콧]
גָּדוֹל 큰 [가돌]	גָּדוֹל [가돌]	גְּדוֹלָה [그돌라]	גְּדוֹלִים [그돌림]	גְּדוֹלוֹת [그돌롯]
נֶחְמָד 친절한 [네흐마드]	נֶחְמָד [네흐마드]	נֶחְמָדָה [네흐마다]	נֶחְמָדִים [네흐마딤]	נֶחְמָדוֹת [네흐마돗]
חוֹלֶה 아픈 [홀레]	חוֹלֶה [홀레]	חוֹלָה [홀라]	חוֹלִים [홀림]	חוֹלוֹת [홀롯]
עָיֵף 피곤한 [아예프]	עָיֵף [아예프]	עֲיֵפָה [아예파]	עֲיֵפִים [아예핌]	עֲיֵפוֹת [아예폿]
יָפֶה 아름다운 [야페]	יָפֶה [야페]	יָפָה [야파]	יָפִים [야핌]	יָפוֹת [야폿]
מְעַנְיֵן 흥미로운 [메안옌]	מְעַנְיֵן [메안옌]	מְעַנְיֶנֶת [메안예넷]	מְעַנְיְנִים [메안예님]	מְעַנְיְנוֹת [메안예놋]

Vocabulary

- **אָדָם** 명.m.s. 인간, 사람
- **אִמָּא** 명.f.s. 엄마
- **אֲנַחְנוּ** 인칭대명.1.c.pl. 우리 (남녀공용)
- **אִשָּׁה** 명.f.s. 여자, 부인
- **אַתְּ** 인칭대명.2.f.s. 너, 당신(여)
- **אַתָּה** 인칭대명.2.m.s. 너, 당신
- **אַתֶּם** 인칭대명.2.m.pl. 너희들, 당신들
- **אַתֶּן** 인칭대명.2.f.pl. 너희들, 당신들(여)
- **גָּדוֹל** 형.m.s. 큰
- **גְּדוֹלִים** 형.m.pl. 큰
- **גִּינָּה** 명.f.s. 정원
- **דָתִיָּה** 형.f.s. 종교적인
- **הוּא** 인칭대명.3.m.s. 그, 그 사람

הִיא 인칭대명.3.f.s. 그녀, 그 여자

הֵם 인칭대명.3.m.pl. 그들, 그 남자들

הֵן 인칭대명.3.f.pl. 그녀들, 그 여자들

חָבֵר 명.m.s. 친구

חֲבֵרָה 명.f.s. 여자친구

חֲבֵרוֹת 명.f.pl. 여자친구들

חוֹלֶה 형.m.s. 아픈

חוֹלָה 형.f.s. 아픈

חָזָק 형.m.s. 강한

חֲזָקָה 형.f.s. 강한

טוֹבָה 형.f.s. 좋은

טוֹבוֹת 형.f.pl. 좋은

יְלָדִים 명.m.pl. 아이들

יָפֶה 형.m.s. 아름다운

יָפוֹת 형.f.pl. 아름다운

3 히브리어 인칭대명사

주어로 사용되는 인칭대명사는 3인칭에서 그, 그녀, 그들, 그녀들을 구분하는 네 개, 2인칭에서 당신, 당신(여), 당신들, 당신들(여)를 구분하는 네 개, 그리고 1인칭에서 나(남녀공용)와 우리(남녀공용)를 표현하는 두 개를 포함 모두 10개의 인칭대명사로 나타난다. 이하 남성, 여성, 단수, 복수는 각각 m. f. s. pl.로 남성과 여성을 같이 표현하는 경우에는 c.로 표시하기로 한다.

הוּא [후]	(3.m.s.)	그, 그 사람	He
הִיא [히]	(3.f.s.)	그녀, 그 여자	She
הֵם [헴]	(3.m.pl.)	그들, 그 사람들	They
הֵן [헨]	(3.f.pl.)	그녀들, 그 여자들	They
אַתָּה [앗타]	(2.m.s.)	너, 당신(m)	You
אַתְּ [앗트]	(2.f.s.)	너, 당신(f)	You
אַתֶּם [앗템]	(2.m.pl.)	너희들, 당신들(m)	You
אַתֶּן [앗텐]	(2.f.pl.)	너희들, 당신들(f)	You
אֲנִי [아니]	(1.c.s.)	나, 내(남녀공용)	I
אֲנַחְנוּ [아나흐누]	(1.c.pl.)	우리(남녀공용)	We

הוּא אָדָם טוֹב 그는 좋은 사람이다.
[후 아담 토브]

הִיא אִמָּא חֲזָקָה 그녀는 강한 엄마다.
[히 이마 하자카]

הֵם יְלָדִים גְּדוֹלִים 그들은 큰 애들이다.
[헴 옐라딤 그돌림]

הֵן נֶחְמָדוֹת 그녀들은 친절하다.
[헨 네흐마돗]

אַתָּה יִשְׂרְאֵלִי? 너 이스라엘 사람이야?
[앗타 이스라엘리]

אַתְּ חוֹלָה? 당신 아파요?
[앗트 홀라]

אַתֶּם נֶחְמָדִים. 여러분은 친절합니다.
[앗템 네흐마딤]

אַתֶּן יָפוֹת. 당신들(f) 예쁘시네요.
[앗텐 야폿]

אֲנִי קוֹרֵיאָנִי. 나는 한국 사람입니다.
[아니 코레아니]

אֲנִי קוֹרֵיאָנִית. 나는(f) 한국 사람입니다.
[아니 코레아닛]

אֲנַחְנוּ עֲיֵפִים. 우리는 피곤합니다.
[아나흐누 아예핌]

אֲנַחְנוּ עֲיֵפוֹת. 우리는(f) 피곤합니다.
[아나흐누 아예폿]

📖 우리가 남성과 여성으로 섞여 있을 경우에는 남성복수형용사를 사용한다.

4 히브리어 be 동사 현재형

히브리어에서 be 동사 현재형은 따로 존재하지 않는다. 즉, 동사가 없는 문장이나 표현이 가능하게 된다. 명사가 오고 이어 형용사가 오는 경우 문장이 될 수도 있고 구가 될 수도 있지만, 일반적으로 문맥 안에서 혼선 없이 파악된다(be 동사가 과거나 미래일 경우는 반드시 나타남).

הוּא אָדָם טוֹב. He *is* a good man.
[후 아담 토브]

הִיא דָתִיָה. She *is* religious.
[히 다티야]

אַתָּה יִשְׂרָאֵלִי? *Are* you an Israeli?
[앗타 이스라엘리]

אֲנִי קוֹרֵיאָנִי. I *am* a Koean.
[아니 코레아니]

📖 히브리어에는 영어의 a나 an에 해당하는 부정관사가 따로 없다. '하나'를 꼭 강조하려면 수사 one을 사용하여 표현한다.

אֲנַחְנוּ עַם אֶחָד. We are one nation.
[아나흐누 암 에하드]

יִשְׂרְאֵלִי 명/형.m.s. 이스라엘 사람, 이스라엘의
מַחְבֶּרֶת 명.f.s. 노트, 공책
מְעַנְיֵן 형.m.s. 흥미로운
נֶחְמָד 형.m.s. 친절한
נֶחְמָדוֹת 형.f.pl. 친절한
נֶחְמָדִים 형.m.pl. 친절한
סֵפֶר 명.m.s. 책
עָיֵף 형.m.s. 피곤한
עֲיֵפוֹת 형.f.pl. 피곤한
עֲיֵפִים 형.m.pl. 피곤한
עַם 명.m.s. 민족
קוֹרֵיאָנִי 명/형.m. 한국 사람, 한국의
קוֹרֵיאָנִית 명/형.f. 한국 사람(여), 한국의

Expression

1 만날 때 인사

מָה שְׁלוֹמְךָ?
[마 쉘롬카]
안녕하십니까? (상대가 남성 한 명인 경우)

מָה שְׁלוֹמֵךְ?
[마 쉘로메크]
안녕하십니까? (상대가 여성 한 명인 경우)

מָה שְׁלוֹמְכֶם?
[마 쉘롬켐]
안녕하십니까? (상대가 남성 여러 명 또는 남녀 여러 명인 경우)

מָה שְׁלוֹמְכֶן?
[마 쉘롬켄]
안녕하십니까? (상대가 여성 여러 명인 경우)

מָה הַמַּצָּב?
[마 하마짜브]
상황이 어때요?

בְּסֵדֶר
[베세데르]
괜찮아요.

טוֹב.
[토브]
좋아요.

טוֹב מְאוֹד.
[토브 메오드]
매우 좋아요.

מְצוּיָּן.
[메쭈얀]
아주 좋아요.

כָּכָה כָּכָה.
[카카 카카]
그저 그래요.

לֹא רַע.
[로 라아]
나쁘진 않아요.

לֹא טוֹב.
[로 토브]
안 좋아요.

Vocabulary

- אוֹתְךָ 인칭접미.2.m.s. 당신을
- אוֹתָךְ 인칭접미.2.f.s. 당신을(여)
- בְּבַקָּשָׁה 전치. by (בְּ) + 명.f.s. 요청; 부사적으로 please
- בִּזְהִירוּת 관용. 조심스럽게
- דָּבָר 명.m.s. 일, 사건, 말
- הַמַּצָּב 정관. the (ה) + 명.m. 상황
- הָעֶזְרָה 정관. the (ה) + 명.f.s. 도움
- יוֹם 명.m.s. 날
- כָּכָה כָּכָה 관용. 그저 그래요, So so.
- לֹא 부정부사. 아니오, not
- לְךָ 전치. to(לְ) + 인칭접미.2.m.s. 네게, to you
- לָךְ 전치. to(לְ) + 인칭접미.2.m.s. 네게(여), to you
- לָכֶם 전치. to(לְ) + 인칭접미.2.m.pl. 당신들에게, to you
- לִרְאוֹת 전치. to(לְ) + 보다 동사의 연계형부정사 to see
- מְאוֹד 부. 매우
- מוֹדֶה 동.현재.m.s. 감사하다
- מוֹדָה 동.현재.f.s. 감사하다

אָחְלָה.
[아흘라]

좋아요. (아랍어 기원으로 속어적 표현)

מַבְּסוּט.
[마브수트]

행복해요. (아랍어 기원으로 속어적 표현)

אַהֲלָן!
[아할란]

Hi! (아랍어 기원으로 속어적 표현)

טוֹב לִרְאוֹת אוֹתְךָ.
[토브 리르옷 오트카]

반가워요. (상대가 m.s.)

טוֹב לִרְאוֹת אוֹתָךְ.
[토브 리르옷 오타크]

반가워요. (상대가 f.s.)

2 헤어질 때 인사

נִתְרָאֶה שׁוּב.
[니트라에 슈브]

우리 또 봐요.

סַע בִּזְהִירוּת.
[사아 비제히룻]

조심해서 운전하세요. (상대가 m.s.)

סְעִי בִּזְהִירוּת.
[스이 비제히룻]

조심해서 운전하세요. (상대가 f.s.)

סְעוּ בִּזְהִירוּת.
[스우 비제히룻]

조심해서 운전하세요. (상대가 m.pl 또는 c.pl.)

שְׁמוֹר עַל עַצְמְךָ.
[쉬모르 알 아쯔메카]

몸 잘 챙기세요. (m.s.)

שִׁמְרִי עַל עַצְמֵךְ.
[쉬므리 알 아쯔메크]

몸 잘 챙기세요. (f.s.)

שִׁמְרוּ עַל עַצְמְכֶם.
[쉬므루 알 아쯔메켐]

몸 잘 챙기세요. (m/c.pl.)

- **מְעֻנְיָן** 형.m.s. 매우 좋은, 훌륭한
- **נִתְרָאֶה** 동.미래.1.c.pl. 서로 봅시다
- **סַע** 동.명령.2.m.s. 운전하라
- **סְעוּ** 동.명령.2.m.pl. 운전하라
- **סְעִי** 동.명령.2.f.s. 운전하라(여)
- **עַל** 전치. on
- **עַצְמְךָ** 명.m.s. 자신 + 인칭접미.2.m.s. 네 자신
- **עַצְמֵךְ** 명.m.s. 자신 + 인칭접미.2.m.s. 네 자신(여)
- **עַצְמְכֶם** 명.m.s. 자신 + 인칭접미.2.m.pl. 너희들 자신을
- **רַבָּה** 형.f.s. 많은; 부사적으로 매우
- **רַע** 형.m.s. 나쁜
- **שַׁבָּת** 명.f.s. 안식일
- **שׁוּב** 부. 다시, 또
- **שְׁלוֹמְךָ** 명.m.s. 평화, 안녕 + 인칭접미.2.m.s. 당신의
- **שְׁלוֹמֵךְ** 명.m.s. 평화, 안녕 + 인칭접미.2.m.s. 당신의
- **שְׁלוֹמְכֶם** 명.m.s. 평화, 안녕 + 인칭접미.2.m.pl. 당신들의
- **שְׁלוֹמְכֶן** 명.m.s. 평화, 안녕 + 인칭접미.2.f.pl. 당신들의
- **שְׁמוֹר** 동.명령.2.m.s. 지켜라
- **שִׁמְרוּ** 동.명령.2.m.pl. 지켜라
- **שִׁמְרִי** 동.명령.2.f.s. 지켜라(여)

תִּהְיֶה בָּרִיא. 건강하세요. (m.s.)
[티히예 바리]

תִּהְיִי בְּרִיאָה. 건강하세요. (f.s.)
[티히이 브리아]

תִּהְיוּ בְּרִיאִים. 건강하세요. (m/c.pl.)
[티히유 브리임]

יוֹם טוֹב. 좋은 하루 되세요.
[욤 토브]

שַׁבָּת שָׁלוֹם. 평안한 안식일 되세요. (주말에 헤어지면서)
[샤밧 샬롬]

3 감사 표시와 응답

תּוֹדָה. 감사합니다.
[토다]

תּוֹדָה רַבָּה. 대단히 감사합니다.
[토다 랍바]

אֲנִי מוֹדֶה לְךָ. 제가(m) 당신께(m) 감사드립니다.
[아니 모데 레카]

אֲנִי מוֹדֶה לָךְ. 제가(f) 당신께(f) 감사드립니다.
[아니 모다 라크]

אֲנִי מוֹדֶה לָכֶם. 제가(m) 여러분께(m/c.pl.) 감사드립니다.
[아니 모데 라켐]

אֲנִי מוֹדָה לְךָ. 제가(f) 당신께(m) 감사드려요.
[아니 모다 레카]

אֲנִי מוֹדָה לָךְ. 제가(f) 당신께(f) 감사드려요.
[아니 모다 라크]

אֲנִי מוֹדָה לָכֶם. 제가(f) 여러분께(m/c.pl.) 감사드려요.
[아니 모다 라켐]

תוֹדָה עַל הָעֶזְרָה. [토다 알 하에즈라]	도움에 감사드려요.
בְּבַקָּשָׁה. [베박카샤]	Please!
עַל לֹא דָבָר! [알 로 다바르]	뭘요!
בְּכֵיף [베케프]	기꺼이요.
אֵין בְּעַד מָה. [엔 베아드 마]	아무것도 아니에요.

'평화나 평안'을 의미하는 שלום[샬롬]은 히브리어에서 가장 보편적인 인사말이다. 시간이나 장소나 대상에 관계없이 모든 상황에서 자연스럽게 사용할 수 있는 인사말이다. שלום 인사를 받는 사람은 보통 바로 שלום으로 대답한다.

샬롬 인사에 이어지는 질문은 보통 어떻게 지내는지에 관한 것이다. מה נשמע[마 니쉬마아]는 대상에 관계없이 다 사용되는 반면에 מה שלומך[마 쉴롬카]는 대상이 남성단수일 경우에 사용된다. 대상이 여성이면 מה שלומך[마 쉴로메크], 대상이 복수면 보통 מה שלומכם[마 쉴롬켐]으로 묻게 된다. 어떻게 지내느냐에 대한 답은 보통 OK의 의미를 가지는 בסדר[베세데르]를 사용한다.

히브리어에는 연장자와 연소자 간의 높임말이나 낮춤말이 따로 없다. 반면, 남성과 여성 그리고 단수와 복수를 구분한다는 사실을 주의해야 한다.

Exercise

아래 문장들을 히브리어로 표현해보세요. 모음부호와 발음기호 표시 없이 써보세요.

1 좋은 아침입니다. ____________

좋은 낮입니다. ____________

좋은 저녁입니다. ____________

잘 주무세요. ____________

2 어떻게 지내세요? ____________

좋아요, 감사합니다. ____________

3 당신은 이스라엘 사람(m)입니까? ____________

나는 한국 사람(m)입니다. ____________

4 상황이 어때요? ____________

아주 좋아요. ____________

5 건강하세요! (m.s.) ____________

건강하세요! (f.s.) ____________

6 좋은 하루 되세요! ____________

평안한 안식일 되세요! ____________

7 대단히 감사합니다. ____________

뭘요! ____________

שִׁיעוּר 02

소개

מִי זֶה?

이분은 누구죠?

Dialogue

מִי זֶה? 이분은 누구죠?
[미 제]

זֶה דָּוִד. 이분은 다비드입니다.
[제 다뷔드]

מִי זֹאת? 이분은(f) 누구죠?
[미 좃]

זֹאת שְׁלוֹמִית. 이분은(f) 쉴로밋입니다.
[좃 쉴로밋]

זֶה[제]나 זֹאת[좃]이 바로 옆에 있는 존재를 지시하면 '이분', 다소 떨어진 곳에 있는 존재를 지시할 경우는 '저분'으로 이해해야 한다.

מִי אֵלֶּה? 이들은 누구죠?
[미 엘레]

אֵלֶּה הַמִּתְנַדְּבִים הַקּוֹרֵיאָנִים. 이들은 그 한국 자원봉사자들입니다.
[엘레 하미트나드빔 하코레아님]

מִי הוּא? 저분은 누구지요?
[미 후]

זֶה מַר לֵוִי. 이분은 레위 씨입니다.
[제 마르 레뷔]

הוּא מְתַכְנֵת. 그는 프로그래머입니다.
[후 메타크네트]

מִי זוֹ בְּגִ'ינְס? 청바지를 입은 저분은(f) 누구지요?
[미 조 베진스]

זוֹ דָּלְיָה. 저분은(f) 달리야입니다.
[조 달리야]

Vocabulary

- אֵלֶּה 지시대명.c.pl. 이분들, 이것들 these
- בְּגִ'ינְס 전치. in + 명.m. 청바지 jeans
- הַמִּתְנַדְּבִים 정관. the + 명.m.pl. 자원봉사자들
- תַּיָּרִים 명.m.복 관광객
- זֹאת 지시대명.f.s. it, this, that
- זֶה 지시대명.m.s. it, this, that
- זוֹ 지시대명.f.s. it, this, that
- מִי 의문대명. 누구 who
- מִסִּין 전치. from + 명.f.s. 중국
- מַר 관용. Mr. 씨.
- מְתַכְנֵת 명.m.s. 프로그래머
- מְתַכְנֶתֶת 명.f.s. 프로그래머(여)
- קוֹרֵיאָנִים 명/형.m.pl. 한국 사람, 한국 사람의

?הִיא גַּם מְתַכְנֶתֶת
[히 감 메타크네텟]
저분도 프로그래머(f)인가요?

.לֹא, הִיא לֹא מְתַכְנֶתֶת
[로 히 로 메타크네텟]
아니요, 저분은(f) 프로그래머(f)가 아닙니다.

?מִי הֵם
[미 헴]
저들은 누구예요?

.הֵם תַּיָּרִים מִסִּין
[헴 타야림 미신]
저들은 중국에서 온 관광객들입니다.

Grammar

1 지시대명사

지시대명사에도 남성과 여성 그리고 단수와 복수의 구분이 나타난다. 지시대명사는 지칭하는 사람과 사물의 성과 수에 일치시킨다. 가까이 있는 대상을 표현하는 데 사용하는 지시대명사와 멀리 떨어진 대상이나 보이지 않는 제3자를 지칭할 때 사용하는 지시대명사로 나눌 수 있다.

| 가까운 대상을 표현할 때 |

단수		복수	
m	f	m	f
זֶה [제] this	זֹאת [좃] this = זוֹ [조]	אֵלֶּה [엘레] these	

이들이 다소 떨어진 대상을 표현할 때는 this보다는 that의 의미에 가깝다.

| 먼 대상을 표현할 때 |

단수		복수	
m	f	m	f
הוּא [후] that זֶהוּ [제후] that	הִיא [히] that זוֹהִי [조히] that	הֵם [헴] those	הֵן [헨] those

זֶה טַל. 이분은 탈입니다.
[제 탈]

זֶה הַבַּיִת. 이것이 그 집입니다.
[제 하바이트]

זֹאת דָנִיָה. 이분은 다니야입니다.
[죳 다니야]

זֹאת הַמְכוֹנִית. 이것이 그 차입니다.
[죳 하메코닛]

אֵלֶה תַלְמִידִים. 이들은 학생들입니다.
[엘레 탈미딤]

זֶהוּ הַבַּנְק. 저것이 그 은행입니다.
[제후 하반크]

זוֹהִי מִרְיָם. 저분이 미리얌입니다.
[조히 미리얌]

הֵם הַיַּפָּנִים. 저들은 그 일본 사람들입니다.
[헴 하야판님]

Vocabulary

- **אוֹטוֹבּוּס** 명.m.s. 버스
- **בַּיִת** 명.m.s. 집
- **הַבַּנְק** 정관. the + 명.m.s. 은행
- **הַיַּפָּנִים** 정관. the + 명.m.pl. 일본 사람들
- **הַמַּדְרִיךְ** 정관. the + 명.m.s. 인도자, 안내자
- **הַמְכוֹנִית** 정관. the + 명.f.s. 자동차
- **יַפָּנִי** 명.m.s. 일본 사람
- **כָּאן** 부. 여기, 여기에서
- **כֵּן** 부. 예, yes
- **מְדַבֵּר** 동.현재.m.s. 말하다
- **מִיהוּ** 관용. who is he? (=מִי הוּא)
- **מִקּוֹרֵיאָה** 전치. from + 명.f.s. 한국
- **עוֹבֵד** 명.m.s. 노동자
- **תַלְמִידִים** 명.m.pl. 학생들

2 정관사 ה [하]

히브리어 정관사는 ה[하]이다. 반드시 단어 앞에 붙어서 사용된다.

בַּיִת [바이트] a house
הַבַּיִת [하바이트] the house

אָדָם [아담] a man
הָאָדָם [하아담] the man

אוֹטוֹבּוּס [오토부스] a bus
הָאוֹטוֹבּוּס [하오토부스] the bus

עוֹבֵד [오베드] a worker
הָעוֹבֵד [하오베드] the worker

3 의문대명사 מִי [미]

누구(who)에 해당하는 히브리어 의문대명사는 **מִי** [미]이다.

מִי הֵם? 저 사람들은 누구지?
[미 헴]

מִי הוּא? 저 사람은 누구입니까?
[미 후]

מִי אַתָּה? 당신은 누구신지요?
[미 앗타]

מִי אַתָּה! 당신이 누군데!
[미 앗타]

מִי זֶה? 저 사람은 누구야?
[미 제]

מִי זֹאת? 저 여자는 누구지요?
[미 좃]

מִי זֶה דָוִד? 다비드가 누구입니까?
[미 제 다뷔드]

מִיהוּ דָוִד? 다비드 그는 누구입니까?
[미후 다뷔드]

מִי הַמַדְרִיךְ כָּאן? 여기 인도자가 누구입니까?
[미 하마드리크 칸]

מִי זֶה? (거기 밖에) 누구세요?
[미 제]

מִי מְדַבֵּר! (교실에서) 누가 (조용하지 못하고) 이야기하나!
[미 메다베르]

מִי מְדַבֵּר? (전화상에서) 말씀하시는 분이 누구신지요?
[미 메다베르]

מִי מִקוֹרֵיאָה? 누가 한국 출신이지요?
[미 미코레아]

4 문장의 부정

표현의 내용을 부정할 때는 לֹא[로]를 사용하고 긍정할 때는 כֵּן[켄]을 사용한다. לֹא나 כֵּן을 단독으로 사용하면 내용 전체를 부정하거나 긍정하게 된다. לֹא가 문장 안에서 부정어로 사용될 때에는 동사나 서술어 앞에 온다.

אַתָּה קִים? 당신이 김입니까?
[앗타 킴]

לֹא. 아닙니다.
[로]

כֵּן. 그렇습니다.
[켄]

אַתָּה יַפָּנִי? 당신 일본 사람입니까?
[앗타 야파니]

לֹא, אֲנִי לֹא יַפָּנִי. 아니요, 난 일본 사람이 아닙니다.
[로 나이 로 야파니]

אֲנִי מִקּוֹרֵיאָה. 나는 한국에서 왔습니다.
[아니 미코레아]

Expression

1 직업 말하기

אֲנִי מוֹרֶה. 나는 교사(m)입니다.
[아니 모레]

הִיא מוֹרָה. 그녀는 교사(f)입니다.
[히 모라]

הוּא מְהַנְדֵּס. 그는 엔지니어(m)입니다.
[후 메한데스]

הִיא סְטוּדֶנְטִית. 그녀는 대학생(f)입니다.
[히 스투덴팃]

Vocabulary

- אֵת 한정목적어 표시어
- דַּי 관용. (충분하니) 그만해요
- זַמֶּרֶת 명.f.s. 가수(여)
- חוֹשֵׁב 동.현재.m.s. 생각하다
- חַיֶּלֶת 명.f.s. 여군
- חַס וְחָלִילָה 관용. 결코 그럴 수 없어요.
- חַקְלַאי 명.m.s. 농부
- טַיָּס 명.m.s. 조종사
- כַּתָּב 명.m.s. 기자
- לְהֵיפֶךְ 관용. 그 반대로
- לְזֶה 전치. for + 지시대명.m.s. this
- לְעוֹלָם 관용. 영원히(긍정), 절대로(부정)
- מְהַנְדֵּס 명.m.s. 엔지니어
- מוּכָן 동.현재.m.s. 준비되다
- מוֹרֶה 명.m.s. 교사
- מוֹרָה 명.f.s. 여교사
- מַזְכִּירָה 명.f.s. 비서
- מְנַהֵל בַּנְק 명.m.s. 은행(지점)장
- מַסְכִּים 동.현재.m.s. 동의하다
- מַסְפִּיק 형.m.s. 충분한
- מְקַבֵּל 동.현재.m.s. 수용하다
- מְקוּבָּל 동.현재.m.s. 수용되다
- נַהָג אוֹטוֹבּוּס 명.m.s. 운전기사
- נָכוֹן 형.m.s. 옳은
- סוֹכֵן נְסִיעוֹת 명.m.s. 여행사직원
- סְטוּדֶנְטִית 명.f.s. 여대생
- עוֹבֵד מְדִינָה 명.m.s. 공무원
- עוֹבֵד מִפְעָל 명.m.s. 공장노동자

עוֹבֶדֶת סוֹצְיָאלִית
명.f.s. 복지요원(여)

עָלַיי
전치. on + 인칭접미.1.c.s. me

עֲקֶרֶת בַּיִת 명.f.s. 전업주부

פּוֹלִיטִיקָאִית
명.f.s. 정치인(여)

פֶּנְסְיוֹנֶר 명.m.s. 은퇴자

פָּקִיד 명.m.s. 사무원

פִּתְאוֹם 부. 갑자기

רוֹפֵא 명.m.s. 의사

רוֹפֵא שִׁנַּיִם 명.m.s. 치과의사

.הוּא נַהָג אוֹטוֹבּוּס 그는 버스 기사입니다.
[후 나하그 오토부스]

.הִיא זַמֶּרֶת 그녀는 가수입니다.
[히 잠메렛]

.הוּא עוֹבֵד מִפְעָל 그는 공장노동자입니다.
[후 오베드 미프알]

.הוּא פָּקִיד 그는 사무원입니다.
[후 파키드]

.הִיא מַזְכִּירָה 그녀는 비서입니다.
[히 마즈키라]

.הוּא מְנַהֵל בַּנְק 그는 은행(지점)장입니다.
[후 메나헬 반크]

.הוּא עוֹבֵד מְדִינָה 그는 공무원입니다.
[후 오베드 메디나]

.הוּא טַיָּס 그는 조종사입니다.
[후 타야스]

.הוּא חַקְלַאי 그는 농부입니다.
[후 하클라이]

.הוּא סוֹכֵן נְסִיעוֹת 그는 여행사 직원입니다.
[후 소켄 네시옷]

.הוּא רוֹפֵא 그는 의사입니다.
[후 로페]

.הוּא רוֹפֵא שִׁנַּיִם 그는 치과의사입니다.
[후 로페 쉰나임]

.הוּא פֶּנְסְיוֹנֶר 그는 은퇴자입니다.
[후 펜세요네르]

.הִיא עֲקֶרֶת בַּיִת 그녀는 전업주부입니다.
[히 아케렛 바이트]

הוּא כַּתָּב.
[후 카타브]
그는 기자입니다.

הִיא פּוֹלִיטִיקָאִית.
[히 폴리티카잇]
그녀는 정치인입니다.

הִיא חַיֶּלֶת.
[히 하옐렛]
그녀는 군인입니다.

הִיא עוֹבֶדֶת סוֹצְיָאלִית.
[히 오베뎃 소쯔얄릿]
그녀는 복지사입니다.

2 국가와 국민 (남성, 여성)

יִשְׂרָאֵל – יִשְׂרְאֵלִי יִשְׂרְאֵלִית
[이스라엘 이스라엘리/릿]
이스라엘 — 이스라엘 사람(m/f)

קוֹרֵיאָה – קוֹרֵיאָנִי קוֹרֵיאָנִית
[코레아 코레아니/닛]
한국 — 한국 사람(m/f)

גֶּרְמַנְיָה – גֶּרְמָנִי גֶּרְמָנִיָּה
[게르마니아 게르마니/야]
독일 — 독일 사람(m/f)

פִּינְלַנְד – פִּינִי פִּינִית
[핀란드 피니/닛]
핀란드 — 핀란드 사람(m/f)

הוֹלַנְד – הוֹלַנְדִי הוֹלַנְדִית
[홀란드 홀란디/딧]
네덜란드 — 네덜란드 사람(m/f)

אַרְצוֹת הַבְּרִית – אָמֶרִיקָאִי אָמֶרִיקָאִית
[아르쪗 하브리트 아메리카이/잇]
미국 — 미국 사람(m/f)

קָנָדָה – קָנָדִי קָנָדִית
[카나다 카나디/딧]
캐나다 — 캐나다 사람(m/f)

אַנְגְּלִיָּה – אַנְגְּלִי אַנְגְּלִיָּה
[앙글리야 알글리/야]
영국 — 영국 사람(m/f)

צָרְפַת – צָרְפָתִי צָרְפָתִיָּה
[짜르파트 짜르파티/야]
프랑스 — 프랑스 사람(m/f)

אִיטַלְיָה – אִיטַלְקִי אִיטַלְקִיָּה 이탈리아 — 이탈리아 사람(m/f)
[이탈리야 이탈키/야]

סְפָרַד – סְפָרָדִי סְפָרָדִיָּה 스페인 — 스페인 사람(m/f)
[스파라드 스파라디/야]

סִין – סִינִי סִינִית 중국 — 중국 사람(m/f)
[신 시니/닛]

יַפָּן – יַפָּנִי יַפָּנִית 일본 — 일본 사람(m/f)
[야판 야파니/닛]

אַרְגֶנְטִינָה – אַרְגֶנְטִינָאִי אַרְגֶנְטִינָאִית 아르헨티나 — 아르헨티나 사람(m/f)
[아르겐티나 아르겐티나이/잇]

מֶקְסִיקוֹ – מֶקְסִיקָנִי מֶקְסִיקָנִית 멕시코 — 멕시코 사람(m/f)
[멕시코 멕시카니/닛]

רוּסְיָה – רוּסִי רוּסִיָּה 러시아 — 러시아 사람(m/f)
[루시아 루시/야]

3 부정적인 의사 표현

לֹא. 아니요.
[로]

לְעוֹלָם לֹא. 절대로 아니에요.
[레올람 로]

חַס וְחָלִילָה! 결코 그럴 수 없어요!
[하스 붸할릴라]

לְהֵיפֶךְ. 그 반대예요.
[레헤페크]

לֹא נָכוֹן. 옳지 않아요.
[로 나콘]

מָה פִּתְאוֹם. 그게 무슨 소리에요.
[마 피트옴]

אֲנִי לֹא חוֹשֵׁב. 난 그렇게 생각하지 않아요.
[아니 로 호셰브]

זֶה לֹא מְקוּבָּל עָלַיי. 그건 내가 받을 수 없어요.
[제 로 메쿠발 알라이]

אֲנִי לֹא מְקַבֵּל אֵת זֶה. 나는 그것을 받아들일 수 없어요.
[아니 로 메카벨 엣 제]

אֲנִי לֹא מַסְכִּים. 난 동의하지 않아요.
[아니 로 마스킴]

לְזֶה אֲנִי לֹא מוּכָן. 그것에는 내가 준비가 안 되어 있어요.
[레제 아니 로 무칸]

לֹא נִרְאֶה לִי. 제겐 그렇게 보이지 않네요.
[로 니르에 리]

דַּי! 그만해요! (Stop it!)
[다이]

מַסְפִּיק! 충분해요! (Enough!)
[마스피크]

Exercise

아래 문장들을 히브리어로 표현해보세요.

1 이분은 누구죠?

이분은 다비드입니다.

2 이분은(f) 누구죠?

이분은(f) 미리얌입니다.

3 이들은 한국에서 온 학생들입니다.

4 요한이 누구입니까?

5 아니요, 난 중국 사람이 아닙니다.

나는 한국에서 왔습니다.

6 그는 은행(지점)장입니다.

그녀는 비서입니다.

7 그만하세요. 난 동의하지 않아요.

שִׁיעוּר 03

사물 묻기

מָה זֶה?

이것은 무엇입니까?

Dialogue

מָה זֶה? [마 제]	이것은 무엇입니까?
זֶה עֵט. [제 에트]	이것은 볼펜입니다.
הָעֵט הַזֶּה חָדָשׁ. [하에트 하제 하다쉬]	이 볼펜은 새것입니다.
מָה זֶה? [마 제]	이것은 무엇입니까?
זֶה סֵפֶר. [제 세페르]	이것은 책입니다.
הַסֵּפֶר הַזֶּה מְעַנְיֵן. [하세페르 하제 메안옌]	이 책은 재미있습니다.
מָה זֹאת? [마 좃]	이것은 무엇입니까?
זֹאת מַחְבֶּרֶת. [좃 마흐베렛]	이것은 노트입니다.
הַמַּחְבֶּרֶת הַזֹּאת קְטַנָּה. [하마흐베렛 하좃 크타나]	이 노트는 작습니다.
אֵלֶּה תִּיקִים. [엘레 티킴]	이것들은 가방들입니다.
הַתִּיקִים הָאֵלֶּה יָפִים. [하티킴 하엘레 야핌]	이 가방들은 예쁩니다.

Vocabulary

הָאֵלֶּה 정관. the + 지시형.c.pl.
이 these

הַזֹּאת 정관. the + 지시형.f.s.
이 this

הַזֶּה 정관. the + 지시형.m.s.
이 this

יָפִים 형.m.s. 예쁜, 아름다운

עֵט 명.m.s. 볼펜

קְטַנָּה 형.f.s. 작은

תִּיקִים 명.m.pl. 가방들

Grammar

1 지시형용사

지시대명사 זֶה[제], זֹאת[좃], אֵלֶּה[엘레]는 지시형용사로도 사용된다. 이 경우 지시하는 명사 뒤에 위치하게 되며 그 명사의 한정관계, 성, 수에 일치되게 온다. 한정관계는 명사가 한정되었는지 그렇지 않은지를 나타낸다. 명사가 정관사를 가지고 있거나 고유명사이면 한정이 되었다고 표현한다. 즉, 명사가 한정되었으면 뒤에 오는 지시형용사도 정관사를 가져야 한다.

הָאוֹטוֹ הַזֶּה נוֹסֵעַ טוֹב. 이 자동차는 잘 나갑니다.
[하오토 하제 노세아 토브]

הָאֲרוּחָה הַזֹּאת כְּבֵדָה מִדַּי. 이 식사는 너무 과도하네요.
[하아루하 하좃 크베다 미다이]

הָאֲנָשִׁים הָאֵלֶּה קוֹרֵיאָנִים. 이 사람들은 한국 사람들입니다.
[하아나쉼 하엘레 코레아님]

먼 거리에 있는 대상을 지칭하는 הוּא[후], הִיא[히], הֵם[헴], הֵן[헨]도 마찬가지이다.

הַבָּחוּר הָהוּא חָתִיךְ. 저 청년은 잘 생겼다.
[하바후르 하후 하티크]

הַצְּעִירָה הָהִיא חֲמוּדָה. 저 젊은이(f)는 귀엽다.
[하쩨이라 하히 하무다]

הַמּוֹרִים הָהֵם מְצוּיָּנִים. 저 남선생님들은 탁월하십니다.
[하모림 하헴 메쭈야님]

הַמּוֹרוֹת הָהֵן מְצוּיָּנוֹת. 저 여선생님들은 훌륭하십니다.
[하모롯 하헨 메쭈야놋]

📖 히브리어에서 명사와 형용사는 사실 같은 품사이다. 형용사가 명사적 의미로 사용되면 명사가 된다. צְעִירָה는 '젊다'는 뜻의 여성단수 형용사이다. 그러나 '젊은 여자'라는 명사로도 사용된다.

Vocabulary

- **אָז** 부. 그래서 so; 그때 then
- **בַּמֶּה** 전치. by + 의문대명. what by what
- **הָאוֹטוֹ** 정관. the + 명.m.s. 자동차
- **הָאֲנָשִׁים** 정관. the + 명.m.pl. 사람들
- **הָאֲרוּחָה** 정관. the + 명.f.s. 식사 meal
- **הַבָּחוּר** 정관. the + 명.m.s. 청년
- **הָהוּא** 정관. the + 지시형.m.s. 그 that
- **הָהִיא** 정관. the + 지시형.f.s. 그 that
- **הָהֵם** 정관. the + 지시형.m.pl. 그 those
- **הָהֵן** 정관. the + 지시형.f.pl. 그 those
- **הַמּוֹרוֹת** 정관. the + 명.f.pl. 여선생들
- **הַמּוֹרִים** 정관. the + 명.m.pl. 선생들
- **הָעִיר** 정관. the + 명.f.s. 도시
- **הָעַתִּיקָה** 정관. the + 형.f.s. 오래된 ancient
- **הַצְּעִירָה** 정관. the + 형.f.s. 젊은
- **הַקָּטָן** 정관. the + 형.m.s. 작은, 막내의
- **חָכָם** 형.m.s. 영리한
- **חֲמוּדָה** 형.f.s. 귀여운
- **חָתִיךְ** 형.m.s. 잘 생긴
- **טוֹב** 부. 잘 well
- **טָעִיתִי** 동.과거.1.c.s. 실수하다

2 문장의 일치

문장을 구성하는 주어와 술어는 일치해야 한다. 주어의 성과 수를 따라 술어를 구성하는 동사나 형용사의 성과 수가 결정된다.

הָעֵט הַזֶּה חָדָשׁ. 이 볼펜은 새것입니다.
[하에트 하제 하다쉬]

הַמַּחְבֶּרֶת הַזֹּאת קְטַנָּה. 이 노트는 작습니다.
[하마흐베렛 하좃 크타나]

הַתִּיקִים הָאֵלֶּה יָפִים. 이 가방들은 예쁩니다.
[하티킴 하엘레 야핌]

הָאוֹטוֹ הַזֶּה נוֹסֵעַ טוֹב. 이 자동차는 잘 나갑니다.
[하오토 하제 노세아 토브]

첫 문장의 주어인 הָעֵט는 남성단수명사이다. 따라서 형용사도 남성단수가 왔다. הַמַּחְבֶּרֶת은 여성단수명사이다. 따라서 형용사 קָטָן은 여성단수형 קְטַנָּה로 왔다. 주어인 הַתִּיקִים은 남성복수이다. 따라서 술어가 되는 형용사 יָפֶה는 남성복수형으로 왔다. 주어인 הָאוֹטוֹ는 남성단수이다. 따라서 술어가 되는 현재동사는 남성단수 נוֹסֵעַ로 왔다.

3 수식형용사의 일치

형용사가 앞에 나오는 명사를 수식할 때는 지시형용사의 경우와 동일하게 한정관계, 성, 수 세 가지 요소를 일치시킨다. 수식받는 명사가 정관사를 가지거나 고유명사이면 형용사에는 정관사가 와야 한다.

הָעֵט הֶחָדָשׁ כּוֹתֵב טוֹב. 그 새 볼펜은 잘 써진다.
[하에트 헤하다쉬 코테브 토브]

דָּוִד הַקָּטָן חָכָם מְאוֹד. 막내 다비드는 매우 영리합니다.
[다뷔드 하카탄 하캄 메오드]

הַתִּיקִים הַיָּפִים הֵם גַּם שִׁימוּשִׁיִּים. 그 예쁜 가방들은 또한 실용적입니다.
[하티킴 하야핌 헴 감 쉬무쉬임]

הוּא אָדָם מְיוּחָד. 그는 특별한 사람입니다.
[후 아담 메유하드]

זֹאת הָעִיר הָעַתִּיקָה. 저것이 올드 시티(the Old City)입니다.
[히 하이르 아하티카]

כְּבֵדָה 형.f.s. 무거운
כּוֹתֵב 동.현재.m.s. 쓰다
לָמָּה 전치. to, for + 의문대명. what, for what
מִדַּי 부. 너무
מְחַכֶּה 동.현재.m.s. 기다리다
מְיוּחָד 형.m.s. 특별한
מְעַנְיֵן 형ms 재미있는
מְצוּיָּנוֹת 형.f.pl. 탁월한
מְצוּיָּנִים 형.m.pl. 탁월한
נוֹסֵעַ 동.현재.m.s. (차가)가다, (차를 타고) 가다
עַל מָה 전치. on + 의문대명. what, about what
קוֹרֵא 동.현재.m.s. 읽다
קוֹרֶה 동.현재.m.s. (일이) 일어나다
קָרָה 동.과거.3.m.s. (일이) 일어나다
רוֹאֶה 동.현재.m.s. 보다
שִׁימוּשִׁיִּים 형.m.pl. 실용적인

4 의문대명사 מָה [마]

무엇(what)을 의미하는 מָה는 관용적인 숙어 표현에서도 많이 나타난다.

מָה חָדָשׁ? 별일 없어요? (What is new?)
[마 하다쉬]

מָה קוֹרֶה? 잘 돼가요? (What is happening?)
[마 코레]

מָה קָרָה לְךָ? 당신 왜 이래요? (What happened to you?)
[마 카라 레카]

מָה! 뭐! / 뭐라고!
[마]

אָז מָה! 그래서 어쩌자고! (So what!)
[아즈 마]

מָה זֶה? 이것은 무엇입니까? (What is this?)
[마 제]

מָה זֶה! 이게 뭐야!
[마 제]

מָה אַתָּה רוֹאֶה? 너 뭐 보냐?
[마 앗타 로에]

מָה אַתָּה קוֹרֵא? 너 뭐 읽어?
[마 앗타 코레]

לְמָה אַתָּה מְחַכֶּה? 너 뭘 기다려?
[레마 앗타 메하케]

עַל מָה אַתָּה מְדַבֵּר! 너 무슨 소리하는 거냐!
[알 마 앗타 메다베르]

בַּמֶּה טָעִיתִי? 내가 뭘 잘못했는데?
[바메 타이티]

Expression

1 긍정적인 의사 표현

כֵּן, נָכוֹן.
[켄 나콘]
예, 맞아요.

כֵּן, צוֹדֵק.
[켄 쪼덱]
예, 옳아요.

כֵּן, בָּטוּחַ.
[켄 바투아흐]
예, 확실해요.

כֵּן, בָּרוּר.
[켄 바루르]
예, 분명해요.

כֵּן, בֶּטַח.
[켄 베타흐]
예, 물론이에요.

בְּוַדַּאי.
[베봐다이]
물론이지요.

נִרְאֶה לִי.
[니르에 리]
그렇게 보이네요.

אַתָּה צוֹדֵק.
[앗타 쪼덱]
당신이 옳아요.

אַתְּ צוֹדֶקֶת.
[아트 쪼데켓]
당신이 옳아요(f).

סָבִיר.
[사비르]
적절하네요.

אָכֵן כָּךְ.
[아켄 카흐]
정말 그래요.

זֶה נָכוֹן.
[제 나콘]
그게 맞아요.

אֲנִי גַּם חוֹשֵׁב.
[아니 감 호셰브]
나도 (그렇게) 생각해요.

Vocabulary

- אוּלַי 부. 아마도, 혹시 maybe
- אָכֵן 부. 정말로 indeed
- אַף אֶחָד (부정문에 오면서) 아무도 no one
- אֶפְשָׁרִי 형.m.s. 가능한
- בְּוַדַּאי 전치. In + 형.m.s. 확실한, 부사적으로 확실히
- בָּטוּחַ 형.m.s. 확실한
- בֶּטַח 부. 그럼요 of course
- בְּעָיָה 명.f.s. 문제
- בָּרוּר 형.m.s. 분명한
- זֶהוּ 관용. that's it
- חוֹשֵׁב 동.현재.m.s. 생각하다
- חָשׁוּב 형.m.s. 중요한
- יַגִּידוּ 동.미래.3.m.pl. 말하다
- יוֹדֵעַ 동.현재.m.s. 알다
- יָמִים 명.m.pl. 날들 days
- כָּךְ 부. 그렇게 so
- לִי 전치. to + 인칭접미1.c.s. me to me
- לָמָּה לֹא 관용. why not
- מֵבִין 동.현재.m.s. 이해하다
- מַסְכִּים 동.현재.m.s. 동의하다
- נָכוֹן 형.m.s. 옳은, 부사적으로 옳아요
- נִרְאֶה 동.현재.m.s. 보이다
- סָבִיר 형.m.s. 이치에 맞는, 그럴듯한
- צוֹדֵק 형.m.s. 옳은
- צוֹדֶקֶת 형.f.s. 옳은

אֲנִי מַסְכִּים. 나도 동의해요.
[아니 마스킴]

לָמָה לֹא. 아닐 이유가 없지요. (Why not.)
[라마 로]

אֵין בְּעָיָה. 문제없어요.
[엔 베아야]

זֶהוּ. 그렇지요. (That's it.)
[제후]

2 유보적인 의사 표현

אֲנִי לֹא יוֹדֵעַ. 난 모르겠네요.
[아니 로 요데아]

אֲנִי לֹא מֵבִין. 난 이해 못해요.
[아니 로 메빈]

מִי יוֹדֵעַ. 누가 알겠어요.
[미 요데아]

אַף אֶחָד לֹא יוֹדֵעַ. 아무도 몰라요.
[아프 에하드 로 요데아]

אוּלַי. 아마도요.
[울라이]

זֶה אֶפְשָׁרִי. 그럴 수 있겠지.
[제 에프샤리]

לֹא בָּטוּחַ. 확실치 않아요.
[로 바투아흐]

לֹא חָשׁוּב. 중요하지 않아요.
[로 하슈브]

יָמִים יַגִּידוּ. 세월이 말해 주겠지요.
[야밈 야기두]

Exercise

아래 문장들을 히브리어로 표현해보세요.

1 이것은 무엇입니까?

이것은 작은 책입니다.

2 이것은 무엇입니까?

이것은 새 노트입니다.

3 이것들은 재미있는 책들입니다.

4 이 사람들은 중국 관광객들입니다.

5 그래서 어떻다는 거예요!

6 당신이 옳아요. 문제 없어요.

7 나는 몰라요. 누가 알겠어요.

שִׁיעוּר 04

출신·거주

מֵאַיִן אַתָּה?

당신은 어디 출신인가요?

Vocabulary

- אֵיפֹה 의문부. 어디에
- בָּא 동.현재.m.s. 오다
- בְּסֵיאוּל 전. in + 서울
- גָּר 동.현재.m.s. 살다
- לוֹמֵד 동.현재.m.s. 공부하다
- מֵאַיִן 의문부. 어디에서
- מֵאֵיפֹה 의문부. 어디에서
- מִסֵיאוּל 전. from + 서울
- מִקּוֹרֵיאָה 전. from + 한국
- עִבְרִית 명.f. 히브리어
- עוֹשֶׂה 동.현재.m.s. 하다

Dialogue

מֵאַיִן אַתָּה?
[메아인 앗타]
당신은 어디 출신인가요?

אֲנִי מִקּוֹרֵיאָה.
[아니 미코레아]
나는 한국에서 왔습니다.

אֵיפֹה אַתָּה גָּר?
[에이포 앗타 가르]
당신은 어디 사나요?

אֲנִי גָּר בְּסֵיאוּל.
[아니 가르 베서울]
난 서울에 살아요.

מֵאֵיפֹה אַתָּה בָּא?
[메에이포 앗타 바아]
당신은 어디에서 왔습니까?

אֲנִי בָּא מִקּוֹרֵיאָה, מִסֵיאוּל.
[아니 미코레아 미서울]
난 한국 서울에서 왔습니다.

אַתֶּם מִסִּין?
[앗템 미신]
당신들은 중국에서 왔습니까?

לֹא, אֲנַחְנוּ מִקּוֹרֵיאָה.
[로, 아나흐누 미코레아]
아니요, 우리는 한국에서 왔습니다.

מָה סוּגִיל עוֹשֶׂה כָּאן?
[마 수길 오세 칸]
수길은 여기에서 무엇을 하나요?

הוּא לוֹמֵד עִבְרִית.
[후 로메드 이브릿]
그는 히브리어를 공부합니다.

Grammar

1 동사의 변화 (현재형)

히브리어 동사는 주어의 인칭과 성과 수에 따라 형태를 달리한다. 그러나 현재동사의 경우에는 인칭과는 관계 없이 성과 수에만 일치시킨다. 즉, 남성단수, 여성단수, 남성복수, 여성복수 네 개의 형태로 열 가지 경우의 인칭대명사에 사용한다. 현재형 동사는 형용사처럼 남성단수를 기본으로 하여 여성단수에는 ה나 ת를 남성복수에는 ים을 여성복수에는 וֹת를 더하게 된다.

인칭대명사	보다	공부하다	오다	살다
הוּא [후](He)	רוֹאֶה [로에]	לוֹמֵד [로메드]	בָּא [바]	גָּר [가르]
הִיא [히](She)	רוֹאָה [로아]	לוֹמֶדֶת [로메뎃]	בָּאָה [바아]	גָּרָה [가라]
הֵם [헴](They)	רוֹאִים [로임]	לוֹמְדִים [롬딤]	בָּאִים [바임]	גָּרִים [가림]
הֵן [헨](They)	רוֹאוֹת [로옷]	לוֹמְדוֹת [롬돗]	בָּאוֹת [바옷]	גָּרוֹת [가롯]
אַתָּה [앗타](You)	רוֹאֶה [로에]	לוֹמֵד [로메드]	בָּא [바]	גָּר [가르]
אַתְּ [앗트](You)	רוֹאָה [로아]	לוֹמֶדֶת [로메뎃]	בָּאָה [바아]	גָּרָה [가라]
אַתֶּם [앗템](You)	רוֹאִים [로임]	לוֹמְדִים [롬딤]	בָּאִים [바임]	גָּרִים [가림]
אַתֶּן [앗텐](You)	רוֹאוֹת [로옷]	לוֹמְדוֹת [롬돗]	בָּאוֹת [바옷]	גָּרוֹת [가롯]
אֲנִי [아니](I)	רוֹאֶה [로에]	לוֹמֵד [로메드]	בָּא [바]	גָּר [가르]
אֲנַחְנוּ [아나흐누](We)	רוֹאִים [로임]	לוֹמְדִים [롬딤]	בָּאִים [바임]	גָּרִים [가림]

📖 1인칭 화자가 여성인 경우 רוֹאָה[로아], לוֹמֶדֶת[로메뎃], בָּאָה[바아], גָּרָה[가라]가 사용된다.

📖 동사의 끝이 ה로 끝나는 현재동사의 경우 남성단수는 [에], 여성단수는 [아]로 읽어서 구분하며 남성복수와 여성복수는 각각 ה를 생략하고 ים과 וֹת를 붙이는 것에 주의한다.

אֲנִי לוֹמֵד בִּירוּשָׁלַיִם. 난 예루살렘에서 공부한다.
[아니 로메드 비루샬라임]

הִיא לוֹמֶדֶת בִּירוּשָׁלַיִם. 난(f) 예루살렘에서 공부한다.
[아니 로메뎃 베예루샬라임]

גַּם הֵם לוֹמְדִים שָׁם. 또한 그들도 거기에서 공부한다.
[감 헴 롬딤 샴]

אַתְּ בָּאָה מִיִּשְׂרָאֵל? 당신은(f) 이스라엘에서 오시나요?
[앗트 바아 미이스라엘]

Vocabulary

- אוֹכְלִים 동.현재.m.pl. 먹다
- אֵצֶל 전치. ~댁에서
- בְּחֵיפָה 전치. in + 하이파
- בִּירוּשָׁלַיִם 전치. in + 예루살렘
- הַיּוֹם 부. 오늘
- הוֹלֵךְ 동.현재.m.s. 걸어가다
- לָאוֹטוֹבּוּס 전치. for + 버스
- לְאָן 의문부. 어디로
- לַגָּלִיל 전치. לְ to + הַגָּלִיל 갈릴리
- לַחֲבֵרִים 전치. for + 친구들
- מִבֶּן-גּוּרְיוֹן 전치. from + 벤 구리온(공항)
- מַגִּיעִים 동.현재.m.s. 도착하다
- מְחַכָּה 동.현재.f.s. 기다리다
- מִיִּשְׂרָאֵל 전치. from + 이스라엘
- מִסִּין 전치. from + 중국
- נָחִים 동.현재.m.pl. 쉬다
- סוֹף הַשָּׁבוּעַ 명.m.s. 주말
- עוֹשִׂים 동.현재.m.pl. 하다
- עַכְשָׁיו 부. 지금
- צִיּוּרִים 명.m.pl. 그림들
- צָפוֹנָה 부. 북쪽으로
- קָפֶה 명.m. 커피
- רוֹאָה 동.현재.f.s. 보다
- שׁוֹתֶה 동.현재.m.s. 마시다
- שׁוֹתָה 동.현재.f.s. 마시다
- שָׁם 부. 거기에
- תֵּה 명.m. 차 tea
- תְּמוּנוֹת 명.f.pl. 사진들

כֵּן, אֲנִי בָּאָה מִיִּשְׂרָאֵל. 네, 저는 이스라엘에서 옵니다.
[켄 아니 바아 미이스라엘]

מָה הוּא רוֹאֶה? 그가 무엇을 보나요?
[마 후 로에]

הוּא רוֹאֶה תְּמוּנוֹת. 그는 사진들을 봅니다.
[후 로에 트문놋]

מָה הִיא רוֹאָה? 그녀는 무엇을 보나요?
[마 히 로아]

הִיא רוֹאָה צִיּוּרִים. 그녀는 그림들을 봅니다.
[히 로아 찌유림]

אֵיפֹה אַתֶּם גָּרִים? 당신들은 어디 사나요?
[에이포 앗템 가림]

אֲנַחְנוּ גָּרִים בְּחֵיפָה. 우리는 하이파에 삽니다.
[아나흐누 가림 베헤이파]

מָה אַתָּה שׁוֹתֶה? 당신은 무엇을 마십니까?
[마 앗타 쇼테]

אֲנִי שׁוֹתֶה קָפֶה. 난 커피를 마셔요.
[아니 쇼테 카페]

מָה אַתְּ שׁוֹתָה? 당신은(f) 무엇을 마십니까?
[마 앗트 쇼타]

אֲנִי שׁוֹתָה תֵּה. 전 티를 마셔요.
[아니 쇼타 테]

לְמָה הִיא מְחַכָּה? 그녀는 무엇을 기다리나요?
[레마 히 메하카]

הִיא מְחַכָּה לְאוֹטוֹבּוּס. 그녀는 버스를 기다립니다.
[히 메하카 레오토부스]

לְמָה הֵן מְחַכּוֹת? 그녀들은 무엇을 기다리나요?
[레마 헨 메하콧]

הֵן מְחַכּוֹת לַחֲבֵרִים. 그녀들은 친구들을 기다립니다.
[헨 메하콧 레하베림]

מָה אַתֶּם עוֹשִׂים בְּסוֹף הַשָּׁבוּעַ? 당신들은 주말에 무엇을 합니까?
[마 앗템 오심 베소프 하샤부아]

אֲנַחְנוּ נָחִים. 우리는 쉬어요.
[아나흐누 나힘]

2 אֵיפֹה[에이포], מֵאַיִן[메아인], לְאָן[레안]

אֵיפֹה[에이포]는 영어의 where에 해당하는 의문부사이다. 반면에 מֵאַיִן[메아인]과 לְאָן[레안]은 where에 전치사 from과 to가 첨가된 의미로(from where, to where) 쓰인다. אֵיפֹה에 전치사 מִן이 붙어서 מֵאֵיפֹה[메에이포]가 되면 역시 from where의 의미가 된다. מֵאַיִן은 주로 출신을 물을 때 사용하고 מֵאֵיפֹה는 주로 이동이나 움직임을 표현하는 동사와 쓰인다.

?אֵיפֹה אַתָּה לוֹמֵד [에이포 앗타 로메드]	당신은 어디에서 공부하나요?
?מֵאַיִן אַתָּה [메아인 앗타]	당신은 어디 출신인가요? (Where are you from?)
?מֵאֵיפֹה אַתָּה בָּא עַכְשָׁיו [메에이포 앗타 바아 아크샤브]	당신은 지금 어디에서 오나요?
?לְאָן אַתָּה הוֹלֵךְ [레안 앗타 홀레크]	당신은 어디로 갑니까?
?אֵיפֹה אַתֶּם אוֹכְלִים הַיּוֹם [에이포 앗템 오클림 하욤]	오늘 당신들은 어디서 식사하나요?
.אֲנַחְנוּ אוֹכְלִים אֵצֶל אִמָּא [아나흐누 오클림 에쩰 임마]	우리는 어머님 댁에서 먹습니다.
?מֵאַיִן הַסְּטוּדֶנְטִים הַחֲדָשִׁים [메아인 하스투덴팀 하하다쉼]	신입생들은 어디 출신인가요?
.הֵם מִסִּין [헴 미신]	그들은 중국 출신입니다. (They are from China.)
?מֵאֵיפֹה הֵם בָּאִים [메에이포 헴 바임]	그들은 어디에서 옵니까?
.הֵם מַגִּיעִים מִבֶּן-גּוּרְיוֹן [헴 마기임 미벤 구리욘]	그들은 벤구리온에서 옵니다.
?לְאָן אַתָּה נוֹסֵעַ [레안 앗타 노세아]	당신은 어디로 (여행을) 가나요?
.אֲנִי נוֹסֵעַ צָפוֹנָה, לַגָּלִיל [아니 노세아 짜포나 라갈릴]	난 북쪽 갈릴리로 가요.

3 전치사 בְּ [베]와 לְ [레]

가장 많이 사용되는 전치사 בְּ[베]는 in, by, with를 그리고 לְ[레]는 to, for를 의미한다. 이 전치사들의 특징은 접두되지 않는 독립전치사와는 달리 전치사의 목적어에 접두된다는 점이다.

בִּירוּשָׁלַיִם [베예루샬라임] — 예루살렘에(서)

בְּיִשְׂרָאֵל [베이스라엘] — 이스라엘에(서)

לִירוּשָׁלַיִם [레예루샬라임] — 예루살렘으로 / 예루살렘을 위하여

לְיִשְׂרָאֵל [레이스라엘] — 이스라엘로 / 이스라엘을 위하여

בְּבַקָּשָׁה [베박카샤] — 부탁합니다. (Please.)

לְחַיִּים! [레하임] — 건배! (삶을 위하여!)

전치사 בְּ나 לְ 다음에 정관사를 가진 명사가 전치사의 목적어로 오면 [베]나 [레]가 아니라 [바]와 [라]가 된다. 그리고 이때 명사 앞의 정관사 ה는 사라진다. 곧, 정관사 ה가 전치사 밑으로 숨어드는 대신 [아] 모음을 남기는 것으로 볼 수 있겠다.

בְּמַיִם (בְּ + מַיִם) [베마임] — 물에 (in water)

בַּמַּיִם (בְּ + הַמַּיִם) [바마임] — 그 물에 (in the water)

לְחָבֵר (לְ + חָבֵר) [레하베르] — 친구에게 (to a friend)

לֶחָבֵר (לְ + הֶחָבֵר) [라하베르] — 그 친구에게 (to the friend)

הָאוּנִיבֶרְסִיטָה הָעִבְרִית [하우니베르시타 하이브릿] — 히브리대학교

אֲנִי לוֹמֵד בָּאוּנִיבֶרְסִיטָה הָעִבְרִית [아니 로메드 바우니베르시타 하이브릿] — 나는 히브리대학교에서 공부합니다.

Expression

1 출신과 직업 묻기

?מֵאַיִן אַתָּה 어디 출신인가요?
[메아인 앗타]

?מֵאֵיפֹה אַתָּה 어디에서 오셨나요?
[메에이포 앗타]

?אֵיפֹה אַתָּה עוֹבֵד 어디에서 일하나요?
[에이포 앗타 오베드]

.אֲנִי עוֹבֵד בַּדָּרוֹם 나는 남쪽에서 일합니다.
[아니 오베드 바다롬]

?בַּמֶּה אַתָּה עוֹבֵד 무슨 일을 하시나요?
[바메 앗타 오베드]

.אֲנִי עוֹבֵד בְּמַחְשֵׁבִים 컴퓨터 쪽 일을 합니다.
[아니 오베드 베마흐쉐빔]

?מָה אַתָּה עוֹשֶׂה 무엇을 하시나요?
[마 앗타 오세]

.אֲנִי עוֹבֵד בְּתַיָּרוּת 여행업계에서 일해요.
[아니 오베드 베타야룻]

?מָה הַמִּקְצוֹעַ שֶׁלְּךָ 당신 직업이 무엇입니까?
[마 하믹쪼아 쉘카]

.אֲנִי רוֹפֵא 저는 의사입니다.
[아니 로페]

2 칭찬하는 표현

!יוֹפִי 잘했어요! (아름다워요!)
[요피]

Vocabulary

- בְּהַצְלָחָה 관용. 성공하세요
- בַּמֶּה 의문부. 무엇에, 어떤 것에
- בָּרוּךְ 형.m.s. 복된, 찬양받을
- בְּרָכוֹת 명.f.pl. 복들 blessings
- דָּרוֹם 명.m. 남쪽
- הַשֵּׁם 정관. the + 명.m.s. 이름 (=하나님)
- יוֹפִי 명.m.s. 아름다움; 관용. 잘 했어요
- כָּבוֹד 명.m. 영광
- כָּל 명.m. all; every (뒤에 비한정 단수명사 올 경우)
- לָאֵל 전치. to + 정관. + 명.m.s. 하나님 God
- לִבְרִיאוּת 전치. for + 명.f.s. 건강
- מַזָּל 명.m.s. 행운, 복
- מַחְשֵׁבִים 명.m.pl. 컴퓨터들

מְצוּיָּן 형.m.s. 훌륭한, 뛰어난; 관용. 탁월해요

מִקְצוֹעַ 명.m.s. 직업

נִפְלָא 형.m.s. 멋진, 놀라운

עֲבוֹדָה 명.f.s. 일

רוֹב 명.m.s. 대다수, 많음

רוֹפֵא 명.m.s. 의사

שֶׁלְּךָ 소유격 인칭대명. 2.m.s. 당신의

תַּיָּרוּת 명.f.s. 여행업

תִּתְחַדֵּשׁ 동.미래.m.s. 새로워지다; 관용. 새로운 물건, 변화에 하는 인사

נִפְלָא! [니플라] — 놀라워!

נֶהְדָר! [네헤다르] — 멋져요! (Wonderful!)

עֲבוֹדָה טוֹבָה! [아보다 토바] — 잘했어! (Good job!)

כָּל הַכָּבוֹד! [콜 하카보드] — 잘했어요! (All the glory!)

מְצוּיָּן! [메쭈얀] — 훌륭해요!

שְׁאֵלָה טוֹבָה! [쉐엘라 토바] — 좋은 질문이에요!

3 좋은 일에 대한 감사와 축하와 기원

בָּרוּךְ הַשֵּׁם! [바룩 하쉠] — 하나님께 찬양을!

תּוֹדָה לָאֵל! [토다 라엘] — 하나님께 감사를!

מַזָּל טוֹב! [마잘 토브] — 축하합니다! (Congratulation!)

תִּתְחַדֵּשׁ! [티트하데쉬] — 축하합니다! (새로운 물건을 구입 또는 새로운 변화가 있을 때)

לִבְרִיאוּת! [리브리웃] — 건강하세요! (재채기하는 사람에게)

בְּהַצְלָחָה! [베하쯜라하] — 성공하세요!

רוֹב בְּרָכוֹת! [로브 브라콧] — 복이 넘치기를!

Exercise

아래 문장들을 히브리어로 표현해보세요.

1 당신은 어디에서 왔습니까?

이스라엘에서 왔습니다.

2 당신은 어디에 사시나요?

예루살렘에 삽니다.

3 이스라엘에서 당신은 무엇을 하십니까?

히브리대학교에서 공부합니다.

4 당신(f)은 한국에서 무엇을 하시나요?

한국어를 배웁니다.

5 당신들은 안식일에 무엇을 합니까?

우리는 북쪽으로 여행을 갑니다.

6 무슨 일을 하시는지요?

저는 의사입니다.

7 축하합니다!

성공하세요!

שִׁיעוּר 05

이름 묻기

קוֹרְאִים לִי סוּגִיל קִים.

저는 김수길이라고 합니다.

Vocabulary

אֵיךְ 의문부. 어떻게

יִשְׂרְאֵלִים 명.m.pl. 이스라엘 사람들

סְלִיחָה 명.f.s. 용서; 관용. 실례합니다

קוֹרְאִים לִי 동.현재.m.pl. + 전치. + 인칭접 1.c.s. 나는 ~라고 부르다

שֶׁהֵם 접. that + 인칭대 3.m.pl. they

שָׁמַעְתִּי 동.과거.1.c.s. 듣다

Dialogue

צָהֳרַיִם טוֹבִים.
[쪼호라임 토빔]
좋은 낮 시간입니다.

קוֹרְאִים לִי סוּגִיל קִים.
[코르임 리 수길 킴]
저는 김수길이라고 합니다.

סְלִיחָה, לֹא שָׁמַעְתִּי טוֹב.
[슬리하 로 샤마으티 톱]
미안합니다. 제가 잘못 들었습니다.

אֵיךְ קוֹרְאִים לְךָ?
[에이크 코르임 레카]
어떻게 당신을 부르나요? (당신 이름이 무엇입니까?)

סוּגִיל, סוּגִיל קִים.
[수길 수길 킴]
수길, 김수길입니다.

אֲנִי סְטוּדֶנְט.
[아니 스투덴트]
전 학생입니다.

שָׁלוֹם, סוּגִיל.
[샬롬 수길]
안녕하세요, 수길.

קוֹרְאִים לִי דַפְנָה.
[코르임 리 다프나]
저는 다프나라고 부릅니다.

סוּגִיל, מָה אַתָּה עוֹשֶׂה?
[수길 마 앗타 오세]
수길, 당신은 뭐하세요?

אֲנִי לוֹמֵד עִבְרִית.
[아니 로메드 이브릿]
저는 히브리어를 공부합니다.

אֵיךְ הַיִשְׂרְאֵלִים?
[에이크 하이스라엘림]
이스라엘 사람들 어때요?

אֲנִי חוֹשֵׁב שֶׁהֵם נֶחְמָדִים.
[아니 호셰브 쉐헴 네흐마딤]
저는 그들이 친절하다고 생각합니다.

Grammar

1 동사의 변화 (과거형)

히브리어 동사의 과거형은 주어의 인칭과 성과 수에 따라 그 형태를 달리한다.

인칭대명사	공부하다	보다	오다	살다
הוּא [후](He)	לָמַד [라마드]	רָאָה [라아]	בָּא [바]	גָּר [가르]
הִיא [히](She)	לָמְדָה [람다]	רָאֲתָה [라아타]	בָּאָה [바아]	גָּרָה [가라]
הֵם [헴](They)	לָמְדוּ [람두]	רָאוּ [라우]	בָּאוּ [바우]	גָּרוּ [가루]
הֵן [헨](They)	לָמְדוּ [람두]	רָאוּ [라우]	בָּאוּ [바우]	גָּרוּ [가루]
אַתָּה [앗타](You)	לָמַדְתָּ [라마드타]	רָאִיתָ [라이타]	בָּאתָ [바타]	גַּרְתָּ [가르타]
אַתְּ [앗트](You)	לָמַדְתְּ [라마데트]	רָאִית [라이트]	בָּאת [바트]	גַּרְתְּ [가르트]
אַתֶּם [앗템](You)	לָמַדְתֶּם [라마드템]	רָאִיתֶם [라이템]	בָּאתֶם [바템]	גַּרְתֶּם [가르템]
אַתֶּן [앗텐](You)	לָמַדְתֶּן [라마드텐]	רָאִיתֶן [라이텐]	בָּאתֶן [바텐]	גַּרְתֶּן [가르텐]
אֲנִי [아니](I)	לָמַדְתִּי [라마데티]	רָאִיתִי [라이티]	בָּאתִי [바티]	גַּרְתִּי [가르티]
אֲנַחְנוּ [아나흐누](We)	לָמַדְנוּ [라마드누]	רָאִינוּ [라이누]	בָּאנוּ [바누]	גַּרְנוּ [가르누]

과거형 3인칭 남성단수를 동사의 기본형으로 본다. 위에 제시된 동사의 이름은 לָמַד [라마드], רָאָה[라아], בָּא[바], גָּר[가르]가 되는 것이다.

동사 과거형의 활용은 기본형에 인칭과 성과 수를 표현하는 요소들이 동사 후미에 붙음으로써 나타난다. 다르게 말하면 동사가 이미 주어를 포함하게 되는 것이다.

לָמַד.
[라마드]
그가 공부했다.

לָמַדְתִּי.
[라마드티]
내가 공부했다.

בָּאָה.
[바아]
그녀가 왔다.

בָּאנוּ.
[바누]
우리가 왔다.

2인칭 남성복수와 여성복수 과거형은 본래 לְמַדְתֶּם[르마드템]과 לְמַדְתֶּן[르마드텐]이다. 그러나 구어체에서는 보통 לָמַדְתֶּם[라마드템]과 לָמַדְתֶּן[라마드텐]으로 발음한다. 오른편에 있는 [라이템]과 [라이텐]도 같은 경우이다.

Vocabulary

- אָמַר 동.과거.3.m.s. 말하다
- אָמַרְתִּי 동.과거.1.c.s. 말하다
- אֶצְלָהּ 전치. at + 인칭접 3.f.s. 그녀 (집)에서
- אֶתְמוֹל 부. 어제
- בָּאוּ 동.과거.3.c.pl. 오다
- בָּאתָ 동.과거.2.m.s. 오다
- בּוֹ 전치. in + 인칭접 3.m.s. 그 안에
- גָּרוּ 동.과거.3.c.pl. 살다, 거주하다
- דִּיבְּרוּ 동.과거.3.c.pl. 이야기 하다
- חוֹשֶׁבֶת 동.현재.f.s. 생각하다
- יָפָה 형.f.s. 아름다운
- יֵשׁ ~이 있다, 존재하다
- כְּלוּם 명.m. 아무 것 nothing
- לוֹ 전치. to + 인칭접미. 3.m.s. 그에게
- לָמְדוּ 동.과거.3.c.pl. 공부하다
- לָמָּה 의문부. 왜 why
- מָתַי 의문부. 언제 when
- עָלָיו 전치. on + 인칭접 3.m.s. 그에 관해서
- עָשׂוּ 동.과거.3.c.pl. 하다
- רַק 부. 단지

📖 동사의 기본형이 되는 과거형 3인칭 남성단수에 인칭과 성과 수를 따라서 붙는 과거형 어미들은 모든 동사에 동일하다. 또한 3인칭 남성복수와 여성복수의 활용형은 동일한 것이 특징이다.

לָמְדוּ בְּיִשְׂרָאֵל. 그들은/그녀들은 이스라엘에서 공부했다.
[람두 베이스라엘]

הֵם גָּרוּ בִּירוּשָׁלַיִם. 그들은 예루살렘에 살았다.
[헴 가루 베예루샬라임]

הֵן בָּאוּ אֶתְמוֹל. 그녀들은 어제 왔다.
[헨 바우 에트몰]

2 전치사와 결합하는 인칭대명사 접미

인칭대명사가 전치사의 목적어로 오는 경우 인칭대명사 접미가 전치사에 붙는다.

인칭대명사	לְ [레] (to, for)	בְּ [베] (in, by, with)	אֵצֶל [에쩰] (at, beside)	עַל [알] (on)
הוּא [후]	לוֹ [로]	בּוֹ [보]	אֶצְלוֹ [에쯜로]	עָלָיו [알라브]
הִיא [히]	לָהּ [라]	בָּהּ [바]	אֶצְלָהּ [에쯜라]	עָלֶיהָ [알레하]
הֵם [헴]	לָהֶם [라헴]	בָּהֶם [바헴]	אֶצְלָם [에쯜람]	עֲלֵיהֶם [알레헴]
הֵן [헨]	לָהֶן [라헨]	בָּהֶן [바헨]	אֶצְלָן [에쯜란]	עֲלֵיהֶן [알레헨]
אַתָּה [앗타]	לְךָ [레카]	בְּךָ [베카]	אֶצְלְךָ [에쯜레카]	עָלֶיךָ [알레카]
אַתְּ [앗트]	לָךְ [라크]	בָּךְ [바크]	אֶצְלֵךְ [에쯜레크]	עָלַיִךְ [알라이크]
אַתֶּם [앗템]	לָכֶם [라켐]	בָּכֶם [바켐]	אֶצְלְכֶם [에쯜레켐]	עֲלֵיכֶם [알레켐]
אַתֶּן [앗텐]	לָכֶן [라켄]	בָּכֶן [바켄]	אֶצְלְכֶן [에쯜레켄]	עֲלֵיכֶן [알레켄]
אֲנִי [아니]	לִי [리]	בִּי [비]	אֶצְלִי [에쯜리]	עָלַי [알라이]
אֲנַחְנוּ [아나흐누]	לָנוּ [라누]	בָּנוּ [바누]	אֶצְלֵנוּ [에쯜레누]	עָלֵינוּ [알레누]

אָמַרְתִּי לוֹ. 내가 그에게 말했다.
[아마르티 로]

מָה יֵשׁ בּוֹ? 그것 안에 뭐가 있는가?
[마 예쉬 보]

אֲנַחְנוּ אוֹכְלִים אֶצְלָהּ. 우리는 그녀의 집에서 식사한다.
[아나흐누 오클림 에쯜라]

דִיבְּרוּ עָלָיו.
[디브루 알라브]
그들은 그에 대해서 이야기했다.

3 의문사: 언제, 어디서, 누가, 무엇, 어떻게, 왜

מָתַי
[마타이]
언제

אֵיפֹה
[에이포]
어디서

מִי
[미]
누가

מָה
[마]
무엇

אֵיךְ
[에이크]
어떻게

לָמָה
[라마]
왜

מָתַי הֵם מַגִיעִים?
[마타이 헴 마기임]
그들은 언제 도착하는가?

אֵיפֹה הִיא גָרָה?
[에이포 히 가라]
그녀는 어디에 사는가?

מִי אָמַר אֵת זֶה?
[미 아마르 엣 제]
누가 이것을 이야기했지?

מָה קָרָה?
[마 카라]
무슨 일이 일어났는데?

אֵיךְ זֶה אֶפְשָׁרִי?
[에이크 제 에프샤리]
그게 어떻게 가능하지?

לָמָה לֹא בָּאתָ?
[라마 로 바타]
넌 왜 안 왔어?

Vocabulary

אוֹמֶרֶת 동.현재.f.s. 말하다

אֵין דָבָר 관용. 신경쓰지 마세요 naver mind

דַעַתְךָ 명.f.s. 견해 + 인칭접미 2.m.s.

דַּעְתֵּךְ 명.f.s. 견해 + 인칭접미 2.f.s.

דַּעְתְּכֶם 명.f.s. 견해 + 인칭접미 2.m.pl.

מְבַקְּשׁ 동.현재.m.pl. 구하다, 요청하다

מוּזִיקָה 명.f. 음악

מִצְטַעֵר 형.m.s. 미안한

מִצְטַעֲרִים 형.m.pl. 미안한

סְלִיחָה 명.f.s. 용서; 관용. sorry

צַר 형.m.s. 좁은, צר לי 관용. I am sorry

קוֹרְאִים 동.현재.m.pl. 부르다; 읽다

רוֹאִים 동.현재.m.pl. 보다

שְׁמִי 명.m.s. 이름 + 인칭접미 1.c.s.

שִׁמְךָ 명.m.s. 이름 + 인칭접미 2.m.s.

שְׁמֵךְ 명.m.s. 이름 + 인칭접미 2.f.s.

תִּסְלַח 동.미래.2.m.s. 용서하다

לָמָה가 [라마]로 발음되면 why(왜)의 의미지만 [레마]로 발음되면 for what(무엇을 위해서)의 의미가 된다.

לָמָה אַתָּה עוֹשֶׂה אֵת זֶה? 왜 당신은 이것을 합니까?
[라마 앗타 오세 엣 제]

לְמָה אַתָּה עוֹשֶׂה אֵת זֶה? 뭘 위해서 당신은 이것을 합니까?
[레마 앗타 오세 엣 제]

4 ...אֲנִי חוֹשֵׁב שֶׁ[아니 호셰브 쉐...] 표현

...אֲנִי חוֹשֵׁב שֶׁ[아니 호셰브 쉐]는 '나는 ~라고 생각한다'는 의미로 회화에서 널리 사용되는 표현이다. שֶׁ[쉐]는 접속사 that에 해당하는데 독립적으로 사용되지 않고 그 이하 문장에 접두된다.

.אֲנִי חוֹשֵׁב שֶׁאֲנִי עָיֵף 난 내가 피곤하다고 생각해.
[아니 호셰브 쉐아니 아예프]

.אַתָּה חוֹשֵׁב שֶׁרַק אַתָּה צוֹדֵק 넌 너만 옳다고 생각하냐.
[앗타 호셰브 쉐라크 앗타 쪼덱]

.הִיא חוֹשֶׁבֶת שֶׁהִיא יָפָה 그녀는 그녀가 아름답다고 생각한다.
[히 호셰벳 쉐히 야파]

.הַיַּפָּנִים חוֹשְׁבִים שֶׁהֵם לֹא עָשׂוּ כְּלוּם
[하야파님 호슈빔 쉐헴 로 아수 클룸]
일본 사람들은 그들이 아무것도 하지 않았다고 생각한다.

Expression

1 이름 묻기

?אֵיךְ קוֹרְאִים לְךָ 당신을 어떻게 부르나요?(=당신 이름이 무엇인가요)
[에이크 코르임 레카]

?אֵיךְ קוֹרְאִים לָךְ 당신(f)을 어떻게 부르나요?
[에이크 코르임 라크]

מָה שִׁמְךָ?
[마 쉼카]
당신의 이름은 무엇입니까?

מָה שְׁמֵךְ?
[마 쉬메크]
당신(f)의 이름은 무엇입니까?

שְׁמִי מִינְסוּ.
[쉬미 민수]
제 이름은 민수입니다.

2 의견 묻기

מָה דַּעַתְךָ?
[마 다아트카]
당신의 의견은 무엇입니까?

מָה דַּעְתֵּךְ?
[마 다아테크]
당신(f)의 의견은 무엇입니까?

מָה דַּעַתְכֶם?
[마 다아트켐]
당신들의 의견은 무엇입니까?

מָה אַתָּה חוֹשֵׁב עַל הַמּוּזִיקָה?
[마 앗타 호셰브 알 하무지카]
그 음악에 대해서 당신은 어떻게 생각하나요?

מָה אַתְּ אוֹמֶרֶת?
[마 앗트 오메렛]
당신은 어떻게 말씀하십니까?

אֵיךְ אַתֶּם רוֹאִים?
[에이크 앗템 로임]
당신들은 어떻게 보십니까?

3 사과와 유감 표현

סְלִיחָה.
[슬리하]
용서하세요. (실례합니다.)

אֲנִי מְבַקֵּשׁ סְלִיחָה.
[아니 메바케쉬 슬리하]
제가 용서를 구합니다.

בְּסֵדֶר. [베세데르]	괜찮습니다.
אֲנִי מִצְטַעֵר. [아니 미쯔타에르]	제가 미안합니다.
אֲנַחְנוּ מִצְטַעֲרִים. [아나흐누 미쯔타아림]	우리가 미안합니다.
אֵין דָּבָר. [엔 다바르]	신경쓰지 마세요.
צַר לִי. [짜르 리]	제가 유감입니다.
תִּסְלַח לִי. [티슬라흐 리]	(당신이) 저를 용서하십시오.

Exercise

아래 문장들을 히브리어로 표현해보세요.

1 당신을 어떻게 부르나요? ....

저는 요엘이라고 합니다. ....

2 한국 사람들은 어때요? ....

친절하다고 생각합니다. ....

3 우리는 예루살렘에서 살았습니다. ....

4 너 언제 오니? ....

5 나(f)는 내가 옳다고 생각합니다. ....

6 네(m) 의견은 어때? ....

7 괜찮아요, 신경쓰지 마세요. ....

שִׁיעוּר 06

상점에서

מָה אַתָּה צָרִיךְ?

무엇이 필요하십니까?

Vocabulary

אוֹתוֹ 목적격 인칭대명. 3.m.s. 그를, 그것을

אוֹתָם 목적격 인칭대명. 3.m.pl. 그들를, 그것들을

אֶחָד 수.m.s. 하나

אַחֶרֶת 형.f.s. 다른

אֵין 동. ~없다

הַאִם 의문부. is it?

חִיפַּשְׂתִּי 동.과거.1.c.s. 찾다

חֲנוּת 명.f.s. 가게

כָּזֶה 전치. like + 지시대명. it, this, that

כַּרְטִיס בְּרָכָה 명.m.s. 축하카드

לָנוּ 전치. to + 인칭접미 1.c.pl. 우리에게

מְחַפֵּשׂ 동.현재.m.s. 찾다

מִילוֹן 명.m.s. 사전

מָצָאתִי 동.과거.1.c.s. 발견하다

מִצְטַעֶרֶת 동.현재.f.s. 미안하다, 죄송하다

מַתְאִים 동.현재.m.s. 적합하다, 일치하다

סִפְרֵי דִקְדּוּק 명사결합.m.pl. 문법책들

עֶזְרָה 명.f.s. 도움

פָּשׁוּט 형.m.s. 단순한, 간략한

צָרִיךְ 조동.현재.m.s. 필요하다

צְרִיכָה 조동.현재.f.s. 필요하다

Dialogue

מָה אַתָּה צָרִיךְ?
[마 앗타 짜리크]
무엇이 필요하십니까?

אֲנִי צָרִיךְ לִקְנוֹת תִיק אֶחָד.
[아니 짜리크 리크노트 틱 에하드]
저는 가방을 하나 구입해야 합니다.

הַאִם זֶה מַתְאִים?
[하임 제 마트임]
이것이 적합한지요?

לֹא, זֶה גָדוֹל מִדַי.
[로 제 가돌 미다이]
아니요, 이것은 너무 크네요.

מִצְטַעֶרֶת. אֵין לָנוּ תִיקִים קְטַנִים.
[미쯔타에렛 엔 라누 티킴 크타님]
죄송해요. 작은 가방들은 우리한테 없어요.

אֲנִי מְחַפֵּשׂ מִילוֹן עִבְרִית-קוֹרֵיאָנִית.
[아니 메합페스 밀론 이브릿 코레아닛]
저는 히브리어-한국어 사전을 찾고 있습니다.

חִיפַּשְׂתִּי אוֹתוֹ בַּחֲנוּת אַחֶרֶת וְלֹא מָצָאתִי.
[힙파스티 오토 베하눗 아헤렛 벨로 마짜티]
다른 가게에서 그것을 찾았는데 발견하지 못했어요.

יֵשׁ לָנוּ. הַאִם זֶה בְּסֵדֶר?
[예쉬 라누 하임 제 베세데르]
우리한테 있어요. 이것 괜찮겠어요?

זֶה מִילוֹן פָּשׁוּט מִדַי.
[제 밀론 파슈트 미다이]
이것은 너무 간략한 사전이네요.

אֵלֶה סִפְרֵי הַדִקְדּוּק לְקוֹרֵיאָנִית.
[엘레 시프레이 하디크둑 레코레안닛]
이것들은 한국어 문법책들입니다.

אֲנִי לֹא צָרִיךְ אוֹתָם.
[아니 로 짜리크 오탐]
그것들은 필요하지 않습니다.

אֲנִי צְרִיכָה כַּרְטִיס בְּרָכָה.
[아니 쯔리카 카르티스 브라카]
나는 축하 카드가 필요합니다.

יֵשׁ לְךָ אֶחָד כָּזֶה?
[예쉬 레카 에하드 카제]
당신에게 그런 거 하나 있어요?

קוֹרֵיאָנִית 명.f. 한국어
קְטַנִּים 형.m.pl. 작은
רוֹצֶה 동.현재.m.s. 원하다
תִּיק 명.m.s. 가방

Grammar

1 '있다'와 '없다'를 표현하는 יֵשׁ [예쉬]와 אֵין [엔]

יֵשׁ[예쉬]는 어떤 것이 있음을 표현하고 אֵין[엔]은 뭔가가 없음을 표현한다. 이 둘에 לִי [리]나 לָנוּ[라누] 같은 전치사구가 오면 have나 do not have의 의미로 사용된다. 히브리어에는 to have 동사가 따로 없다.

יֵשׁ לִי דִירָה.
[예쉬 리 디라]
나에겐 아파트가 있었요.

יֵשׁ לָנוּ בְּרֵיכָה בַּבַּיִת.
[예쉬 라누 브레카 바바이트]
우리 집에는 수영장이 있어요.

יֵשׁ לָךְ חָבֵר?
[예쉬 라크 하베르]
당신(f)은 남자친구 있어요?

אֵין לִי כֶּסֶף.
[엔 리 케세프]
난 돈이 없어요.

יֵשׁ לִי מַתָּנָה בִּשְׁבִילְךָ.
[예쉬 리 마타나 비쉬빌카]
당신에게 줄 선물이 있어요.

אֵין לִי כּוֹחַ לְזֶה.
[엔 리 코아흐 레제]
네겐 그것을 할 힘이 없어요.

אֵין לָנוּ מָה שֶׁאַתָּה מְחַפֵּשׂ.
[엔 라누 마 쉐앗타 메합페스]
당신이 찾는 것이 우리에겐 없어요.

Vocabulary

אַבָּא 명.m.s. 아버지
אֲבָל 접. 그러나
אַהֲבָה 명.f.s. 사랑
אוֹהֵב 동.현재.m.s. 사랑하다
אִיבַּדְתִּי 동.과거.1.c.s. 잃어버리다
אֵילַת 지명. 에일랏(이스라엘 최남단 해변도시)
אַרְנָק 명.m.s. 지갑
בֵּית סֵפֶר 명.m.s. 학교
בֵּן 명.m.s. 아들
בָּנִים 명.m.pl. 아들들
בַּנְק 명.m.s. 은행
בְּרֵיכָה 명.f.s. 수영장
בִּשְׁבִילְךָ 전치. for + 인칭접미.2.m.s. for you
דִּיבְּרוּ 동.과거.3.c.pl. 이야기하다
דִּיבַּרְתֶּם 동.과거.2.m.pl. 이야기하다
דִּירָה 명.f.s. 아파트

יֵשׁ חֶדֶר פָּנוּי?
[예쉬 헤데르 파누이]
빈 방 있어요?

2 여러가지 품사로 사용되는 צָרִיךְ[짜리크]

히브리어 어휘 צָרִיךְ [짜리크]는 다양한 기능으로 사용된다.

1) 형용사로 사용되는 경우

필요한 necessary, 중요한 important 등의 뜻으로 사용된다.

זֶה לֹא צָרִיךְ.
[제 로 짜리크]
그것은 필요 없어요. (그것은 중요하지 않아요.)

2) 일반 동사로 사용되는 경우 to need의 의미이다.

אֲנִי צָרִיךְ עֶזְרָה.
[아니 짜리크 에즈라]
제가 도움이 필요해요.

מָה אַתֶּם צְרִיכִים?
[마 앗템 쯔리킴]
여러분들 무엇이 필요한가요?

3) 조동사로 사용되면 must, should의 의미로 뒤에 to 부정사를 취한다.

אֲנִי צְרִיכָה לִקְנוֹת מַיִם.
[아니 쯔리카 리크놋 마임]
저(f)는 물을 구입해야 합니다.

הַיּוֹם אֲנִי צָרִיךְ לִלְמוֹד.
[하욤 아니 짜리크 릴모드]
오늘은 나 공부해야 돼.

מָה אַתָּה צָרִיךְ לִלְמוֹד?
[마 앗타 짜리크 릴모드]
무슨 공부를 해야 하는데?

זוֹכְרִים 동.현재.m.pl. 기억하다
חֶדֶר 명.m.s. 방 room
חוֹדְשַׁיִם 명.m.pl. 두 달 (쌍수 표현으로 몇몇 단어에 나타남)
חָזַר 동.과거.3.m.s. 돌아오다
חִיכִּינוּ 동.과거.1.c.pl. 기다리다
חִיכְּתָה 동.과거.3.f.s. 기다리다
חִיפְּשׂוּ 동.과거.3.c.pl. 찾다
יֶלֶד 명.m.s. 아이
כָּאן 부. 여기
כּוֹחַ 명.m.s. 힘
כִּיתָּה 명.f.s. 수업, 교실
כָּל הַיּוֹם 관용. 온종일
כִּמְעַט 부. 거의
כֶּסֶף 명.m.s. 돈
כְּפָר 명.m.s. 마을
לֹא כָּל כָּךְ 관용. 그렇게 ~하지 않은
מְחַכִּים 동.현재.m.pl. 기다리다
מַכִּיר 동.현재.m.s. (사람을) 알다
מֶמְשָׁלָה 명.f.s. 정부
מִפְלָגָה 명.f.s. 정당
מַתָּנָה 명.f.s. 선물
נַעֲלַיִם 명.m.pl. 신발 한 켤레
סְפָרִים 명.m.pl. 책들
עַד שֶׁ- 접. ~할 때까지
פֹּה 부. 여기
פָּנוּי 형.m.s. 비는, 한가한
פָּעִיל 명.m.s. 활동가
פְּקִידָה 명.f.s. 여직원
פְּקִידִים 명.m.pl. 직원들
רֹאשׁ 명.m.s. 머리, 우두머리
שֶׁ- 관계대명. that

3 히브리어 동사 전체 개요

히브리어 동사는 표현하는 내용을 따라 보통 일곱 가지 형태로 나타난다.

1) 파알 동사: 동사의 기본적 의미를 표현하는 가장 흔한 자동사와 타동사
2) 피엘 동사: 동작의 반복이나 강조를 표현하는 동사 패턴
3) 히프일 동사: 사역적 의미를 가지는 동사 패턴
4) 니프알 동사: 주로 파알 동사의 수동적 의미를 표현하는 동사 패턴
5) 푸알 동사: 피엘 동사의 수동적 의미를 표현하는 동사 패턴
6) 후프알 동사: 히프일 동사의 수동적인 의미를 표현하는 동사 패턴
7) 히트파엘 동사: 재귀적 의미를 표현하는 동사 패턴

히브리어 동사 전체 개요는 이스라엘의 국가 상징인 메노라를 통하여 쉽게 도식화할 수 있다.

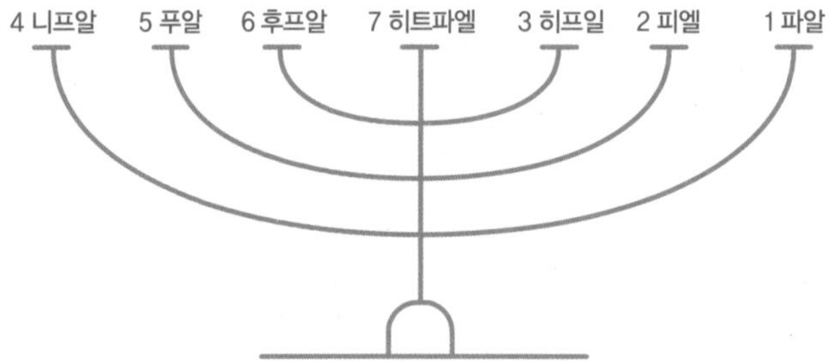

오른쪽 세 개의 동사 패턴은 능동형이고 왼쪽 세 개의 동사 패턴은 수동형이다. 가운데 몸통의 동사 패턴은 재귀형이다. 오른쪽의 세 능동형 동사는 각각 왼쪽의 수동형 동사와 연결된다.

4 니프알 ↔ 1 파알
5 푸알 ↔ 2 피엘
6 후프알 ↔ 3 히프일
7 히트파엘

각 패턴에 속하는 동사는 과거시제, 미래시제, 현재시제, 명령형 그리고 to 부정사로 사용된다.

שְׁטוּיוֹת 명.f.pl. 엉터리, 쓸데없는 것들
שָׁכַח 동.과거.3.m.s. 잊다
תְּשׁוּבָה 명.f.s. 응답

4 동사의 변화 (피엘 동사 현재형)

일반적으로 히브리어 동사는 22개의 자음 가운데 3개의 자음이 모여서 동사 어근을 형성한다. 히브리어 문법 설명에서는 보통 '동작하다, 작동하다'라는 의미를 가지고 있는 פָּעַל[파알]을 대표적인 동사 어근으로 사용한다. 첫 번째 어근에 פ[페이], 두 번째 어근에 ע[아인], 세 번째 어근에 ל[라메드]가 모인 פעל에 첫 번째 어근의 모음으로 [아], 두 번째 어근의 모음으로 [아]를 주면 이것이 פָּעַל[파알]이 된다. 피엘 동사라 함은 פעל에서 두 번째 어근이 중복되면서 첫 번째 어근에 [이] 모음이 요드와 함께 오고, 두 번째 어근에 [에] 모음이 와서 פִּיעֵל[피엘]로 발음되는 패턴의 동사를 의미한다. 동작을 단순하게 표현하는 파알 동사(פָּעַל)에 비하여 피엘 동사(פיעל)는 동작이 반복되거나 강조되는 측면을 표현한다.

הָלַךְ[할라크] 파알 동사 : 걸어가다
הִילֵּךְ[힐레크] 피엘 동사 : 걸어가는 것을 반복하다 → 왔다 갔다 하다
שָׁבַר[샤바르] 파알 동사 : 부수다
שִׁיבֵּר[쉽베르] 피엘 동사 : 박살내다

פָּעַל[파알] 동사의 현재형이 פּוֹעֵל[포엘]인 반면에 פִּיעֵל[피엘] 동사의 현재형은 מְפַעֵל [메파엘]로 나타난다. 피엘 현재형도 남성단수를 기본으로 하여 여성단수에는 ת를, 남성복수에는 ים을, 여성복수에는 ות를 더하게 된다.

인칭대명사	찾다	기다리다	말하다
הוּא [후]	מְחַפֵּשׂ [메합페스]	מְחַכֶּה [메학케]	מְדַבֵּר [메답베르]
הִיא [히]	מְחַפֶּשֶׂת [메합페셋]	מְחַכָּה [메학카]	מְדַבֶּרֶת [메답베렛]
הֵם [헴]	מְחַפְּשִׂים [메합프심]	מְחַכִּים [메학킴]	מְדַבְּרִים [베답브림]
הֵן [헨]	מְחַפְּשׂוֹת [메합프솟]	מְחַכּוֹת [메학콧]	מְדַבְּרוֹת [메답브롯]
אַתָּה [앗타]	מְחַפֵּשׂ [메합페스]	מְחַכֶּה [메학케]	מְדַבֵּר [메답베르]
אַתְּ [앗트]	מְחַפֶּשֶׂת [메합페셋]	מְחַכָּה [메학카]	מְדַבֶּרֶת [메답베렛]
אַתֶּם [앗템]	מְחַפְּשִׂים [메합프심]	מְחַכִּים [메학킴]	מְדַבְּרִים [베답브림]
אַתֶּן .[앗텐]	מְחַפְּשׂוֹת [메합프솟]	מְחַכּוֹת [메학콧]	מְדַבְּרוֹת [메답브롯]
אֲנִי [아니]	מְחַפֵּשׂ [메합페스]	מְחַכֶּה [메학케]	מְדַבֵּר [메답베르]
אֲנַחְנוּ [아나흐누]	מְחַפְּשִׂים [메합프심]	מְחַכִּים [메학킴]	מְדַבְּרִים [베답브림]

1인칭 화자가 여성인 경우 מְחַפֶּשֶׂת[메합페셋], מְחַכָּה[메학카], מְדַבֶּרֶת[메답베렛]이 사용된다.

📖 동사의 끝이 ה로 끝나는 현재동사의 경우 남성단수는 [에], 여성단수는 [아]로 읽어서 구분하며 남성복수와 여성복수는 각각 ה를 생략하고 ים과 וֹת를 붙이는 것에 주의해야 한다.

מָה אַתָּה מְחַפֵּשׂ פֹּה? 당신은 여기서 뭘 찾나요?
[마 앗타 메합페스 포]

אִיבַּדְתִּי אֶת הָאַרְנָק שֶׁלִּי. 제 지갑을 잃어 버렸어요.
[입바데티 엣 아르낙 쉘리]

לְמָה אַתֶּם מְחַכִּים? 당신들은 뭘 기다립니까?
[레마 앗템 메학킴]

אֲנַחְנוּ מְחַכִּים לָאוֹטוֹבּוּס לְאֵילַת. 우린 에일랏으로 가는 버스를 기다립니다.
[아나흐누 메학킴 라오토부트 레에일랏]

מִי מְדַבֵּר עִבְרִית כָּאן? 여기 누가 히브리어를 할 수 있나요?
[미 메답베르 이브릿 칸]

אֲנִי, אֲבָל אֲנִי לֹא מְדַבֵּר כָּל כָּךְ טוֹב.
[아니 아발 아니 로 메답베르 콜 카크 토브]
저요. 근데 제가 히브리어를 그렇게 잘하진 못해요.

5 동사의 변화 (피엘 동사 과거형)

피엘 동사의 과거형도 주어의 인칭, 성과 수에 따라 그 형태를 달리한다.

인칭대명사	찾다	기다리다	말하다
הוּא [후]	חִיפֵּשׂ [힙페스]	חִיכָּה [히카]	דִּיבֵּר [딥베르]
הִיא [히]	חִיפְּשָׂה [힙프사]	חִיכְּתָה [히크타]	דִּיבְּרָה [딥브라]
הֵם [헴]	חִיפְּשׂוּ [힙프수]	חִיכּוּ [히쿠]	דִּיבְּרוּ [딥브루]
הֵן [헨]	חִיפְּשׂוּ [힙프수]	חִיכּוּ [히쿠]	דִּיבְּרוּ [딥브루]
אַתָּה [앗타]	חִיפַּשְׂתָּ [힙파스타]	חִיכִּיתָ [히키타]	דִּיבַּרְתָּ [딥바르타]
אַתְּ [앗트]	חִיפַּשְׂתְּ [힙파스트]	חִיכִּית [히키트]	דִּיבַּרְתְּ [딥바르트]
אַתֶּם [앗템]	חִיפַּשְׂתֶּם [힙파스템]	חִיכִּיתֶם [히키템]	דִּיבַּרְתֶּם [딥바르템]
אַתֶּן [앗텐]	חִיפַּשְׂתֶּן [힙파스텐]	חִיכִּיתֶן [히키텐]	דִּיבַּרְתֶּן [딥바르텐]
אֲנִי [아니]	חִיפַּשְׂתִּי [힙파스티]	חִיכִּיתִי [히키티]	דִּיבַּרְתִּי [딥바르티]
אֲנַחְנוּ [아나흐누]	חִיפַּשְׂנוּ [힙파스누]	חִיכִּינוּ [히키누]	דִּיבַּרְנוּ [딥바르누]

피엘 동사는 두 번째 동사 어근이 중복된다. 기록할 때 두 번 쓰지는 않지만 발음할 때는 그 자음이 두 번 발음된다. [히페스]가 아니고 [힙페스], [히카]가 아니고 [힉카], [디베르]가 아니고 [딥베르]라고 발음되는 이유이다.

חִיכָּה의 경우 세 번째 어근이 ה이다. 내가 기다렸다는 חִיכִּיתִי이다. 이것은 חִיכָּה에 תִי가 온 것인데 חִיכָּהתִי가 아니고 חִיכִּיתִי가 된다. 곧 세 번째 어근 ה가 동사 활용 중에 י로 변하는 경우로 이런 부류의 동사를 약동사라고 부른다.
반면, חִיפֵּשׂ + תִי 〉 חִיפַּשְׂתִי, דִיבֵּר + תִי 〉 דִיבַּרְתִי 같이 모음에는 변화가 생기지만 자음에 변화가 없이 규칙적으로 활용하는 동사를 정동사라고 부른다. חִיכָּה 같이 세 번째 어근에 ה가 오는 동사를 라메드–헤이 약동사라고 부른다.

הֵם חִיפְּשׂוּ אֵת הַיֶּלֶד כָּל הַיּוֹם. 그들은 그 아이를 온종일 찾았다.
[헴 힙프수 엣 하옐레드 콜 하욤]

חִיפַּשְׂתִי עֲבוֹדָה בִּירוּשָׁלַיִם וְלֹא מָצָאתִי. 저는 예루살렘에서 일을 찾았는데 못 찾았어요.
[힙파스티 아보다 베예루샬라임 붸로 마짜티]

חִיכִּינוּ לַתְּשׁוּבָה כִּמְעַט חוֹדְשַׁיִם. 그들은 거의 두 달 답을 기다렸다.
[힉키누 라츄바 킴아트 호드샤임]

אִמָּא חִיכְּתָה לְאַבָּא עַד שֶׁהוּא חָזַר. 엄마는 아빠가 돌아오실 때까지 기다렸다.
[이마 힉크타 레아바 아드 쉐후 하자르]

הֵם דִיבְּרוּ שְׁטוּיוֹת. 그들은 얼토당토않은 것들을 이야기했다.
[헴 딥브루 쉐투욧]

עַל מָה דִיבַּרְתֶּם? 너희들은 무엇에 대해서 이야기했니?
[알 마 딥바르템]

6 히브리어 명사 결합

히브리어에는 두 개의 명사가 함께 나열되면서 뒤에 나오는 명사가 앞의 명사를 의미적으로 종속시키는 표현 방식이 존재하는데 이를 명사 결합이라 한다. 이 경우 결합된 명사는 "뒤의 것의 앞의 것"을 의미한다.

יָם [얌] 바다, בֶּגֶד [베게드] 옷 ⇨ בֶּגֶד יָם [베게드 얌] (바다의 옷) 수영복

יְהוּדָה [예후다] 유다, בֵּן [벤] 아들 ⇨ בֶּן יְהוּדָה [벤 예후다] 유다의 아들

מֶמְשָׁלָה [멤샬라] 정부, רֹאשׁ [로쉬] 머리 ⇨ רֹאשׁ מֶמְשָׁלָה [로쉬 멤샬라] 수상

נַחוּם[나훔] 나훔, כְּפָר[크파르] 마을 ⇨ כְּפַר נַחוּם[크파르 나훔] 나훔의 마을, 가버나움

סְפָרִים[스파림] 책들, חֲנוּת[하눗] 가게 ⇨ חֲנוּת סְפָרִים[하눗 스파림] 서점

מִפְלָגָה[미플라가] 정당, פָּעִיל[파일] 활동가 ⇨ פְּעִיל מִפְלָגָה[페일 미플라가] 당원

명사가 결합될 때 뒤에 오는 명사에는 특별한 변화가 없지만 앞에 오는 명사에는 보통 약간의 변화가 발생할 수 있다. 변화가 없는 명사의 일반 형태를 절대형, 명사 결합에서 앞자리에 오는 명사를 연계형으로 부른다. 연계형 명사에 발생하는 변화는 크게 세 부류로 나뉜다.

1) 모음에 변화가 오는 경우

위의 용례에서 보면 בֵּן의 경우 [에] 모음이 보통의 길이에서 다소 짧아진다(בֵּן ⇨ בֶּן). פְּעִיל의 경우 [파일]에서 [페일]로 פ자리 모음에 변화가 생겼다.

2) 자음에 변화가 오는 경우

연계형으로 오는 명사가 여성단수형 어미 ה를 가지거나 남성복수형 어미 ים을 가지는 경우 ה는 ת로 바뀌고 ים에서는 ם이 달아난다.

בַּנְק[반크] 은행, פְּקִידָה[프키다] 직원 ⇨ פְּקִידַת בַּנְק[프키다트 반크] 여행원

יִשְׂרָאֵל[이스라엘], בָּנִים[바님] 아들들 ⇨ בְּנֵי יִשְׂרָאֵל[브네 이스라엘] 이스라엘 자손들

3) 정관사를 가진 명사들이 결합되면 절대형 명사만 정관사를 가지고 연계형 명사의 정관사는 사라진다.

הַמִּפְלָגָה[하미플라가], הַפָּעִיל[하파일] ⇨ פְּעִיל הַמִּפְלָגָה[페일 하미플라가] 그 당원

הַבַּנְק[하반크], הַפְּקִידִים[하프키딤] ⇨ פְּקִידֵי הַבַּנְק[프키데 하반크] 그 은행 직원들

הַסֵּפֶר[하세페르], הַבַּיִת[하바이트] ⇨ בֵּית הַסֵּפֶר[베이트 하세페르] 그 학교

7 목적격 인칭대명사

인칭대명사가 타동사의 목적어로 올 때 목적격 인칭대명사가 사용된다.

인칭대명사	목적격 인칭대명사
הוּא [후]	אוֹתוֹ [오토] 그를
הִיא [히]	אוֹתָהּ [오타] 그녀를
הֵם [헴]	אוֹתָם [오탐] 그들을
הֵן [헨]	אוֹתָן [오탄] 그녀들을
אַתָּה [앗타]	אוֹתְךָ [오트카] 당신을
אַתְּ [앗트]	אוֹתָךְ [오타크] 당신을(f)
אַתֶּם [앗템]	אֶתְכֶם [에트켐] 당신들을
אַתֶּן [앗텐]	אֶתְכֶן [에트켄] 당신들을(f)
אֲנִי [아니]	אוֹתִי [오티] 나를(c)
אֲנַחְנוּ [아나흐누]	אוֹתָנוּ [오타누] 우리를(c)

.אֲנִי אוֹהֵב אוֹתָךְ
[아니 오헤브 오타크]
난(m) 당신(f)을 사랑해.

.הוּא שָׁכַח אוֹתָנוּ
[후 샤카흐 오타누]
그는 우리를 잊었어.

.אֲנַחְנוּ זוֹכְרִים אֶתְכֶם
[아나흐누 조크림 에트켐]
우리는 당신들을 기억합니다.

?מִי רָאָה אוֹתוֹ
[미 라아 오토]
누가 그를 보았나요?

.אֲנִי לֹא מַכִּיר אוֹתוֹ
[아니 로 막키르 오토]
난 그를 몰라요.

8 소유격 인칭대명사

사람이나 사물에 대한 소유를 표현하는 데 사용하는 소유격 인칭대명사는 다음과 같다.

인칭대명사	소유격 인칭대명사
הוּא [후]	שֶׁלּוֹ [쉘로] 그의
הִיא [히]	שֶׁלָּה [쉘라] 그녀의
הֵם [헴]	שֶׁלָּהֶם [쉘라헴] 그들의
הֵן [헨]	שֶׁלָּהֶן [쉘라헨] 그녀들의
אַתָּה [앗타]	שֶׁלְּךָ [쉘카] 당신의
אַתְּ [앗트]	שֶׁלָּךְ [쉘라크] 당신의(f)
אַתֶּם [앗템]	שֶׁלָּכֶם [쉘라켐] 당신들의
אַתֶּן [앗텐]	שֶׁלָּכֶן [쉘라켄] 당신들의(f)
אֲנִי [아니]	שֶׁלִּי [쉘리] 나의(c)
אֲנַחְנוּ [아나흐누]	שֶׁלָּנוּ [쉘라누] 우리의(c)

זֹאת הַכִּיתָּה שֶׁלִּי. 이것이 제 교실입니다.
[좃 하키타 쉘리]

אֵיפֹה הַנַּעֲלַיִם שֶׁלָּךְ? 네(f) 신발이 어디 있니?
[에이포 한나알라임 쉘라크]

הִיא הָאִמָּא שֶׁלָּהֶם. 저분(f)이 그들의 엄마다.
[히 하임마 쉘라헴]

הָאַהֲבָה שֶׁלִּי. 내 사랑.
[하아하바 쉘리]

Expression

1 무엇을 도와 드릴까요?

?אֶפְשָׁר לַעֲזוֹר [에프샤르 라아조르]	도와 드려도 될까요?
?אֶפְשָׁר לַעֲזוֹר לָךְ [에프샤르 라아조르 라크]	당신을(f) 도와 드려도 될까요?
?מָה אַתֶּם מְחַפְּשִׂים [마 앗템 메하프심]	여러분, 무엇을 찾으십니까?
?יֵשׁ מַשֶּׁהוּ מְסוּיָּם שֶׁאַתָּה מְחַפֵּשׂ [예쉬 마쉐후 메수얌 쉐앗타 메하페스]	특정한 뭔가 찾으시는 것이 있으세요?
?אֵיזֶה סוּג אַתָּה רוֹצֶה [에이제 수그 앗타 로쩨]	어떤 종류를 원하세요?

2 ~ 있어요?

?יֵשׁ לֶחֶם [예쉬 레헴]	빵 있어요?
.נִגְמַר [니그마르]	끝났어요. (다 팔렸어요.)
?יֵשׁ גְּבִינָה [예쉬 그비나]	치즈 있어요?
.יֵשׁ רַק גְּבִינָה צְהוּבָּה [예쉬 라크 그비나 쩨후바]	노란 치즈만 있어요.
?יֵשׁ חָלָב דַל שׁוּמָן [예쉬 할라브 달 슈만]	저지방 우유 있어요?
.לֹא. יֵשׁ חָלָב רָגִיל [로 예쉬 할라브 라길]	아뇨. 보통 우유 있어요.

Vocabulary

- אֲבַטִּיחִים (אֲבַטִּיחַ) 명.m.pl. 수박들
- אֲדִירָה 형.f.s. 엄청난
- אוֹטוֹ 명.m. 자동차
- אֲחֵרִים 형.m.pl. 다른
- אֵיזֶה 의문대명.m.s. 어떤 which
- -אֶפְשָׁר לְ 관용. ~해도 될까요 (부정사 사용)
- אֶשְׁכּוֹלִיּוֹת (אֶשְׁכּוֹלִית) 명.f.pl. 자몽들 grapefruits
- בָּנָנוֹת (בָּנָנָה) 명.f.pl. 바나나들
- גְּבִינָה 명.f.s. 치즈
- גְּדוֹלָה 형.f.s. 큰
- דַל שׁוּמָן 형.m.s. 저지방의
- הַבָּא 정관. the + 동.현재.m.s. 다가오는
- הַפְתָּעָה 명.f.s. 놀라게 하는 것
- הַצְלָחָה 명.f.s. 성공
- זֹאת 지시대명.f.s. 이것 this
- חֲבָל 감. 유감, 안타까움을 표현
- חָלָב 명.m. 우유
- חֲמוּרָה 형.f.s. 심각한
- טָעוּת 명.f.s. 실수
- יְרָקוֹת (יֶרֶק) 명.m.pl. 채소들
- כְּרוּבִים סִינִיִּים (כְּרוּב סִינִי) 명.m.pl. 배추들
- לֶחֶם 명.m. 빵
- לַעֲזוֹר 동.to 부정. to help
- מִבְחָן 명.m.s. 시험
- מִזְּמַן 부. 오래전에
- מְסוּיָּם 형.m.s. 특정한; 어떤
- מַשֶּׁהוּ 명. 어떤 것 something

יֵשׁ פֵּירוֹת?
[예쉬 페롯]
과일 있어요?

כֵּן. יֵשׁ עֲנָבִים, תַּפּוּחִים, אֲבַטִּיחִים, אֶשְׁכּוֹלִיּוֹת וּבָנָנוֹת.
[캔. 예쉬 아나빔 타푸힘 아바티힘 붸바나놋]
예. 포도, 사과, 수박, 자몽, 바나나 있어요.

יֵשׁ יְרָקוֹת?
[예쉬 예라콧]
채소 있어요?

יֵשׁ עַגְבָנִיּוֹת, מְלָפְפוֹנִים, כְּרוּבִים סִינִים וְעוֹד אֲחֵרִים.
[예쉬 아그바니욧 멜라페포님 크루빔 시님 붸오드 아헤림]
토마토, 오이, 배추와 다른 것 더 있어요.

יֵשׁ פְּרָחִים?
[예쉬 프라힘]
꽃 있어요?

אֵין.
[엔]
없어요.

3 나 ~ 가지고 있어요.

יֵשׁ לִי אוֹטוֹ.
[예쉬 리 오토]
전 자동차가 있어요.

יֵשׁ לוֹ חֲבֵרָה.
[예쉬 로 하베라]
그는 여자친구가 있어요.

יֵשׁ לָהּ דִּירָה.
[예쉬 라 디라]
그녀는 아파트를 가지고 있어요.

יֵשׁ לָהֶם מִבְחָן בַּשָּׁבוּעַ הַבָּא.
[예쉬 라헴 미브한 바샤부아 하바]
그들은 다음 주 시험이 있어요.

- **נִגְמָר** 형.m.s. 끝난
- **סוּג** 명.m.s. 종류
- **סְתָם** 명.m.s. 그저 그런 것, 그냥…
- **עַגְבָנִיּוֹת** (עַגְבָנִיָּה) 명.f.pl. 토마토들
- **עוֹד** 부. 더 more
- **עֲנָבִים** (עֵנָב) 명.m.pl. 포도들
- **צְהוּבָּה** 형.f.s. 노란
- **פֵּירוֹת** (פְּרִי) 명.m.pl. 과일들, 열매들
- **פְּרָחִים** (פֶּרַח) 명.m.pl. 꽃들
- **רָגִיל** 형.m.s. 보통의
- **שָׁבוּעַ** 명.m.s. 주 week
- **תֵּירוּץ** 명.m.s. 변명
- **תַּפּוּחִים** (תַּפּוּחַ) 명.m.pl. 사과들

4 이것/그것은...

זֶה מְאוֹד יָפֶה.
[제 메오드 야페]
이것은 아주 아름답네요.

זֶה חֲבָל.
[제 하발]
이건 안타깝네요.

זֶה לֹא טוֹב.
[제 로 토브]
이건 안 좋으네요.

זֶה סְתָם תֵּירוּץ.
[제 스탐 테루쯔]
그건 변명일 뿐이야.

זֶה לֹא מְקוּבָּל.
[제 로 메쿠발]
그것은 받아들일 수 없어요.

זֶה הָיָה מִזְּמָן.
[제 하야 미즈만]
그것은 오래전 일입니다.

זֹאת טָעוּת חֲמוּרָה.
[좃 타웃 하무라]
그것은 아주 심각한 실수야.

זֹאת הַצְלָחָה אֲדִירָה.
[좃 하쯜라하 아디라]
그것은 엄청난 성공이야.

זֹאת הַפְתָּעָה גְּדוֹלָה.
[좃 하프타아 그돌라]
그것은 깜짝 놀랄 일이다.

Exercise

아래 문장들을 히브리어로 표현해보세요.

1 그에게는 차가 있다.

그 차는 매우 잘 나간다.

2 무엇을 찾으시나요(f)?

큰 가방을 찾아요(f).

3 우리 집에는 수영장이 없어요.

4 여기 누가 한국어를 할 수 있나요?

5 나(m)는 그녀를 모릅니다.

6 나(f)는 제 아빠를 기다려요.

7 그것은 그냥 변명이야.

שִׁיעוּר 07

소유

יֵשׁ לְךָ זְמַן הַיּוֹם?

오늘 시간 있어요?

Vocabulary

- אַזְמִין לְ- 동.현재.1.c.s. ~에 초대하다
- אַחַת 수.f.s. 하나
- אֵינָהּ is not 3.m.s. ~가 아닌
- אֲסַיֵּם 동.미래.1.c.s. 마치다, 끝내다
- אֲרוּחַת עֶרֶב 명.f.s. 저녁식사
- אֶתְקַשֵּׁר 동.미래.1.c.s. 전화하다, 연락하다
- זְמַן 명.m.s. 시간
- טֶלֶפוֹן נַיָּד 명.m.s. 핸드폰, 모바일폰
- כְּשֶׁ- 접. ~할 때 when
- לִקְנוֹת 동.to 부정. to buy
- מְדוּיָּק 형.m.s. 정확한, 부. 정확하게
- מַדְפֶּסֶת 명.f.s. 프린터
- מְכוֹנַת גִּילוּחַ 명.f.s. 전기면도기
- מִצְטַעֵר 동.현재.m.s. 미안하다, 유감을 가지다
- עֲדַיִן 부. 아직
- עוֹבֵד 동.현재.m.s. 작동하다(기계), 일하다(사람)
- רוֹצִים 동.현재.m.pl. 원하다
- רַחְפָן 명.m.s. 드론
- תִּהְיֶה 동.미래.2.m.s. be, become

Dialogue

יֵשׁ לְךָ זְמַן הַיּוֹם?
[예쉬 레카 즈만 하욤]
오늘 시간 있어요?

מִצְטַעֵר, אֵין לִי זְמַן הַיּוֹם.
[미쯔타에르 엔 리 즈만 하욤]
미안해요, 오늘 시간 없어요.

מָתַי תִּהְיֶה פָּנוּי?
[마타이 티히예 파누이]
언제 한가할까요?

אֶתְקַשֵּׁר כְּשֶׁאֲסַיֵּם אֶת הָעֲבוֹדָה.
[에트카쉐르 케쉐아사옘 엣 하아보다]
일 마치면 연락하겠습니다.

תּוֹדָה. אַזְמִין אוֹתְךָ לַאֲרוּחַת עֶרֶב.
[토다 아즈민 오트카 레아루하트 에레브]
고맙습니다. 저녁 식사 낼게요.

יֵשׁ לְךָ מְכוֹנַת גִּילוּחַ!
[예쉬 레카 메코나트 길루아흐]
당신 전기면도기가 있네요!

לֹא, זֹאת אֵינָהּ מְכוֹנַת גִּילוּחַ.
[로 좃 에이나 메코나트 길루아흐]
아뇨, 이것은 면도기가 아니에요.

זֶה טֶלֶפוֹן נַיָּד.
[제 텔레폰 나야드]
이것은 휴대폰이에요.

יֵשׁ לָכֶם מַדְפֶּסֶת?
[예쉬 라켐 마드페세트]
당신들 프린터를 가지고 있나요?

לֹא, אֵין. עֲדַיִן אֵין לָנוּ.
[로 엔 아다인 엔 라누]
아니요, 없어요. 우린 아직 없어요.

אֲנַחְנוּ רוֹצִים לִקְנוֹת אַחַת.
[아나흐누 로찜 아하트]

우리는 하나 구입하길 원해요.

יֵשׁ לוֹ רַחְפָן חָדָשׁ.
[예쉬 로 라흐판 하다쉬]

그에게는 새 드론이 있다.

הָרַחְפָן עוֹבֵד מְאוֹד מְדוּיָּק.
[하라흐판 오베드 메오드 메두야크]

그 드론은 매우 정확하게 작동한다.

Grammar

1 파알 동사의 활용 : 과거, 미래, 현재, to 부정사 (1)

히브리어에서 동사의 기본형이 되는 파알 동사의 시제별 활용을 정리하면 다음과 같다.

שָׁמַר: 지키다

인칭	과거	미래	현재	to 부정사
הוּא	שָׁמַר [샤마르]	יִשְׁמוֹר [이쉬모르]		
הִיא	שָׁמְרָה [샤므라]	תִשְׁמוֹר [티쉬모르]		
הֵם	שָׁמְרוּ [샤므루]	יִשְׁמְרוּ [이쉬메루]		
הֵן	שָׁמְרוּ [샤므루]	תִשְׁמוֹרְנָה [디쉬모르나]	שׁוֹמֵר [쇼메르]	
אַתָּה	שָׁמַרְתָּ [샤마르타]	תִשְׁמוֹר [티쉬모르]	שׁוֹמֶרֶת [쇼메렛]	לִשְׁמוֹר
אַתְּ	שָׁמַרְתְּ [샤마르트]	תִשְׁמְרִי [티쉬메리]	שׁוֹמְרִים [쇼므림]	[리쉬모르]
אַתֶּם	שְׁמַרְתֶּם [쉬마르템]	תִשְׁמְרוּ [티쉬메루]	שׁוֹמְרוֹת [쇼므롯]	
אַתֶּן	שְׁמַרְתֶּן [쉬마르텐]	תִשְׁמוֹרְנָה [티쉬모르나]		
אֲנִי	שָׁמַרְתִּי [샤마르티]	אֶשְׁמוֹר [에쉬모르]		
אֲנַחְנוּ	שָׁמַרְנוּ [샤마르누]	נִשְׁמוֹר [니쉬모르]		

מִי שָׁמַר עַל הַבַּיִת?
[미 샤마르 알 하바이트]

누가 집을 지켰지?

Vocabulary

אֵלֵינוּ אֵל to + 인칭접미 1.c.pl. 우리에게

אֱמֶת 명.f.s. 진리

אִשְׁתְּךָ אִשָּׁה 명.f.s. 여자, 부인 + 인칭접미 2.m.s.

הַקַּיִץ 부. 이번 여름에

חַיָּבִים 형.m.pl. 빚진; ~을 해야만 하는

חָסֵר 형.m.s. 부족한, 빠진

יַפָּנִית 명.f.s. 일본어

יְשִׁיבָה 명.f.s. 회의

כְּבָר 부. 벌써

כָּל יוֹם 관용. 매일

לְבַקֵּר בְּ- 동. to 부정. to visit

לִגְמוֹר 동. to부정. to finish
לִישׁוֹן 동. to부정. to sleep
לְעַשֵּׁן 동.to부정. to smoke
לִפְעָמִים 부. 가끔, 때때로
מוּזֵאוֹן 명.m.s. 박물관
מוּקְדָם 형.m.s. 일찍, 이른
מָחָר 부. 내일에
מַיִם 명.m.pl. 물
מִישֶׁהוּא 대명.m.s. 누군가 somebody
מְנַהֵל 명.m.s. 부서장, 매니저
מִתְקַשְׁרִים 동.현재.m.pl. 전화하다, 연락하다
נוֹשֵׂא 명.m.s. 주제
נִתְחַתֵּן 동.미래.1.c.pl. 결혼하다
עוֹד פַּעַם 관용. 다시 한 번, 또 한 번
עִנְיָן 명.m.s. 문제, 일
קוֹל 명.m.s. 음성, 소리
קָרוֹב לְ~ 형.m.s. ~에 가까운
רָם 형.m.s. 높은
שִׁיעוּרֵי הַבַּיִת 명.m.pl. 숙제, 과제물들
שֶׁקֶט 명.m.s. 정숙, 조용함

.הִיא שׁוֹמֶרֶת עַל הַיְלָדִים 그녀가 아이들을 지킨다.
[히 쇼메렛 알 하옐라딤]

.אֲנִי אֶשְׁמוֹר עָלַיִךְ 내가 당신을 지켜줄게요.
[아니 에쉬모르 알라이크]

.אַתֶּם חַיָּבִים לִשְׁמוֹר עַל הַשֶּׁקֶט 여러분은 조용히 해야 합니다.
[앗템 하야빔 리쉬모르 알 하쉐케트]

!שְׁמוֹר (남성에게) 지켜요!
[쉬모르]

!שִׁמְרִי (여성에게) 지키세요!
[쉬므리]

!שִׁמְרוּ (복수에게) 지키세요!
[쉬므루]

📖 to 부정사를 그대로 사용해도 명령의 의미가 된다. 미래 2인칭 동사들은 명령적 의미로도 많이 사용된다.

!לִשְׁמוֹר[리쉬모르] 지켜라! (2인칭 모두에게 사용 가능)
!תִשְׁמוֹר[티쉬모르] 네가 지킬 것이다! ⇨ 네가 지켜라! = **!שְׁמוֹר** [쉬모르] (네가) 지켜라!

📖 부정 명령을 표현할 때는 미래 2인칭 동사 앞에 **אַל**[알]을 붙인다.

!אַל תִשְׁמוֹר (남성에게) 지키지 마!
[알 티쉬모르]

!אַל תִשְׁמְרִי (여성에게) 지키지 마!
[알 티쉬메리]

!אַל תִשְׁמְרוּ (복수에게) 지키지 마!
[알 티쉬메루]

📖 שָׁמַר[샤마르]와 같은 형태로 활용하는 파알 동사는 다음과 같다.

과거	미래	현재	to 부정사	뜻
בָּדַק [바다크]	יִבְדוֹק [이브도크]	בּוֹדֵק [보데크]	לִבְדוֹק [리브도크]	검사하다
גָּמַר [가마르]	יִגְמוֹר [이그모르]	גּוֹמֵר [고메르]	לִגְמוֹר [리그모르]	마치다
דָּרַשׁ [다라쉬]	יִדְרוֹשׁ [이드로쉬]	דּוֹרֵשׁ [도레쉬]	לִדְרוֹשׁ [리드로쉬]	요구하다
זָכַר [자카르]	יִזְכּוֹר [이즈코르]	זוֹכֵר [조케르]	לִזְכּוֹר [리즈코르]	기억하다
זָרַק [자라크]	יִזְרוֹק [이즈로크]	זוֹרֵק [조레크]	לִזְרוֹק [리즈로크]	던지다
כָּתַב [카타브]	יִכְתּוֹב [이크토브]	כּוֹתֵב [코테브]	לִכְתּוֹב [리크토브]	쓰다
מָכַר [마카르]	יִמְכּוֹר [임코르]	מוֹכֵר [모케르]	לִמְכּוֹר [림코르]	팔다
מָסַר [마사르]	יִמְסוֹר [임소르]	מוֹסֵר [모세르]	לִמְסוֹר [임소르]	전달하다
נָצַר [나짜르]	יִנְצוֹר [인쪼르]	נוֹצֵר [노쩨르]	לִנְצוֹר [린쪼르]	보호하다
סָגַר [사가르]	יִסְגּוֹר [이스고르]	סוֹגֵר [소게르]	לִסְגּוֹר [리스고르]	닫다
פָּתַר [파타르]	יִפְתּוֹר [이프토르]	פּוֹתֵר [포테르]	לִפְתּוֹר [리프토르]	해결하다
צָבַר [짜바르]	יִצְבּוֹר [이쯔보르]	צוֹבֵר [쪼베르]	לִצְבּוֹר [리쯔보르]	축적하다
קָשַׁר [카샤르]	יִקְשׁוֹר [이크쇼르]	קוֹשֵׁר [코셰르]	לִקְשׁוֹר [리크쇼르]	묶다
רָשַׁם [라샴]	יִרְשׁוֹם [이르숌]	רוֹשֵׁם [로셈]	לִרְשׁוֹם [리르숌]	기록하다
שָׁבַר [샤바르]	יִשְׁבּוֹר [이쉬보르]	שׁוֹבֵר [쇼베르]	לִשְׁבּוֹר [리쉬보르]	부수다
תָּפַס [타파스]	יִתְפּוֹס [이트포스]	תּוֹפֵס [토페스]	לִתְפּוֹס [리트포스]	붙들다

동사 어근을 구성하는 세 개의 알파벳이 모두 튼실할 경우, 위에 소개된 동사처럼 활용이 규칙적으로 일어나는데 이런 동사를 정동사라고 규정한다. 반면에 동사 어근에 약하거나 지나치게 강한 성향의 알파벳이 오면 동사 활용에 약간의 변형이 나타나는데 이를 약동사라고 한다.

2 הָיָה[하야] 동사의 과거와 미래와 to 부정사

앞서 소개했던 대로 be 동사의 경우 현재형은 따로 없다. 그러나 과거와 미래는 다음과 같이 활용한다.

הָיָה: be, become

인칭대명사	과거	미래	to 부정사
הוּא [후](He)	הָיָה [하야]	יִהְיֶה [이히예]	
הִיא [히](She)	הָיְתָה [하이타]	תִּהְיֶה [티히예]	
הֵם [헴](They)	הָיוּ [하유]	יִהְיוּ [이히유]	
הֵן [헨](They)	הָיוּ [하유]	תִּהְיֶינָה [티히예나]	
אַתָּה [앗타](You)	הָיִיתָ [하이타]	תִּהְיֶה [티히예]	
אַתְּ [앗트](You)	הָיִית [하이트]	תִּהְיִי [티히이]	לִהְיוֹת [리히옷]
אַתֶּם [앗템](You)	הֱיִיתֶם [하이템]	תִּהְיוּ [티히유]	
אַתֶּן [앗텐](You)	הֱיִיתֶן [하이텐]	תִּהְיֶינָה [티히예나]	
אֲנִי [아니](I)	הָיִיתִי [하이티]	אֶהְיֶה [에헤예]	
אֲנַחְנוּ [아나흐누](We)	הָיִינוּ [하이누]	נִהְיֶה [니히예]	

הָיָה טוֹב.
[하야 토브]
좋았어요.

אֵיפֹה הָיִיתָ?
[에이포 하이타]
어디 있었니?

מָתַי זֶה הָיָה?
[마아티 제 하야]
그게 언제였지?

מִי הָיָה חָסֵר?
[미 하야 하세르]
누가 없었지?

יִהְיֶה בְּסֵדֶר.
[이히예 베세데르]
괜찮아질 거야.

זֶה לֹא הָיָה בְּסֵדֶר.
[제 로 하야 베세데르]
그건 아니었어.

הֱיֵה חָזָק!
[헤예 하자크]
(남성에게) 강하거라!

הֲיִי נֶחְמָדָה!
[헤이 네흐마다]
(여성에게) 친절하거라!

הֱיוּ טוֹבִים!
[헤유 토빔]
(복수에게) 처신 잘하거라!

📖 היה[하야] 동사는 동사의 세 번째 어근 자리에 ה가 오는 약동사에 속한다.

3 피엘 동사의 활용 : 과거, 미래, 현재, to 부정사

주로 동작의 강화나 반복을 표현하는 피엘 동사의 활용을 정리하면 다음과 같다.

דִיבֵּר: speak

인칭	과거	미래	현재	to 부정사
הוּא	דִיבֵּר [디베르]	יְדַבֵּר [예다베르]	מְדַבֵּר [메다베르] מְדַבֶּרֶת [메다베렛] מְדַבְּרִים [메다브림] מְדַבְּרוֹת [메다브롯]	לְדַבֵּר [레다베르]
הִיא	דִיבְּרָה [디브라]	תְּדַבֵּר [테다베르]		
הֵם	דִיבְּרוּ [디브루]	יְדַבְּרוּ [예다브루]		
הֵן	דִיבְּרוּ [디브루]	תְּדַבֵּרְנָה [테다베르나]		
אַתָּה	דִיבַּרְתָּ [디바르타]	תְּדַבֵּר [테다베르]		
אַתְּ	דִיבַּרְתְּ [디바르트]	תְּדַבְּרִי [테다브리]		
אַתֶּם	דִיבַּרְתֶּם [디바르템]	תְּדַבְּרוּ [테다브루]		
אַתֶּן	דִיבַּרְתֶּן [디바르텐]	תְּדַבֵּרְנָה [테바베르나]		
אֲנִי	דִיבַּרְתִּי [디바르티]	אֲדַבֵּר [아다베르]		
אֲנַחְנוּ	דִיבַּרְנוּ [티바르누]	נְדַבֵּר [네다베르]		

엄격하게 음역하자면 딥베르–딥베라–딥베루... 예답베르–테답베르–예답베루... 등과 같이 두 번째 어근이 중복 발음되게 표현해야 한다. 그러나 실제 발음은 디베르–디브라–디브루... 예다베르–테다베르–예다브루... 등으로 들린다. 여기서는 귀에 들리는 대로 음역하기로 한다.

הוּא דִיבֵּר בְּקוֹל רָם. 그는 큰 소리로 이야기했다.
[후 디베르 베콜 람]

אַתָּה תְּדַבֵּר! 네가 이야기해!
[앗타 테다베르]

אֲנִי לֹא מְדַבֵּר יַפָּנִית. 난 일본어 못해요.
[아니 로 메다베르 야파닛]

מִישֶׁהוּ צָרִיךְ לְדַבֵּר. 누군가 이야기해야만 한다.
[미쉐후 짜리크 레다베르]

דַבֵּר! (남성에게) 말해!
[다베르]

דַבְּרִי! (여성에게) 말해!
[다브리]

דַבְּרוּ בְּעִבְרִית! 히브리어로들 이야기해!
[다브루 베이브릿]

📖 דִּיבֵּר[디베르]와 같은 형태로 활용하는 피엘 동사는 다음과 같다.

과거	미래	현재	to 부정사	뜻
אִיבֵּד [이베드]	יְאַבֵּד [예아베드]	מְאַבֵּד [메아베드]	לְאַבֵּד [레아베드]	잃다
אִישֵּׁר [이셰르]	יְאַשֵּׁר [예아셰르]	מְאַשֵּׁר [메아셰르]	לְאַשֵּׁר [레아셰르]	승인하다
בִּיטֵּל [비텔]	יְבַטֵּל [예바텔]	מְבַטֵּל [메바텔]	לְבַטֵּל [레바텔]	취소하다
בִּישֵּׁל [비셸]	יְבַשֵּׁל [예바셸]	מְבַשֵּׁל [메바셸]	לְבַשֵּׁל [레바셸]	요리하다
בִּיקֵּר [비케르]	יְבַקֵּר [예바케르]	מְבַקֵּר [메바케르]	לְבַקֵּר [레바케르]	방문하다
בִּיקֵּשׁ [비케쉬]	יְבַקֵּשׁ [예바케쉬]	מְבַקֵּשׁ [메바케쉬]	לְבַקֵּשׁ [레바케쉬]	요청하다
חִילֵּק [힐레크]	יְחַלֵּק [예할레크]	מְחַלֵּק [메할레크]	לְחַלֵּק [레할레크]	나누다
לִימֵּד [리메드]	יְלַמֵּד [옐라메드]	מְלַמֵּד [멜라메드]	לְלַמֵּד [렐라메드]	가르치다
סִיפֵּר [시페르]	יְסַפֵּר [예사페르]	מְסַפֵּר [메사페르]	לְסַפֵּר [레사페르]	이야기하다
צִילֵּם [찔렘]	יְצַלֵּם [예짤렘]	מְצַלֵּם [메짤렘]	לְצַלֵּם [레잘렘]	사진 찍다
שִׁילֵּם [쉴렘]	יְשַׁלֵּם [예샬렘]	מְשַׁלֵּם [메샬렘]	לְשַׁלֵּם [레샬렘]	지불하다
שִׁיקֵּר [쉬케르]	יְשַׁקֵּר [예샤케르]	מְשַׁקֵּר [메샤케르]	לְשַׁקֵּר [레샤케르]	거짓말하다

📖 두 번째 동사 어근이 중복되는 것이 피엘 동사의 특징이다. 한국 사람들의 히브리어 발음에서 제일 문제가 되는 세 자음 ב כ פ의 경우에만 다게쉬 칼을 표시했듯이 이 표에서는 다게쉬 카베드도 이 세 자음에만 표시하고 다른 알파벳의 경우 다게쉬 카베드를 따로 표시 하지 않았다.

4 히프일 동사의 활용 : 과거, 미래, 현재, to 부정사

파알 동사가 동작의 기본적 의미를 표현하고, 피엘 동사가 동작의 강조나 반복을 표현한다면, 히프일 동사는 주로 동작의 사역적 의미를 표현한다.

파알 동사	⇨	히프일 동사
זָכַר [자카르] 기억하다	⇨	הִזְכִּיר [히즈키르] 상기시키다, 언급하다
גָּדַל [가달] 자라다	⇨	הִגְדִּיל [히그딜] 성장시키다, 확대하다
שָׁאַל [샤알] 빌리다	⇨	הִשְׁאִיל [히쉬일] 빌려주다
מָצָא [마짜] 발견하다	⇨	הִמְצִיא [힘찌] 발명하다

הִזְכִּיר: remind, mention

인칭	과거	미래	현재	to 부정사
הוּא הִיא הֵם הֵן	הִזְכִּיר [히즈키르] הִזְכִּירָה [히즈키라] הִזְכִּירוּ [히즈키루] הִזְכִּירוּ [히즈키루]	יַזְכִּיר [야즈키르] תַּזְכִּיר [타즈키르] יַזְכִּירוּ [야즈키루] תַּזְכֵּרְנָה [타즈케르나]	מַזְכִּיר [마즈키르] מַזְכִּירָה [마즈키라] מַזְכִּירִים [마즈키림] מַזְכִּירוֹת [마즈키롯]	לְהַזְכִּיר [레하즈키르]
אַתָּה אַתְּ אַתֶּם אַתֶּן	הִזְכַּרְתָּ [히즈카르타] הִזְכַּרְתְּ [히즈카르트] הִזְכַּרְתֶּם [히즈카르템] הִזְכַּרְתֶּן [히즈카르텐]	תַּזְכִּיר [타즈키르] תַּזְכִּירִי [타즈키리] תַּזְכִּירוּ [타즈키루] תַּזְכֵּרְנָה [타즈케르나]		
אֲנִי אֲנַחְנוּ	הִזְכַּרְתִּי [히즈카르티] הִזְכַּרְנוּ [히즈카르누]	אַזְכִּיר [아즈키르] נַזְכִּיר [나즈키르]		

הַמְנַהֵל הִזְכִּיר אֵת הָעִנְיָן בַּיְשִׁיבָה. 그 부서장이 회의에서 그 문제를 상기시켰다.
[하메나헬 히즈키르 엣 하인얀 바셰쉬바]

תַּזְכִּיר לִי אֵת זֶה עוֹד פַּעַם. 제게 그것을 다시 상기시켜 주십시오.
[타즈키르 리 엣 제 오드 파암]

מִי הִיא הַמַּזְכִּירָה? 비서가 누구지요?
[미 히 하마즈키라]

חַיָּבִים לְהַזְכִּיר אֵת הַנּוֹשֵׂא. 그 주제를 언급해야만 합니다.
[하야빔 레하즈키르 엣 하노세]

הַזְכֵּר לִי! (남성에게) 나에게 상기시켜 줘!
[하즈케르 리]

הַזְכִּירִי לוֹ! (여성에게) 그에게 상기시켜 줘!
[하즈키리 로]

הַזְכִּירוּ לָנוּ! (복수에게) 우리에게 상기시켜 줘!
[하즈키루 라누]

📖 히브리어 동사 현재는 바로 명사적 의미, 곧 명사로도 사용된다.

מַזְכִּירָה [마즈키라] 여비서

הִזְכִּיר[히즈키르]와 같은 형태로 활용하는 히프일 동사는 다음과 같다.

과거	미래	현재	to 부정사	뜻
הִגְבִּיל [히그빌]	יַגְבִּיל [야그빌]	מַגְבִּיל [마그빌]	לְהַגְבִּיל [레하그빌]	제한하다
הִגְדִּיר [히그디르]	יַגְדִּיר [야그디르]	מַגְדִּיר [마그디르]	לְהַגְדִּיר [레하그디르]	정의하다
הִדְבִּיק [히드비크]	יַדְבִּיק [야드비크]	מַדְבִּיק [마드비크]	לְהַדְבִּיק [레하드비크]	붙이다
הִכְנִיס [히크니스]	יַכְנִיס [야크니스]	מַכְנִיס [마크니스]	לְהַכְנִיס [레하크니스]	안으로 들이다
הִמְלִיץ [히믈리쯔]	יַמְלִיץ [야믈리쯔]	מַמְלִיץ [마믈리쯔]	לְהַמְלִיץ [레하믈리쯔]	추천하다
הִסְבִּיר [히스비르]	יַסְבִּיר [야스비르]	מַסְבִּיר [마스비르]	לְהַסְבִּיר [레하스비르]	설명하다
הִסְתִּיר [히스티르]	יַסְתִּיר [야스티르]	מַסְתִּיר [마스티르]	לְהַסְתִּיר [레하스티르]	숨기다
הִפְחִיד [히프히드]	יַפְחִיד [야프히드]	מַפְחִיד [마프히드]	לְהַפְחִיד [레하프히드]	두려워하게 하다
הִרְגִּישׁ [히르기쉬]	יַרְגִּישׁ [야드기쉬]	מַרְגִּישׁ [마드기쉬]	לְהַרְגִּישׁ [레하드기쉬]	느끼다
הִשְׁאִיר [히쉬이르]	יַשְׁאִיר [야쉬이르]	מַשְׁאִיר [마쉬이르]	לְהַשְׁאִיר [레하쉬이르]	남기다
הִתְחִיל [히트힐]	יַתְחִיל [야트힐]	מַתְחִיל [마트힐]	לְהַתְחִיל [레하트힐]	시작하다

5 히트파엘 동사의 활용 : 과거, 미래, 현재, to 부정사

히트파엘 동사는 동작의 결과가 본인에게 돌아가는 것을 표현하는 재귀형 동사이다. 히트파엘 동사형도 피엘처럼 두 번째 어근이 중복된다(두 번째 어근을 중복 발음하는 것이 원칙이지만, 보통 편하게 발음하는 경향이 있으므로 그렇게 하는 것이 좋다).

파알 동사 ⇨ 히트파엘 동사

רָחַץ [라하쯔] 씻다 ⇨ הִתְרַחֵץ [히트라헤쯔] 목욕하다

קָשַׁר [카샤르] 연결하다 ⇨ הִתְקַשֵּׁר [히트캇셰르/히트카셰르]
(자신을 연결하다=) 전화하다, 연락하다

הִתְקַשֵּׁר: contact

인칭	과거	미래	현재	to 부정사
הוּא	הִתְקַשֵּׁר [히트캇셰르]	יִתְקַשֵּׁר [이트캇셰르]	מִתְקַשֵּׁר [미트캇셰르]	לְהִתְקַשֵּׁר [레히트캇셰르]
הִיא	הִתְקַשְּׁרָה [히트캇쉬라]	תִּתְקַשֵּׁר [티트캇셰르]	מִתְקַשֶּׁרֶת [미트캇셰렛]	
הֵם	הִתְקַשְּׁרוּ [히트캇쉬루]	יִתְקַשְּׁרוּ [이트캇쉬루]	מִתְקַשְּׁרִים [미트캇쉬림]	
הֵן	הִתְקַשְּׁרוּ [히트캇쉬루]	תִּתְקַשֵּׁרְנָה [티트캇셰르나]	מִתְקַשְּׁרוֹת [미트캇쉬롯]	
אַתָּה	הִתְקַשַּׁרְתָּ [히트캇샤르타]	תִּתְקַשֵּׁר [티트캇셰르]		
אַתְּ	הִתְקַשַּׁרְתְּ [히트캇샤르트]	תִּתְקַשְּׁרִי [티트캇쉬리]		
אַתֶּם	הִתְקַשַּׁרְתֶּם [히트캇샤르템]	תִּתְקַשְּׁרוּ [티트캇쉬루]		
אַתֶּן	הִתְקַשַּׁרְתֶּן [히트캇샤르텐]	תִּתְקַשֵּׁרְנָה [티트캇셰르나]		
אֲנִי	הִתְקַשַּׁרְתִּי [히트캇샤르티]	אֶתְקַשֵּׁר [에트캇셰르]		
אֲנַחְנוּ	הִתְקַשַּׁרְנוּ [히트캇샤르누]	נִתְקַשֵּׁר [니트캇셰르]		

.אִשְׁתְּךָ הִתְקַשְּׁרָה 자네 부인이 전화했어.
[이쉬테카 히트캇쉬라]

.תִּתְקַשֵּׁר מָחָר 내일 전화해 줘.
[티트캇셰르 마하르]

.כָּל יוֹם מִתְקַשְּׁרִים אֵלֵינוּ 매일 우리한테 전화해요.
[콜 욤 미트캇쉬림 엘레누]

?מָתַי אֲנִי יָכוֹל לְהִתְקַשֵּׁר 제가 언제 전화하면 되나요?
[마타이 아니 야콜 레히트캇셰르]

!הִתְקַשֵּׁר (남성에게) 연락해!
[히트캇셰르]

!הִתְקַשְּׁרִי (여성에게) 연락해!
[히트캇쉬리]

הִתְקַשְּׁרוּ! (복수에게) 연락해!
[히트캇쉬루]

הִתְקַשֵּׁר[히트캇셰르]와 같은 형태로 활용하는 히트파엘 동사는 다음과 같다.

과거	미래	현재	to 부정사	뜻
הִתְאַמֵּץ [히트암메쯔]	יִתְאַמֵּץ [이트암메쯔]	מִתְאַמֵּץ [미트암메쯔]	לְהִתְאַמֵּץ [레히트암메쯔]	노력하다
הִתְגַּשֵּׁם [히트갓솀]	יִתְגַּשֵּׁם [이트갓솀]	מִתְגַּשֵּׁם [미트갓솀]	לְהִתְגַּשֵּׁם [레히트갓솀]	성취되다
הִתְהַפֵּךְ [히브하페크]	יִתְהַפֵּךְ [이트하페크]	מִתְהַפֵּךְ [미트하페크]	לְהִתְהַפֵּךְ [레히트하페크]	전복되다
הִתְחַזֵּק [히트하제크]	יִתְחַזֵּק [이트하제크]	מִתְחַזֵּק [미트하제크]	לְהִתְחַזֵּק [레히트하제크]	강해지다
הִתְיַבֵּשׁ [히트야베쉬]	יִתְיַבֵּשׁ [이트야베쉬]	מִתְיַבֵּשׁ [미트야베쉬]	לְהִתְיַבֵּשׁ [레히트야베쉬]	마르다
הִתְיַקֵּר [히트야케르]	יִתְיַקֵּר [이트야케르]	מִתְיַקֵּר [미트야케르]	לְהִתְיַקֵּר [레히트야케르]	인상되다
הִתְנַדֵּב [히트나데브]	יִתְנַדֵּב [이트나데브]	מִתְנַדֵּב [미트나데브]	לְהִתְנַדֵּב [레히트나데브]	자원하다
הִתְעַיֵּף [히트아예프]	יִתְעַיֵּף [이트아예프]	מִתְעַיֵּף [미트아예프]	לְהִתְעַיֵּף [레히트아예프]	지치다
הִתְפַּטֵּר [히트파테르]	יִתְפַּטֵּר [이트파테르]	מִתְפַּטֵּר [미트파테르]	לְהִתְפַּטֵּר [레히트파테르]	사직하다
הִתְפַּלֵּל [히트팔렐]	יִתְפַּלֵּל [미트팔렐]	מִתְפַּלֵּל [미트팔렐]	לְהִתְפַּלֵּל [레히트팔렐]	기도하다
הִתְקַפֵּל [히트카펠]	יִתְקַפֵּל [이트카펠]	מִתְקַפֵּל [미트카펠]	לְהִתְקַפֵּל [레히트카펠]	접히다; 포기하다
הִתְרַגֵּשׁ [히트라게쉬]	יִתְרַגֵּשׁ [이트라게쉬]	מִתְרַגֵּשׁ [미트라게쉬]	לְהִתְרַגֵּשׁ [레히트라게쉬]	감격하다

6 רוצה ל... [로쩨 레...] ~하기를 원해요

파알 동사 רָצָה[라짜]는 타동사로서 to want의 의미이다. 단순히 명사를 목적어로 취하기도 하지만 to 부정사를 목적어로 취하여 어떤 행위에 대한 욕구를 표현한다.

인칭	과거	미래	현재	to 부정사
הוּא הִיא הֵם הֵן	רָצָה [라짜] רָצְתָה [라쯔타] רָצוּ [라쭈] רָצוּ [라쭈]	יִרְצֶה [이르쩨] תִּרְצֶה [티르쩨] יִרְצוּ [이르쭈] תִּרְצֶינָה [티르쩨나]	רוֹצֶה [로쩨] רוֹצָה [로짜] רוֹצִים [로찜] רוֹצוֹת [로쫏]	לִרְצוֹת [리르쫏]
אַתָּה אַתְּ אַתֶּם אַתֶּן	רָצִיתָ [라찌타] רָצִית [라찌트] רְצִיתֶם [라찌템] רְצִיתֶן [라찌텐]	תִּרְצֶה [티르쩨] תִּרְצִי [티르찌] תִּרְצוּ [티르쭈] תִּרְצֶינָה [티르쩨나]		
אֲנִי אֲנַחְנוּ	רָצִיתִי [라찌티] רָצִינוּ [라찌누]	אֶרְצֶה [에르쩨] נִרְצֶה [니르쩨]		

הוּא רָצָה מַיִם.
[후 라짜 마임]
그는 물을 원했다.

הִיא רָצְתָה חָבֵר נֶחְמָד.
[히 라쯔타 하베르]
그녀는 친절한 남자친구를 원했다.

מָה אַתָּה רוֹצֶה?
[마 앗타 로쩨]
원하는 게 뭐야?

לִפְעָמִים אֲנִי רוֹצֶה לְעַשֵּׁן.
[리프암밈 아니 로쩨 레앗쉔]
가끔 난 담배를 피우고 싶어.

הִיא רוֹצָה לִגְמוֹר אֶת שִׁיעוּרֵי הַבַּיִת.
[히 로짜 리그모르 엣 쉬우레 하바이트]
그녀는 숙제를 마치고 싶어 한다.

הֵם לֹא רוֹצִים לִישׁוֹן מוּקְדָם.
[헴 로 로찜 리숀 무크담]
그들은 일찍 자기를 원치 않는다.

אַבָּא רוֹצֶה שֶׁאֲנִי אֶלְמַד קָרוֹב לַבַּיִת.
[아바 로쩨 쉐아니 엘마드 카로브 라바이트]
아빠는 내가 집 가까이에서 공부하기를 원하신다.

הָחֲבֵרָה שֶׁלִּי רוֹצָה שֶׁנִּתְחַתֵּן כְּבָר הַקַּיִץ.
[하하베라 쉘리 로짜 쉐니트하텐 크바르 하카이쯔]
내 여자친구는 벌써 이번 여름에 우리가 결혼하기를 원한다.

אֲנִי רוֹצֶה לְבַקֵּר בְּמוּזֵאוֹן יִשְׂרָאֵל.
[아니 로쩨 레바케르 베무제온 이스라엘]
이스라엘 박물관을 방문하고 싶다.

Expression

1 ~이 있다.

?יֵשׁ לְךָ סִיגָרִיָּה
[예쉬 레카 시가리야]
당신 담배 있어요?

?יֵשׁ לָךְ אֵשׁ
[예쉬 라크 에쉬]
(여성에게) 불 있어요?

?יֵשׁ לָכֶם מָקוֹם בִּשְׁבִילִי
[예쉬 라켐 마콤 비쉬빌리]
당신들한테 나를 위한 자리 있어요?

.יֵשׁ לוֹ סִיכּוּי טוֹב
[예쉬 로 시쿠이 토브]
그에겐 좋은 기회가 있어.

.יֵשׁ לוֹ עָתִיד
[예쉬 로 아티드]
그에겐 미래가 있다.

.יֵשׁ לוֹ אֶפְשָׁרוּיוֹת אֲחֵרוֹת
[예쉬 로 에프샤루욧 아헤롯]
그에겐 다른 가능성들이 있다.

.יֵשׁ לָהּ תִּקְוָה
[예쉬 라 티크바]
그녀에게는 희망이 있다.

.יֵשׁ לָהֶם כֶּסֶף
[예쉬 라헴 케세프]
그들에게는 돈이 있다.

.יֵשׁ לָהֶם שֵׁם טוֹב
[예쉬 라헴 쉠 토브]
그들에게는 명성이 있다.

2 ~이 없다.

.אֵין לוֹ מַצַּב רוּחַ
[엔 로 마짜브 루아흐]
그는 기분이 좋지 않다.

.אֵין לוֹ חֵשֶׁק
[엔 로 헤쉐크]
그에겐 욕구가 없어.

Vocabulary

- אֲחֵרוֹת 형.f.pl. 다른
- אֶפְשָׁרוּיוֹת 명.f.pl. 가능성들
- אֵשׁ 명.f.s. 불, 화재
- בִּשְׁבִילִי 전치. for + 인칭접미. 1.c.s. 나를 위하여
- חֵשֶׁק 명.m.s. 의욕, 욕구
- לֵב 명.m.s. 심장, 마음
- לָשֶׁבֶת 동. to 부정. to sit
- מוֹטִיבַצְיָה 명.f.s. 동기
- מַצַּב רוּחַ 명.m.s. 기분, 분위기
- מָקוֹם 명.m.s. 장소, 자리
- סִיכּוּי 명.m.s. 기회
- עָתִיד 명.m.s. 미래
- קֶמַח 명.m. 밀가루
- רָצוֹן 명.m.s. 의욕
- שֵׁם 명.m.s. 이름
- תּוֹרָה 명.f.s. 토라, 율법
- תִּקְוָה 명.f.s. 희망

אֵין לוֹ רָצוֹן. [엔 로 라쫀]	그에겐 의욕이 없다.
אֵין לוֹ מוֹטִיבַצְיָה. [엔 로 모티봐찌야]	그에게는 동기가 없다.
אֵין לוֹ לֵב. [엔 로 레브]	그는 무정한 사람이다.
אֵין מָקוֹם לָשֶׁבֶת. [엔 마콤 라쉐베트]	앉을 자리가 없다.
אֵין קֶמַח אֵין תוֹרָה [엔 케마크 엔 토라]	밀가루가 없으면 '토라'도 없다. (생계가 받침이 되어야 공부할 수 있다.)

Exercise

아래 문장들을 히브리어로 표현해보세요.

1 오늘 당신(f) 시간 있어요?

아니요. 오늘 비는 시간 없어요.

2 집에 프린터 있어요?

없어요. 제(f)가 새것 하나 구입하고 싶어요.

3 모든 게 괜찮아질 거예요.

4 오늘 저녁에 전화할게요.

5 우리는 이번 여름에 결혼하기를 원해요.

6 가끔씩 나(m)는 일찍 자야만 한다.

7 우리에게는 다른 선택의 여지가 없어요.

שִׁיעוּר 08

기차역에서

הוּגוּ נוֹסֵעַ לְתַחֲנַת רַכֶּבֶת.

후구는 기차역으로 간다.

Dialogue

הוּגוּ נוֹסֵעַ לְתַחֲנַת רַכֶּבֶת. 후구는 기차역으로 간다.
[후구 노세아 레타하나트 라케베트]

הוּא לוֹקֵחַ רַכֶּבֶת יְשִׁירָה. 그는 직행열차를 탄다.
[후 로케아흐 라케베트 예쉬라]

הָרַכֶּבֶת נוֹסַעַת לְחֵיפָה. 그 열차는 하이파로 간다.
[하라케베트 노사아트 레하이파]

הָרַכֶּבֶת עוֹצֶרֶת בְּתֵל-אָבִיב וּבִנְתַנְיָה כָּל אַחַת שָׁלוֹשׁ דַקוֹת.
[하라케베트 오쩨렛 베텔-아비브 우베네타니야 콜 아하트 샬로쉬 다콧]
열차는 텔아비브, 네타니아에 각각 3분씩 선다.

הוּגוּ יוֹשֵׁב לְיַד הָחַלוֹן. 후구는 창가에 앉는다.
[후구 요셰브 레야드 하할론]

הוּא פּוֹתֵחַ מַחְשֵׁב אֲבָל הַמַחְשֵׁב לֹא נִדְלָק.
[후 포테아흐 마흐셰브 아발 하마흐셰브 로 니들라크]
그는 컴퓨터를 열지만 그 컴퓨터는 켜지지 않는다.

הַסוֹלְלָה נִגְמְרָה. 배터리가 다 됐다.
[하솔렐라 니그메라]

הוּא לֹא יָכוֹל לַעֲבוֹד בִּזְמַן הַנְסִיעָה.
[후 로 야콜 라아보드 비즈만 하네시아]
가는 중에 그는 일을 할 수 없다.

הוּגוּ בּוֹדֵק אֵת הָאִימֵייל בִּסְמַארְטְפוֹן.
[후구 보데크 엣 하이메일 베스마트폰]
후구는 스마트폰에서 이메일을 확인한다.

וְהוּא קוֹרֵא כַּמָה דְבָרִים בַּחֲדָשׁוֹת.
[붸후 코레 카마 드바림 바하다숏]
그리고 뉴스에서 몇 가지를 읽는다.

Vocabulary

- **אִימֵייל** 명.m.s. 이메일
- **בּוֹדֵק** 동.현재.m.s. 확인하다, 점검하다
- **בִּזְמַן** 전치. ~하는 동안에
- **דְבָרִים** 명.m.pl. 일, 말, 사건들
- **דַקוֹת** 명.f.pl. 분 minutes
- **חֲדָשׁוֹת** 명.f.pl. 뉴스
- **חַלוֹן** 명.m.s. 창, 창문
- **יוֹשֵׁב** 동.현재.m.s. 앉다
- **יְשִׁירָה** 형.f.s. 직선의, 직행의
- **כַּאֲשֶׁר** 접. ~할 때 when
- **כּוֹס קָפֶה** 명.f.s. 커피 한잔
- **כַּמָה** 형. 몇몇; 부. how much, how many
- **לוֹקֵחַ** 동.현재.m.s. 취하다, ~을 타다
- **לְיַד** 전치. ~ 옆에
- **לַעֲבוֹד** 동. to 부정. 일하다, to work
- **מוֹשָׁב** 명.m.s. 자리
- **מַחְשֵׁב** 명.m.s. 컴퓨터
- **מִן** 전치. from
- **נִדְלָק** 동.현재.m.s. 켜지다, 불이 붙다
- **נוֹסֵעַ** 동.현재.m.s. 가다, 여행하다
- **נוֹסַעַת** 동.현재.f.s. 가다, 여행하다
- **נִכְנֶסֶת** 동.현재.f.s. 들어가다
- **נְסִיעָה** 명.f.s. 여행

הוּא גַּם שׁוֹתֶה כּוֹס קָפֶה בַּקָּרוֹן.
[후 감 쇼테 코스 카페 바카론]
그는 객차에서 커피도 한 잔 마신다.

הוּגוּ קָם מִן הַמּוֹשָׁב כַּאֲשֶׁר הָרַכֶּבֶת נִכְנֶסֶת לְתַחֲנַת חֵיפָה.
[후구 캄 민 하모샤브 카아셰르 하라케벳 니크네셋 레타하나트 하이파]
하이파 역에 들어갈 때 후구는 자리에서 일어난다.

סְמַארְטְפוֹן 명.m.s. 스마트폰
עוֹצֶרֶת 동.현재.f.s. 서다, 중단시키다, 체포하다
פּוֹתֵחַ 동.현재.m.s. 열다
קוֹרֵא 동.현재.m.s. 읽다
קָם 동.현재.m.s. 일어나다
קָרוֹן 명.m.s. 객차
רַכֶּבֶת 명.f.s. 기차
שׁוֹתֶה 동.현재.m.s. 마시다
שָׁלוֹשׁ 수.f. 3, 셋
תַּחֲנַת רַכֶּבֶת 명.f.s. 기차역

Grammar

1 נָסַע 동사와 לָקַח 동사의 활용 : 과거, 미래, 현재, to 부정사형

그냥 걸어가는 것이 아니라 '차로 가다'는 뜻으로 사용하는 נָסַע[나사아] 동사는 동사 첫 번째 어근인 נ 때문에 불규칙으로 활용하는 약동사가 된다. '무엇을 취하다'라는 의미의 לָקַח[라카흐] 동사도 동사 첫 번째 어근 ל 때문에 불규칙적으로 활용하게 된다(첫 번째 어근이 ל로 시작되는 다른 동사들은 규칙적으로 활용하는데 לָקַח 동사는 불규칙적으로 활용함). 과거와 현재의 활용은 규칙적인데 미래의 활용에서 불규칙하게 나타난다.

נָסַע : go (by vehicle), travel

인칭	과거	미래	현재	to 부정사
הוּא	נָסַע [나사아]	יִסַּע [잇사아]		
הִיא	נָסְעָה [나스아]	תִּסַּע [팃사아]		
הֵם	נָסְעוּ [나스우]	יִסְעוּ [잇스우]		
הֵן	נָסְעוּ [나스우]	תִּסַּעְנָה [팃사으나]	נוֹסֵעַ [노세아]	
אַתָּה	נָסַעְתָּ [나사으타]	תִּסַּע [팃사아]	נוֹסַעַת [노사아트]	לִנְסוֹעַ [린소아]
אַתְּ	נָסַעַתְּ [나사아트]	תִּסְעִי [팃스이]	נוֹסְעִים [노스임]	
אַתֶּם	נְסַעְתֶּם [네사으템]	תִּסְעוּ [팃스우]	נוֹסְעוֹת [노스옷]	
אַתֶּן	נְסַעְתֶּן [네사으텐]	תִּסַּעְנָה [팃사으나]		
אֲנִי	נָסַעְתִּי [나사으티]	אֶסַּע [엣사아]		
אֲנַחְנוּ	נָסַעְנוּ [나사으누]	נִסַּע [닛사아]		

📖 동사의 세 번째 어근 ע은 목 깊숙이서 강하게 발음되는 후음이다. 보통 과거의 활용 패턴을 따르자면 '내가 갔다'는 [나사으티]이지만 후음인 관계로 자연스럽게 [나사아티]

Vocabulary

אוּלָם 명.m.s. 강당, 홀
אוּנִיבֶרְסִיטָה 명.f.s. 대학
אִישׁ 명.m.s. 사람, 남편
אֲנָשִׁים 명.m.pl. 사람들
בְּיַחַד 부. 함께
בְּשָׁלוֹם 관용. 평안히
הַבַּיְתָה 관용. 집으로
הַכֹּל 대명. every body, everything
חֲבֵרִים 명.m.pl. 친구들
חוֹפֶשׁ 명.m.s. 휴가
יִגָּמֵר 동.미래.3.m.s. 끝나다
יַיִן 명.m.s. 와인, 포도주
כָּכָה 부. 이렇게, 이런 식으로
כֶּלֶא 명.m.s. 감옥, 형무소

로 발음된다. 여성단수 현재도 보통의 활용 유형을 따르자면 [노세에트]이지만 후음인 관계로 [노사아트]로 활용한다.

'그가 갈 것이다'의 יִסַּע[잇사아]는 다음의 변화를 통해서 나온 것이다. נסע에 미완료 3인칭 남성단수를 만드는 י가 붙으면 ינסע가 되는데 이때 약한 자음 נ이 다음이 자음으로 동화된다(יסּע 〈 יססע 〈 ינסע). 이때 ס은 두 번 기록하지 않고 한 번만 기록하지만 발음은 중복해서 한다. 그래서 [이사아]가 아니라 [잇사아]가 된다.

לְאָן נְסַעְתֶּם בְּחוֹפֶשׁ? 휴가 때 어디로 갔나요?
[레안 네사으템 바호페쉬]

נָסַעְנוּ לְאֵילַת כָּל הַמִּשְׁפָּחָה. 가족 모두 에일랏에 갔어요.
[나사아누 레에일랏 콜 하미쉬파하]

אֲנַחְנוּ נוֹסְעִים לְשָׁם בְּחוֹפֶשׁ הַבָּא. 우린 다음 휴가 때 그곳에 가요.
[아나흐누 노스임 레샴 베호페쉬 하바]

מָתַי אַתָּה רוֹצֶה לִנְסוֹעַ? 언제 가기를 원하시나요?
[마타이 앗타 로쩨 린소아]

אֵיךְ נוֹסְעִים לְבּוּסאן? 부산으로 어떻게 가지요?
[에이크 노스임 레부산]

*의문문에서 현재 남성복수형 동사만 나오면 그 주어는 일반 주어이다.

סַע! (남성에게) 출발해!
[사아]

סְעִי בִּזְהִירוּת. (여성에게) 조심해서 가.
[스이 비제히룻]

סְעוּ בְּשָׁלוֹם. (복수에게) 평안히 가세요.
[스우 베샬롬]

נָסַע[나사아]와 같은 형태로 활용하는 파알 동사는 다음과 같다.

과거	미래	현재	to 부정사	뜻
נָגַע [나가아]	יִגַּע [익가아]	נוֹגֵעַ [노게아]	לִנְגּוֹעַ [린고아]	만지다
נָטַע [나타아]	יִטַּע [잇타아]	נוֹטֵעַ [노테아]	לִנְטוֹעַ [린토아]	심다

כַּמָּה שֶׁיּוֹתֵר 관용. 최대한 많이
כִּמְעַט 부. 거의 almost
לִחְיוֹת 동.to 부정. to live
לְיַד 전치. near, by
לִנְסוֹעַ 동.to 부정. to travel
לַעֲשׂוֹת 동.to 부정. to do
לַעֲזוֹר 동.to부정. to help
לָקַחַת 동.to 부정. to take
לְשָׁם 부. 그곳으로
מְאוּשָּׁרִים 형.m.pl. 행복한
מָה שֶׁ- 관계대. What
מִטְרִיָּה 명.f.s. 우산
מִישֶׁהוּ 대명. Someone
מַסְפִּיק 부. 충분하게
מִשֶּׁלּוֹ 관용. 그 자신만의
מִשְׁפָּחָה 명.f.s. 가족
נִמְצָא 동.현재.남.단. 발견되다; 있다
נָשִׂיא 명.m.s. 대통령, 총장, 대법원장
צְרִיכִים 조동.m.pl. should, have to
קוּרְס קַיִץ 명.m.s. summer course
שׁוּב 부. 다시
שֶׁלִּי 대명.소유.1.c.s. 나의 my
שָׁנִים 명.f.pl. 해 years
שָׁעָה 명.f.s. 시간
שָׁעוֹת 명.f.pl. 시간들

לָקַח: take

인칭	과거	미래	현재	to 부정사
הוּא הִיא הֵם הֵן	לָקַח [라카흐] לָקְחָה [라크하] לָקְחוּ [라크후] לָקְחוּ [라크후]	יִקַּח [익카흐] תִּקַּח [틱카흐] יִקְחוּ [익크후] תִּקַּחְנָה [틱카흐나]	לוֹקֵחַ [로케아흐] לוֹקַחַת [로카하트] לוֹקְחִים [로크힘] לוֹקְחוֹת [로크홋]	לָקַחַת [라카하트]
אַתָּה אַתְּ אַתֶּם אַתֶּן	לָקַחְתָּ [라카흐타] לָקַחְתְּ [라카흐트] לְקַחְתֶּם [라카흐템] לְקַחְתֶּן [라타흐텐]	תִּקַּח [틱카흐] תִּקְחִי [틱크히] תִּקְחוּ [틱크후] תִּקַּחְנָה [틱카흐나]		
אֲנִי אֲנַחְנוּ	לָקַחְתִּי [라카흐티] לָקַחְנוּ [라카흐누]	אֶקַּח [엑카흐] נִקַּח [닉카흐]		

📖 동사의 세 번째 어근 ח도 목 깊숙이서 발음되는 후음이다. 현재 남성단수의 일반적 활용 유형을 따르자면 [로케흐]이지만 후음이라 [로케아흐]로 발음된다. 여성단수도 [로케헤트]가 아니라 [로카하트]로 발음된다는 점을 유의해야 한다. 첫 번째 동사 어근 ל는 혀끝을 천장에 대서 발음하지 않으면 ל가 아니라 ר 발음, 곧 [l] 발음이 아니라 [r] 발음이 되어 상대방이 잘 알아듣지 못하게 된다.

📖 '그가 취할 것이다'의 יִקַּח[익카흐]도 다음의 변화를 통해서 나온 것이다. לקח에 미완료 3인칭 남성단수를 만드는 י가 붙으면 ילקח가 되는데 이때 동사의 첫 어근 ל가 다음이 자음으로 동화가 된다(יקח 〈 יקקח 〈 ילקח). 이때 ק은 두 번 기록하지 않고 한 번만 기록하지만 발음은 중복해 주어야 한다. 그래서 [이카흐]가 아니라 [익카흐]가 된다.

לָקַחְתִּי קוּרְס קַיִץ. 난 섬머 코스를 신청했어요.
[라카흐티 쿠르스 카이츠]

מִי לָקַח אֶת הַמִּטְרִיָּה שֶׁלִּי? 누가 내 우산 가져갔어?
[미 라카흐 엣 하틱 쉘리]

מָה צְרִיכִים לָקַחַת מָחָר? 내일 뭘 가져가야 하나요?
[마 쯔리킴 라카하트 마하르]

אֵין מָה לָקַחַת. 가져갈 게 없어요.
[엔 마 라카하트]

קַח מָה שֶׁאַתָּה רוֹצֶה! (남성에게) 니가 원하는 것 뭐든 가져!
[카흐 마 쉐앗타 로쩨]

קְחִי אוֹתִי הַבַּיְתָה! (여성에게) 나를 집에 데려다 줘!
[크히 오티 하바이타]

קְחוּ מַסְפִּיק מַיִם! (복수에게) 물 충분히 챙겨!
[케후 마스픽 마임]

2 니프알 동사의 활용 : 과거, 미래, 현재, to 부정사

니프알(נפעל) 동사는 기본 동사인 파알(פעל) 앞에 נ이 붙은 형태로 보통 파알 동사의 수동적 의미를 가지는 수동태 동사이다. 그러나 재귀적 의미나 상호적 의미도 가지며 일부 니프알 동사는 능동적 의미의 동사로도 사용된다.

파알 동사 ⇨ 니프알 동사

גָּמַר[가마르] 끝내다 ⇨ נִגְמַר[니그마르] 끝나다

מָצָא[마짜] 발견하다 ⇨ נִמְצָא[님짜] 발견되다 / ~에 있다

דָּלַק[가닥] 불이 붙다 ⇨ נִדְלַק[니들라크] 전원이 켜지다

כָּנַס[카나스] 모으다 ⇨ נִכְנַס[니크나스] 들어가다

נִכְנַס: 들어가다

인칭	과거	미래	현재	to 부정사
הוּא	נִכְנַס [니크나스]	יִכָּנֵס [익카네스]	נִכְנָס [니크나스]	לְהִכָּנֵס [레힉카네스]
הִיא	נִכְנְסָה [니크네사]	תִּכָּנֵס [틱카네스]	נִכְנֶסֶת [니크네셋]	
הֵם	נִכְנְסוּ [니크네수]	יִכָּנְסוּ [익칸수]	נִכְנָסִים [니크나심]	
הֵן	נִכְנְסוּ [니크네수]	תִּכָּנַסְנָה [틱카나스나]	נִכְנָסוֹת [니크나솟]	
אַתָּה	נִכְנַסְתָּ [니크나스타]	תִּכָּנֵס [틱카네스]		
אַתְּ	נִכְנַסְתְּ [니크나스트]	תִּכָּנְסִי [틱칸시]		
אַתֶּם	נִכְנַסְתֶּם [니크나스템]	תִּכָּנְסוּ [틱칸수]		
אַתֶּן	נִכְנַסְתֶּן [니크나스텐]	תִּכָּנַסְנָה [틱카나스나]		
אֲנִי	נִכְנַסְתִּי [니크나스티]	אֶכָּנֵס [엑카네스]		
אֲנַחְנוּ	נִכְנַסְנוּ [니크나스누]	נִכָּנֵס [닉카네스]		

📖 니프알 동사가 시각적으로 구분되도록 미래에서는 인칭접두어 다음에 י[요드]를 추가적으로 넣기도 한다는 사실을 기억해 두도록 한다(תִּיכָּנֵס = תִּכָּנֵס, יִיכָּנֵס = יִכָּנֵס).
to 부정사의 경우도 그러하다(לְהִיכָּנֵס = לְהִכָּנֵס).

אֵיפֹה אַתָּה נִמְצָא?
[에이포 앗타 님짜]
너 어디에 있는데?

מָתַי זֶה יִגָּמֵר?
[마타이 제 익가메르]
이게 언제 끝나지?

נְשִׂיא הָאוּנִיבֶרְסִיטָה נִכְנָס לָאוּלָם.
[네시 하우니베르시타 니크나스 라울람]
대학총장님이 강당으로 들어오신다.

אַתָּה רוֹצֶה לְהִכָּנֵס?
[앗타 로쩨 레힉카네스]
들어가시기 원해요?

הִכָּנֵס!
[힉카네스]
(남성에게) 들어와!

כֵּן, הִכָּנְסִי!
[켄 힉칸시]
(여성에게) 네, 들어오세요!

הִכָּנְסוּ!
[힉칸수]
(복수에게) 들어오세요!

נִכְנַס[니크나스]와 같은 형태로 활용하는 니프알 동사

과거	미래	현재	to 부정사	뜻
נִגְמַר [니그마르]	יִגָּמֵר [익가메르]	נִגְמָר [니그마르]	לְהִגָּמֵר [레힉가메르]	끝나다
נִכְלַל [니클랄]	יִכָּלֵל [익칼렐]	נִכְלָל [니클랄]	לְהִכָּלֵל [레힉칼렐]	포함되다
נִכְתַּב [니크타브]	יִכָּתֵב [익카테브]	נִכְתָּב [니크타브]	לְהִכָּתֵב [레힉카테브]	기록되다
נִמְשַׁךְ [님샤크]	יִמָּשֵׁךְ [임마셰크]	נִמְשָׁךְ [님샤크]	לְהִמָּשֵׁךְ [레힘마셰크]	계속되다
נִמְלַט [니믈라트]	יִמָּלֵט [임말레트]	נִמְלָט [니믈라트]	לְהִמָּלֵט [레힘말레트]	도망하다
נִסְגַּר [니스가르]	יִסָּגֵר [잇사게르]	נִסְגָּר [니스가르]	לְהִסָּגֵר [레힛사게르]	닫히다
נִקְשַׁר [니크샤르]	יִקָּשֵׁר [익카셰르]	נִקְשָׁר [니크샤르]	לְהִקָּשֵׁר [레힉카셰르]	연결되다
נִשְׁבַּר [니쉬바르]	יִשָּׁבֵר [잇샤베르]	נִשְׁבָּר [니쉬바르]	לְהִשָּׁבֵר [레힛샤베르]	부서지다
נִשְׁמַר [니쉬마르]	יִשָּׁמֵר [잇샤메르]	נִשְׁמָר [니쉬마르]	לְהִשָּׁמֵר [레힛샤메르]	보호되다
נִפְטַר [니프타르]	יִפָּטֵר [입파테르]	נִפְטָר [니프타르]	לְהִפָּטֵר [레힙파테르]	별세하다
נִפְתַּר [니프타르]	יִפָּתֵר [입파테르]	נִפְתָּר [니프타르]	לְהִפָּתֵר [레힙파테르]	해결되다

3 히브리어 약동사의 활용 : 과거, 미래, 현재, to 부정사

동사의 어근을 구성하는 세 개의 자음이 건강하면 규칙적으로 활용하는 정동사이다. 그러나 세 개의 동사 어근 가운데 약한 자음이 오면 활용이 다소 불규칙해지는 약동사가 된다. 히브리어의 기본형 동사인 파알(פעל)을 구성하는 세 자음(페이, 아인, 라메드)을 동사의 어근을 구성하는 대표로 보고 첫 번째 어근 자리에 약한 자음이 오는 경우를 '페이 약동사', 두 번째 어근 자리에 약한 자음이 오는 경우를 '아인 약동사', 세 번째 경우를 '라메드 약동사'라고 부른다.

'앉다'를 뜻하는 יָשַׁב[야샤브]는 페이 자리에 요드가 오는 약동사로 '페이-요드 약동사'라고 부른다. '일어서다'를 뜻하는 קָם[캄]은 아인 자리에 봐브가 오는 약동사로 '아인-봐브 약동사'라고 부른다. '마시다'를 뜻하는 שָׁתָה[샤타]는 라메드 자리에 헤이가 오는 약동사로 '라메드-헤이 약동사'라고 부른다.

יָשַׁב: 앉다

인칭	과거	미래	현재	to 부정사
הוּא	יָשַׁב [야샤브]	יֵשֵׁב [예셰브]		
הִיא	יָשְׁבָה [야쉬바]	תֵּשֵׁב [테셰브]		
הֵם	יָשְׁבוּ [야쉬부]	יֵשְׁבוּ [예쉬부]		
הֵן	יָשְׁבוּ [야쉬부]	תֵּשֵׁבְנָה [테셰브나]	יוֹשֵׁב [요셰브]	
אַתָּה	יָשַׁבְתָּ [야샤브타]	תֵּשֵׁב [테셰브]	יוֹשֶׁבֶת [요셰벳]	לָשֶׁבֶת [라셰베트]
אַתְּ	יָשַׁבְתְּ [야샤브트]	תֵּשְׁבִי [테쉬비]	יוֹשְׁבִים [요쉬빔]	
אַתֶּם	יְשַׁבְתֶּם [예샤브템]	תֵּשְׁבוּ [테쉬부]	יוֹשְׁבוֹת [요쉬봇]	
אַתֶּן	יְשַׁבְתֶּן [예샤브텐]	תֵּשֵׁבְנָה [테셰브나]		
אֲנִי	יָשַׁבְתִּי [야샤브티]	אֵשֵׁב [에셰브]		
אֲנַחְנוּ	יָשַׁבְנוּ [야샤브누]	נֵשֵׁב [네셰브]		

הוּא יָשַׁב בַּכֶּלֶא שָׁלוֹשׁ שָׁנִים. 그는 3년간 감옥살이했어.
[후 야샤브 바켈레 샬로쉬 샤님]

אֵיפֹה תֵּשֵׁב? 어디 앉을 거야?
[에이포 테셰브]

מִישֶׁהוּ יוֹשֵׁב כָּאן? 여기 누구 앉아요?
[미쉐후 요셰브 포]

אֲנִי לֹא רוֹצֶה לָשֶׁבֶת לְיַד הַחַלּוֹן. 난 창가에 앉기 싫습니다.
[아니 로 로쩨 라셰베트 레야드 하할론]

!שֵׁב! שֵׁב (남성에게) 앉아! 앉아!
[셰브 셰브]

.שְׁבִי שָׁם בְּבַקָּשָׁה (여성에게) 거기 앉아 주세요!
[쉬비 샴 베박카샤]

!שְׁבוּ אַתֶּם (복수에게) 당신들 앉으시오!
[셰부 앗템]

📖 **יָשַׁב**[야샤브]와 같은 형태로 활용하는 파알 동사

과거	미래	현재	to 부정사	뜻
יָרַד [야라드]	**יֵרֵד** [예레드]	**יוֹרֵד** [요레드]	**לָרֶדֶת** [라레데트]	내리다, 내려가다
יָדַע [야다]	**יֵדַע** [예다]	**יוֹדֵעַ** [요데아]	**לָדַעַת** [라다아트]	알다

*ידע동사의 경우 세 번째 어근 ע이 후음이어서 그 영향으로 미래나 부정사가 [예데]에서 [예다]로 [라데에트]에서 [라다아트]로 자연스럽게 바뀌었다.

קָם: 일어서다

<table>
<tr><th>인칭</th><th>과거</th><th>미래</th><th>현재</th><th>to 부정사</th></tr>
<tr><td>הוּא
הִיא
הֵם
הֵן</td><td>קָם [캄]
קָמָה [카마]
קָמוּ [카무]
קָמוּ [카무]</td><td>יָקוּם [야쿰]
תָּקוּם [타쿰]
יָקוּמוּ [야쿠무]
תָּקֹמְנָה [타콤나]</td><td rowspan="3">קָם [캄]
קָמָה [카마]
קָמִים [카밈]
קָמוֹת [카못]</td><td rowspan="3">לָקוּם
[라쿰]</td></tr>
<tr><td>אַתָּה
אַתְּ
אַתֶּם
אַתֶּן</td><td>קַמְתָּ [캄타]
קַמְתְּ [캄트]
קַמְתֶּם [캄템]
קַמְתֶּן [캄텐]</td><td>תָּקוּם [타쿰]
תָּקוּמִי [타쿠미]
תָּקוּמוּ [타쿠무]
תָּקֹמְנָה [타콤나]</td></tr>
<tr><td>אֲנִי
אֲנַחְנוּ</td><td>קַמְתִּי [캄티]
קַמְנוּ [캄누]</td><td>אָקוּם [아쿰]
נָקוּם [나쿰]</td></tr>
</table>

.אַף אֶחָד לֹא קָם בַּיְשִׁיבָה 그 회의에서 아무도 일어나지 않았다.
[아프 에하드 로 캄 바예쉬바]

.הוּא יָקוּם שׁוּב 그는 다시 일어날 거야.
[후 야쿰 슈브]

?לָמָה לֹא קָמִים 왜 일어나지 않습니까?
[라마 로 카밈]

צְרִיכִים לָקוּם מוּקְדָם מָחָר. 내일은 일찍 일어나야만 한다.
[쯔리킴 라쿰 무크담 마하르]

קוּם! (남성에게) 일어서라!
[쿰]

קוּמִי! (여성에게) 일어서라!
[쿠미]

חֲבֵרִים, קוּמוּ! (복수에게) 친구들이여, 일어나라!
[하베림 쿠무]

קָם[캄]과 같은 형태로 활용하는 파알 동사

과거	미래	현재	to 부정사	뜻
גָּר [가르]	יָגוּר [야구르]	גָּר [가르]	לָגוּר [라구르]	살다, 거주하다
זָז [자즈]	יָזוּז [야주즈]	זָז [자즈]	לָזוּז [라주즈]	움직이다
עָף [아프]	יָעוּף [야우프]	עָף [아프]	לָעוּף [라우프]	날다
צָם [짬]	יָצוּם [야쭘]	צָם [짬]	לָצוּם [라쭘]	금식하다
רָץ [라쯔]	יָרוּץ [야루쯔]	רָץ [라쯔]	לָרוּץ [라루쯔]	달리다
שָׁב [샤브]	יָשׁוּב [야슈브]	שָׁב [샤브]	לָשׁוּב [라슈브]	돌아오다

שָׁתָה: 마시다

인칭	과거	미래	현재	to 부정사
הוּא	שָׁתָה [샤타]	יִשְׁתֶּה [이쉬테]	שׁוֹתֶה [쇼테]	לִשְׁתּוֹת [리쉬톳]
הִיא	שָׁתְתָה [샤트타]	תִּשְׁתֶּה [티쉬테]	שׁוֹתָה [쇼타]	
הֵם	שָׁתוּ [샤투]	יִשְׁתּוּ [이쉬투]	שׁוֹתִים [쇼팀]	
הֵן	שָׁתוּ [샤투]	תִּשְׁתֶּינָה [티쉬테나]	שׁוֹתוֹת [쇼톳]	
אַתָּה	שָׁתִיתָ [샤티타]	תִּשְׁתֶּה [티쉬테]		
אַתְּ	שָׁתִית [샤티트]	תִּשְׁתִּי [티쉬티]		
אַתֶּם	שְׁתִיתֶם [쉬티템]	תִּשְׁתּוּ [티쉬투]		
אַתֶּן	שְׁתִיתֶן [쉬티텐]	תִּשְׁתֶּינָה [티쉬테나]		
אֲנִי	שָׁתִיתִי [샤티티]	אֶשְׁתֶּה [에쉬테]		
אֲנַחְנוּ	שָׁתִינוּ [샤티누]	נִשְׁתֶּה [니쉬테]		

מָה תִשְׁתֶה? 넌 뭐 마실래?
[마 티쉬테]

אֲנִי לֹא שׁוֹתֶה יַיִן. 난 포도주(술) 안 마셔요.
[아니 로 쇼테 야인]

שָׁתִיתִי מַסְפִּיק קָפֶה הַיּוֹם. 난 오늘 커피는 충분히 마셨어.
[샤티티 마스픽 카페 하욤]

מָה אַתֶּם רוֹצִים לִשְׁתּוֹת? 당신들 뭐 마실래요?
[마 앗템 로찜 리쉬톳]

שְׁתֵה מַיִם! (남성에게) 물을 마셔!
[쉬테 마임]

שְׁתִי כַּמָּה שֶׁיּוֹתֵר! (여성에게) 최대한 많이 마셔요!
[쉬티 카마 쉐요테르]

שְׁתוּ בְּיַחַד! (복수에게) 다함께 마셔라!
[쉬투 베야하드]

שָׁתָה[샤타]과 같은 형태로 활용하는 파알 동사

과거	미래	현재	to 부정사	뜻
בָּכָה [바카]	**יִבְכֶּה** [이브케]	**בּוֹכֶה** [보케]	**לִבְכּוֹת** [리브콧]	울다
בָּנָה [바나]	**יִבְנֶה** [이브네]	**בּוֹנֶה** [보네]	**לִבְנוֹת** [리브놋]	건설하다
זָכָה [자카]	**יִזְכֶּה** [이즈케]	**זוֹכֶה** [조케]	**לִזְכּוֹת** [리즈콧]	입상하다
פָּנָה [파나]	**יִפְנֶה** [이프네]	**פּוֹנֶה** [포네]	**לִפְנוֹת** [리프놋]	향하다
קָנָה [카나]	**יִקְנֶה** [이크네]	**קוֹנֶה** [코네]	**לִקְנוֹת** [리크놋]	구입하다
קָרָה [카라]	**יִקְרֶה** [이크레]	**קוֹרֶה** [코레]	**לִקְרוֹת** [리크롯]	일어나다
תָּלָה [탈라]	**יִתְלֶה** [이틀레]	**תּוֹלֶה** [톨레]	**לִתְלוֹת** [리틀롯]	매달다

4 ...יָכוֹל לְ [야콜 레...] ~할 수 있어요

파알 동사 יָכֹל[야콜]은 can, be able to 의미의 동사로 뒤에 주로 to 부정사를 목적어로 취한다.

יָכֹל: can, be able to

인칭	과거	미래	현재	to 부정사
הוּא	יָכֹל [야콜]	יוּכַל [유칼]		
הִיא	יָכְלָה [야클라]	תּוּכַל [투칼]		
הֵם	יָכְלוּ [야클루]	יוּכְלוּ [유클루]		
הֵן	יָכְלוּ [야클루]	תּוּכַלְנָה [투칼나]	יָכוֹל [야콜]	
אַתָּה	יָכֹלְתָּ [야콜타]	תּוּכַל [투칼]	יְכוֹלָה [예콜라]	없음
אַתְּ	יָכֹלְתְּ [야콜트]	תּוּכְלִי [투클리]	יְכוֹלִים [예콜림]	
אַתֶּם	יְכָלְתֶּם [예콜템]	תּוּכְלוּ [투클루]	יְכוֹלוֹת [예콜롯]	
אַתֶּן	יְכָלְתֶּן [예콜텐]	תּוּכַלְנָה [투칼나]		
אֲנִי	יָכֹלְתִּי [야콜티]	אוּכַל [우칼]		
אֲנַחְנוּ	יָכֹלְנוּ [야콜누]	נוּכַל [누칼]		

📖 יְכָלְתֶּם[예콜템]과 יְכָלְתֶּן[예콜텐]에 나오는 כ 밑의 모음부호는 카마츠 카탄으로 [오]이다.

בְּמָה אֲנִי יָכוֹל לַעֲזוֹר? 내가 무엇을 도와 줄 수 있나요?
[베마 아니 야콜 라아조르]

תַּעֲשֶׂה מָה שֶׁאַתָּה יָכוֹל. 네가 할 수 있는 뭐라도 해라.
[타아세 마 쉐앗타 야콜]

אֲנִי לֹא יָכוֹל כָּכָה. 난 이런 식으론 못해요.
[아니 로 야콜 카카]

מִי יָכוֹל לַעֲזוֹר לִי? 누가 나를 도와 줄 수 있나요?
[미 야콜 라아조르 리]

5 ...כָּל [콜] every, each; whole, all

כָּל[콜]은 그 다음에 오는 명사의 형태를 따라 '각각'이나 '모두'의 의미로 사용된다. 정관사가 없는 단수명사가 오면 each, every의 의미가 된다.

כָּל יוֹם [콜 욤]	each day, everyday
כָּל שָׁעָה [콜 샤아]	each hour, every hour
כָּל אֶחָד [콜 에하드]	each one, everyone

정관사를 가진 단수명사나 복수명사가 오면 whole이나 all의 의미가 된다.

כָּל הַיוֹם [콜 하욤]	the whole day
כָּל הַיָמִים [콜 하야밈]	all the days
כָּל הַשָׁעָה [콜 하샤아]	the whole hour
כָּל הַשָׁעוֹת [콜 하샤옷]	all the hours

כל에 정관사만 붙어서 사용되면 '모든 사람, 모든 것'의 의미가 된다.

הַכּוֹל [하콜]	everybody, everything

אֲנִי עוֹבֵד כָּל יוֹם.
[아니 오베드 콜 욤]
나는 매일 일한다.

אֲנִי עוֹבֵד כָּל הַיוֹם.
[아니 오베드 콜 하욤]
나는 온종일 일한다.

לְכָל אִישׁ יֵשׁ דֶרֶךְ מִשֶׁלוֹ.
[레콜 이쉬 예쉬 데레크 미쉘로]
사람마다 각자의 길이 있다.

לְכָל הָאֲנָשִׁים יֵשׁ רָצוֹן לִהְיוֹת מְאוּשָׁרִים.
[레콜 하아나쉼 예쉬 라헴 라존 리히욧 메우샤림]
모든 사람에겐 행복하고자 하는 욕구가 있다.

Expression

1 기차역으로 이동하기

סְלִיחָה, אֵיזֶה קַו מַגִּיעַ לְתַחֲנַת הָרַכֶּבֶת?
[슬리하 에이제 카브 마기아 레타하나트 하라케벳]
실례합니다만, 몇 번이 기차역으로 가나요?

תִּקַּח אֶת קַו 4. 4번을 타세요.
[티카흐 엣 카브 아르바]

כַּמָּה זְמַן זֶה לוֹקֵחַ? 얼마나 걸려요?
[카마 즈만 제 로케아흐]

מַקְסִימוּם חֲצִי שָׁעָה. 가장 많이 걸려도 반 시간이요.
[막시뭄 하찌 샤아]

2 차표 구입하기

כַּרְטִיס לְחֵיפָה כִּיווּן אֶחָד בְּבַקָּשָׁה. 하이파행 편도 차표 한 장요.
[카르티스 레하이파 키분 에하드 베박카샤]

50.5 שֶׁקֶל בְּבַקָּשָׁה. 50.5세겔입니다.
[하미쉼 뻬헤찌 쉐켈 베박카샤]

אֶפְשָׁר לְשַׁלֵּם בְּכַרְטִיס אַשְׁרַאי? 신용카드로 지불할 수 있나요?
[에프샤르 레샬렘 베카르티스 아쉬라이]

כֵּן. בְּבַקָּשָׁה. 네. 됩니다.
[캔 베박카샤]

3 열차 타기

לְאֵיזֶה רָצִיף אֲנִי צָרִיךְ לָלֶכֶת? 몇 번 승강장으로 가야 하나요?
[레에이제 라찌프 아니 짜리크 랄레케트]

רָצִיף 2. 2번 승강장이요.
[라찌프 슈타임]

Vocabulary

- אֵיפֹה שֶׁ- 관계부. wherever
- חֲצִי שָׁעָה 명.m.s. 반 시간, 30분
- כִּיווּן אֶחָד 명/부. 편도, 편도로
- כַּמָּה זְמַן 의문부. how long
- כַּרְטִיס אַשְׁרַאי 명.m.s. 신용카드
- לָלֶכֶת 동. to부정. to go
- לְשַׁלֵּם 동. to부정. to pay
- מַגִּיעַ 동.현재.m.s. 도달하다, 가다
- מַקְסִימוּם 부. 최대 maximum
- קַו 명.m.s. 노선
- רָצִיף 명.m.s. 승강장, 플랫폼
- תִּקַּח 동.미래.2.m.s. 타다 take

בְּאֵיזֶה מוֹשָׁב אֲנִי יוֹשֵׁב? 어느 자리에 제가 앉나요?

[베에이제 모샤브 아니 요세브]

אֵיפֹה שֶׁאַתָּה רוֹצֶה. 어디든 당신이 원하는 자리요.

[에이포 쉐앗타 로쩨]

Exercise

아래 문장들을 히브리어로 표현해보세요.

1 나(m)는 텔아비브행 열차를 탄다. ……………………

2 나(f)는 (기차가) 가는 시간에 공부할 수 없다. ……………………

3 누가 내 컴퓨터 가져갔나요? ……………………

4 난(m) 이런 식으로는 못해요. ……………………

5 직장에서 하루 종일 뛰어다녔어요. ……………………

6 텔아비브 편도 한 장이요. ……………………

7 기차역에 어떻게 가나요? ……………………

שִׁיעוּר 09

나이

.הוּא בֶּן 34

그는 34세입니다.

Dialogue

.זֹאת אִירִיס שָׂדֶה. 이 분은 이리스 사데입니다.
[좃 이리스 사데]

.הִיא אַנְגְלִיָה. 그녀는 영국 사람입니다.
[히 앙글리야]

.הִיא מִלוֹנְדוֹן וְהִיא מַזְכִּירָה. 그녀는 런던 사람이고 여비서입니다.
[히 미론돈 붸히 마즈키라]

.הִיא גָרָה בִּירוּשָׁלַיִם, בִּרְחוֹב הָהֲגַנָה 35
[히 가라 베예루샬라임 베레호브 하하가나 쉘로쉽 붸하메쉬]
그녀는 예루살렘, 하하가나 거리 35번지에 삽니다.

.הִיא בַּת 23 וְרַוָקָה. 그녀는 23세이고 미혼입니다.
[히 밧 에스림 붸샬로쉬 붸라봐카]

.זֶה דָוִד לֵוִי. 이분은 다비드 레뷔입니다.
[제 다비드 레뷔]

.הוּא יְהוּדִי מִמוֹצָא מָרוֹקָאִי. 그는 모로코 출신의 유대인입니다.
[후 예후디 미모짜 마로카이]

.הוּא מֵרַבָּאת. 그는 라바트 출신입니다.
[후 메라바트]

.הוּא לָמַד עִבְרִית בִּירוּשָׁלַיִם וְגָר בְּבֵית שֶׁמֶשׁ
[라마드 이브릿 베예루샬라임 붸가르 베벳 셰메쉬]
그는 예루살렘에서 히브리어를 공부했고 벳세메스에 삽니다.

.הוּא בֶּן 34 그는 34세입니다.
[후 벤 쉘로쉽 붸아르바아]

Vocabulary

אַנְגְלִיָה 명.f.s. 영국여자
גָרָה 동.현재.f.s. 살다
יְהוּדִי 명.m.s. 유대인
לָמַד 동.과거.3.m.s. 공부하다
מִמוֹצָא 관용. ~출신의, ~기원의
מָרוֹקָאִי 명.m.s. 모로코 사람
רַוָקָה 명.f.s. 미혼여성
רְחוֹב 명.m.s. 거리 street

Grammar

1 수사

수사에는 수량을 표현하는 기수와 순서를 표현하는 서수가 있고, 기수와 서수에는 남성과 여성의 구분이 있다.

숫자	기수		서수	
	남성	여성	남성	여성
1	אֶחָד [에하드]	אַחַת [아하트]	רִאשׁוֹן [리숀]	רִאשׁוֹנָה [리쇼나]
2	שְׁנַיִם [쉬나임]	שְׁתַּיִם [쉬타임]	שֵׁנִי [쉐니]	שְׁנִיָּה [쉐니야]
3	שְׁלוֹשָׁה [쉴로샤]	שָׁלוֹשׁ [샬로쉬]	שְׁלִישִׁי [쉴리쉬]	שְׁלִישִׁית [쉴리쉿]
4	אַרְבָּעָה [아르바아]	אַרְבַּע [아르바]	רְבִיעִי [레비이]	רְבִיעִית [레비잇]
5	חֲמִישָּׁה [하미샤]	חָמֵשׁ [하메쉬]	חֲמִישִׁי [하미쉬]	חֲמִישִׁית [하미쉿]
6	שִׁשָּׁה [쉬샤]	שֵׁשׁ [쉐쉬]	שִׁישִׁי [쉬쉬]	שִׁישִׁית [쉬쉿]
7	שִׁבְעָה [쉬브아]	שֶׁבַע [쉐바]	שְׁבִיעִי [쉬비이]	שְׁבִיעִית [쉬비잇]
8	שְׁמוֹנָה [쉬모나]	שְׁמוֹנֶה [쉬모네]	שְׁמִינִי [쉬미니]	שְׁמִינִית [쉬미닛]
9	תִּשְׁעָה [티쉬아]	תֵּשַׁע [테샤]	תְּשִׁיעִי [티쉬이]	תְּשִׁיעִית [티쉬잇]
10	עֲשָׂרָה [아사라]	עֶשֶׂר [에세르]	עֲשִׂירִי [아시리]	עֲשִׂירִית [아시릿]
11	אַחַד עָשָׂר [아하드 아사르]	אַחַת עֶשְׂרֵה [아하트 에스레]		
12	שְׁנֵים עָשָׂר [쉬나임 아사르]	שְׁתֵּים עֶשְׂרֵה [쉬템 에스레]		
13	שְׁלוֹשָׁה עָשָׂר [쉴로샤 아사르]	שְׁלוֹשׁ עֶשְׂרֵה [쉴로쉬 에스레]		
14	אַרְבָּעָה עָשָׂר [아르바아 아사르]	אַרְבַּע עֶשְׂרֵה [아르바 에스레]		
15	חֲמִישָּׁה עָשָׂר [하미샤 아사르]	חֲמֵשׁ עֶשְׂרֵה [하메쉬 에스레]	11부터 기수를 서수로도 사용한다.	
16	שִׁשָּׁה עָשָׂר [쉬샤 아사르]	שֵׁשׁ עֶשְׂרֵה [쉐쉬 에스레]		
17	שִׁבְעָה עָשָׂר [쉬브아 아사르]	שְׁבַע עֶשְׂרֵה [쉬바 에스레]		
18	שְׁמוֹנָה עָשָׂר [슈무나 아사르]	שְׁמוֹנֶה עֶשְׂרֵה [슈모네 에스레]		
19	תִּשְׁעָה עָשָׂר [티쉬아 아사르]	תְּשַׁע עֶשְׂרֵה [테샤 에스레]		

Vocabulary

מִקְרָא 명.m.s. 성서, 성서학, 구약학

20	עֶשְׂרִים [에스림]		기수를 서수로도 사용한다.
21	עֶשְׂרִים וְאֶחָד [에스림 붸에하드]	עֶשְׂרִים וְאַחַת [에스림 붸아하트]	
22	עֶשְׂרִים וּשְׁנַיִם [에스림 붸쉬나임]	עֶשְׂרִים וּשְׁתַּיִם [에스림 붸쉬타임]	

30	שְׁלוֹשִׁים [쉴로쉼]	기수를 서수로도 사용한다.
40	אַרְבָּעִים [아르바임]	
50	חֲמִישִּׁים [하미쉼]	

100	מֵאָה [메아]	기수를 서수로도 사용한다.
200	מָאתַיִים [마타임]	
300	שְׁלוֹשׁ מֵאוֹת [쉴로쉬 메옷]	
400	אַרְבַּע מֵאוֹת [아르바 메옷]	

1000	אֶלֶף [엘레프]	기수를 서수로도 사용한다.
2000	אַלְפַּיִים [알파임]	
3000	שְׁלוֹשֶׁת אֲלָפִים [쉴로쉣 알라핌]	

보통 수를 셀 때에는 기수 여성형을 사용한다.

אַחַת[아하트], שְׁתַּיִם[슈타임], שָׁלוֹשׁ[샬로쉬]...

2 파알 동사의 활용 : 과거, 미래, 현재, to 부정사 (2)

기본 동사 파알은 미래형 활용에서 두 번째 동사 어근의 모음이 [오]로 오는 경우와 [아]로 오는 경우로 나누어 질 수 있다. 대표적으로 '지키다'를 뜻하는 שָׁמַר는 미래에서 יִשְׁמוֹר[이쉬모르], תִּשְׁמוֹר[티쉬모르]...로 나가지만 '공부하다'를 뜻하는 לָמַד 동사는 미래형 활용에서 יִלְמַד[일마드], תִּלְמַד[틸마드]...로 전개된다. 즉, 미래형에서 שָׁמַר 동사의 מ은 [오] 모음을 가지지만 לָמַד 동사의 מ은 [아] 모음을 가지고 활용하는 것이다. 첫 번째 형태가 많은 편이며 특별한 원칙을 따라서 두 번째 형태가 나타나는 것은 아니다.

לָמַד: 공부하다

인칭	과거	미래	현재	to 부정사
הוּא הִיא הֵם הֵן	לָמַד [라마드] לָמְדָה [람다] לָמְדוּ [람두] לָמְדוּ [람두]	יִלְמַד [일마드] תִּלְמַד [틸마드] יִלְמְדוּ [일메두] תִּלְמַדְנָה [틸마드나]	לוֹמֵד [로메드] לוֹמֶדֶת [로메뎃] לוֹמְדִים [롬딤] לוֹמְדוֹת [롬돗]	לִלְמוֹד [릴모드]
אַתָּה אַתְּ אַתֶּם אַתֶּן	לָמַדְתָּ [라마드타] לָמַדְתְּ [라마드트] לְמַדְתֶּם [레마드템] לְמַדְתֶּן [레마드텐]	תִּלְמַד [틸마드] תִּלְמְדִי [틸메디] תִּלְמְדוּ [틸메두] תִּלְמַדְנָה [틸마드나]		
אֲנִי אֲנַחְנוּ	לָמַדְתִּי [라마드티] לָמַדְנוּ [라마드누]	אֶלְמַד [엘마드] נִלְמַד [닐마드]		

מָה תִּלְמַד בָּאוּנִיבֶרְסִיטָה? 대학에서 뭘 공부할 거니?
[마 틸마드 바우니베르시타]

אֲנִי אֶלְמַד מִקְרָא. 난 성서학을 공부할 거야.
[아니 엘마드 미크라]

מָתַי הֵם לוֹמְדִים? 걔들은 언제 공부해?
[마티이 헴 롬딤]

אֲנִי לֹא חוֹשֵׁב שֶׁהֵם רוֹצִים לִלְמוֹד. 난 걔들이 공부하기 원한다고 생각지 않아.
[아니 로 호셰브 쉐헴 로찜 릴모드]

לְמַד! (남성에게) 공부해!
[르마드]

לִמְדִי! (여성에게) 공부해!
[림디]

לִמְדוּ! (복수에게) 공부해!
[림두]

לָמַד[라마드]와 같은 형태로 활용하는 파알 동사

과거	미래	현재	to 부정사	뜻
לָבַשׁ [라바쉬]	יִלְבַּשׁ [일바쉬]	לוֹבֵשׁ [로베쉬]	לִלְבּוֹשׁ [릴보쉬]	입다
רָכַב [라카브]	יִרְכַּב [이르카브]	רוֹכֵב [로케브]	לִרְכּוֹב [리르코브]	타다, 승차하다

שָׁאַל [샤알]	יִשְׁאַל [이쉬알]	שׁוֹאֵל [쇼엘]	לִשְׁאוֹל [리쉬올]	질문하다
שָׁכַב [샤카브]	יִשְׁכַּב [이쉬카브]	שׁוֹכֵב [쇼케브]	לִשְׁכַּב [리쉬카브]	눕다

* שָׁכַב 동사의 to 부정사는 [리쉬코브]가 아니라 [리쉬카브]로 사용한다.

Expression

1 나이 묻기, 사용기간 묻기

בַּת כַּמָּה הִיא?
[밧 카마 히]
그녀는 몇 살이야?

אֵיךְ אֲנִי יוֹדֵעַ! אַתָּה תִּשְׁאַל אוֹתָהּ!
[에이크 아니 요데아 앗타 티쉬알 오타]
내가 어떻게 알아! 네가 그녀에게 물어봐!

בֶּן כַּמָּה הַיֶּלֶד?
[벤 카마 하옐레드]
그 아이 몇 살이야?

הוּא בֶּן 7.
[후 벤 쉐바]
걘 일곱 살이야.

בֶּן כַּמָּה שָׁנִים הָאוֹטוֹ?
[벤 카마 샤님 하오토]
그 차 몇 년 된 거야?

הָאוֹטוֹ אֶצְלִי כְּבָר 15 שָׁנָה.
[하오토 에쯜리 크바르 하메쉬 에스레 샤나]
이 차 나한테 있은 지 벌써 15년이야.

בַּת כַּמָּה הַמַּדְפֶּסֶת?
[밧 카마 하마드페셋]
그 인쇄기 몇 년 되었어?

5 שָׁנִים. אֲבָל הִיא עֲדַיִן עוֹבֶדֶת טוֹב.
[하메쉬 샤님 아발 히 아다인 오베뎃 토브]
5년이야. 그러나 아직 잘 작동해.

Vocabulary

- אֲדוֹנִי 관용. 선생님 Mr.
- אוֹתָהּ 목적격대명.3.f.s. 그녀를
- אֶצְלִי 전치. with + 인칭접미.1.c.s. 내게
- אֶתֵּן 동.미래.1.c.s. 주다
- בְּאֵיזוֹ שָׁעָה 관용. 몇 시에
- בֶּן כַּמָּה- 관용. 몇 살(남성)
- בְּעֵרֶךְ 부. 약
- בַּת כַּמָּה- 관용. 몇 살(여성)
- גְּבֶרֶת 명.f.s. 부인, 여사
- הֲנָחָה 명.f.s. 할인
- זוֹל 형.m.s. 싼, 저렴한
- חֲבִיבִי 관용. 친구여
- חָדָשׁ 명.m.s. 새것
- חֲצִי מְחִיר 명.m.s. 반값
- חֲתִימָה 명.f.s. 사인 signature
- יוֹמַיִם 명.pl.m. 이틀
- יוֹתֵר 부. 더 more
- יַעֲלֶה 동.미래.3.m.s. 올라가다, 오르다
- לֹא פָּחוֹת מִ- 관용. ~보다 적지 않은

2 시간 묻기

מָה הַשָּׁעָה עַכְשָׁיו?
[마 하샤아 아크샤브]
지금 몇 시죠?

הַשָּׁעָה 1.
[하샤아 아하트]
1시예요.

בְּאֵיזוֹ שָׁעָה מַתְחִיל הַשִּׁיעוּר?
[베에이제 샤아 마트힐 하쉬우르]
몇 시에 수업 시작하나요?

בְּשָׁעָה 9.
[베샤아 테샤]
9시에요.

כַּמָּה זְמַן נִמְשָׁךְ הַשִּׁיעוּר?
[카마 즈만 님샤크 하쉬우르]
수업이 얼마나 지속되나요?

הַשִּׁיעוּר לוֹקֵחַ בְּעֵרֶךְ 50 דַּקּוֹת.
[하쉬우르 로케아흐 베에레크 하미쉼 다콧]
수업은 약 50분 걸립니다.

מָתַי יֵשׁ לָךְ שִׁיעוּר?
[마타이 예쉬 레카 쉬우르]
언제 수업이 있어요?

מִ-8:30 עַד 12:00.
[미쉬모네 봐헤찌 아드 쉬템 에스레]
8시 반부터 12시까지요.

מָתַי מַתְחִיל הַסֶּרֶט?
[마타이 마트힐 하세레트]
영화가 언제 시작되나요?

הוּא מַתְחִיל בְּ-7:15.
[후 마트힐 베쉐바 봐레바]
그것은 7시 15분에 시작됩니다.

3 가격 묻기, 흥정 하기

כַּמָּה זֶה עוֹלֶה?
[카마 제 올레]
이거 얼마예요?

זֶה עוֹלֶה 40 שֶׁקֶל.
[제 올레 아르바임 쉐켈]
이것은 40세겔입니다.

לְהוֹרִיד 동.to 부정. to reduce, take down

לִקְנוֹת 동. to 부정. to buy

מִ- עַד 전치. ~에서 ~까지

מִבְצָע 명.m.s. 작전, 세일

מָה הַשָּׁעָה 관용. 몇 시입니까?

מִזֶּה 관용. 이것보다

מִמָּתַי 의문부. 언제부터

מַפְסִיד 동.현재.m.s. 손해보다

מַתְחִיל 동.현재.m.s. 시작하다

נוּ 관용. you see, come on

נִמְשָׁךְ 동.현재.m.s. 지속되다

סֶרֶט 명.m.s. 영화

עָדִיף 형.m.s. 더 나은

עוֹבֶדֶת 동.현재.f.s. 일하다

קְצָת 부. 약간 a little bit

רֶבַע 명.m.s. 4분의 1, 15분

שִׁיעוּר 명.m.s. 수업, 강의

שֶׁלָּנוּ 소유격 대명. 1.c.pl. 우리의

שָׁנָה 명.f.s. 해 year

תִּשְׁאַל 동.미래.2.m.s. 묻다

כַּמָּה זֶה יַעֲלֶה?
[카마 제 야알레]
이것은 얼마나 할까요?

לֹא פָּחוֹת מִשְׁלוֹשֶׁת אֲלָפִים.
[로 파홋 미쉴로쉣 알라핌]
삼천 세겔보다 적지는 않겠지요.

עָדִיף לִקְנוֹת חָדָשׁ.
[아디프 리크놋 하다쉬]
새것을 사는 게 더 나아요.

אֵין הֲנָחָה?
[엔 하나하]
할인은 없나요?

אֶתֵּן לָךְ 10% הֲנָחָה.
[에텐 라크 아사라 아후즈 하나하]
당신(f)에게 10% 할인해 줄게요.

יֵשׁ מַשֶּׁהוּ בְּמִבְצָע?
[예쉬 마쉐후 베미브짜아]
세일 중인 것 있나요?

אֵלֶּה בַּחֲצִי מְחִיר עַד מָחָר.
[엘레 베헤찌 메히르 아드 마하르]
이것들은 내일까지 반값입니다.

אֵין מַשֶּׁהוּ יוֹתֵר זוֹל מִזֶּה?
[엔 마쉐후 요테르 졸 미제]
이보다 더 싼 것은 없어요?

גְּבֶרֶת, לֹא בַּחֲנוּת שֶׁלָּנוּ.
[그베렛 로 바하눗 쉘라누]
부인, 우리 가게에는 없습니다.

אֲדוֹנִי, אַתָּה יָכוֹל לְהוֹרִיד בַּמְּחִיר קְצָת יוֹתֵר?
[아도니 앗타 야콜 레호리드 바메히르 크짜트 요테르]
선생님, 가격 조금 더 내려 주실 수 있나요?

נוּ, אֲנִי כְּבָר מַפְסִיד.
[누 아니 크바르 마프시드]
이보세요, 제가 벌써 손해 보고 있어요.

4 달과 요일, 유대 명절과 인사

יָנוּאָר [야누아르]	1월	יוּלִי [율리]	7월
פֶבְּרוּאָר [페브루아르]	2월	אוֹגוּסְט [오구스트]	8월
מַרְס [마르스]	3월	סֶפְּטֶמְבֶּר [셉템베르]	9월
אַפְּרִיל [아프릴]	4월	אוֹקְטוֹבֶּר [옥토베르]	10월
מַאי [마이]	5월	נוֹבֶמְבֶּר [노벰베르]	11월
יוּנִי [유니]	6월	דֶצֶמְבֶּר [데쳄베르]	12월

יוֹם רִאשׁוֹן [욤 리숀]	일요일	יוֹם חֲמִישִׁי [욤 하미쉬]	목요일
יוֹם שֵׁנִי [욤 셰니]	월요일	יוֹם שִׁישִּׁי [욤 쉬쉬]	금요일
יוֹם שְׁלִישִׁי [욤 쉴리쉬]	화요일	יוֹם שַׁבָּת [욤 샤밧]	토요일
יוֹם רְבִיעִי [욤 레비이]	수요일		

עֶרֶב שַׁבָּת [에레브 샤밧]	금요일 저녁	מוֹצָאֵי שַׁבָּת [모짜에이 샤밧]	토요일 저녁
פֶּסַח [페사흐]	유월절	סוּכּוֹת [수콧]	초막절, 장막절, 수장절
שָׁבוּעוֹת [샤부옷]	칠칠절, 오순절	חֲנוּכָּה [하누카]	수전절

רֹאשׁ הַשָּׁנָה 유대 신년, 나팔절
[로쉬 하샤나]

פּוּרִים 부림절
[푸림]

יוֹם כִּיפּוּר 대속죄일
[욤 키푸르]

חַג שָׂמֵחַ. 즐거운 명절 되세요. (모든 명절에 해당)
[하그 삼메아흐]

שָׁנָה טוֹבָה. 복된 새해 되세요.
[샤나 토바]

חֲתִימָה טוֹבָה. 무사히 마치세요. (대속죄일 무사 기원 인사)
[하티마 토바]

מִמָּתַי מַתְחִיל פֶּסַח? 유월절이 언제부터 시작되나요?
[밈마타이 마트힐 페사흐]

עוֹד יוֹמַיִם. 이틀 뒤요.
[오드 요마임]

Exercise

아래 문장들을 히브리어로 표현해보세요.

1 그는 몇 살입니까?

그는 서른 살이고 미혼입니다.

2 그녀는 몇 살입니까?

그녀는 스물다섯 살이고 서울 출신이에요.

3 넌(f) 대학에서 뭘 공부하고 싶니?

성서학 공부할 생각이야(f).

4 지금 몇 시지요?

1시 반입니다.

5 예루살렘에서 텔아비브까지 얼마나 걸리나요?

약 한 시간 정도 걸릴 겁니다.

6 수업까지 시간이 얼마나 있니(m)?

20분 있어.

7 이거 얼마예요?

30세겔이요. 두 개 50세겔에 가져가세요.

שִׁיעוּר 10

버스 이용하기

텔아비브행 버스 언제 출발하나요?

מָתַי יֵצֵא הָאוֹטוֹבּוּס לְתֵל-אָבִיב?

Dialogue

שִׁינְאֶה נוֹסַעַת לְתֵל-אָבִיב כְּדֵי לְהִשְׁתַּתֵּף בְּכֶּנֶס.
[신애 노사앗 레텔 아비브 케데이 레히쉬타테프 바케네스]
신애는 한 콘퍼런스에 참석하려고 텔아비브로 간다.

הִיא יוֹצֵאת לְבַדָּה. 그녀는 혼자 나간다.
[히 요쩨트 레바다]

אֲבָל תַּחֲזוֹר יַחַד עִם הַחֲבֵרִים בָּעֶרֶב.
[아발 타하조르 야하드 임 하하베림 바에레브]
그러나 저녁에 친구들과 함께 돌아올 것이다.

הִיא קוֹנָה כַּרְטִיס רַק לְכִיוּון אֶחָד. 그녀는 편도표만 구입한다.
[히 코나 카르티스 라크 레키분 에하드]

מָתַי יֵצֵא הָאוֹטוֹבּוּס לְתֵל-אָבִיב? 텔아비브행 버스 언제 출발하나요?
[마타이 예쩨 하오토부스 레텔 아비브]

רַק רֶגַע, אֶבְדוֹק אֶת לוּחַ הַזְּמַנִּים. 잠깐만요, 시간표를 확인해 볼게요.
[라크 레가아 에브도크 엣 루아흐 하즈마님]

אוֹטוֹבּוּס לְתֵל-אָבִיב יוֹצֵא כָּל רֶבַע שָׁעָה.
[오토부스 레텔 아비브 요쩨 콜 레바 샤아]
텔아비브행 버스는 매 15분마다 나가요.

כַּמָּה זְמַן לוֹקֵחַ לְהַגִּיעַ לְתֵל-אָבִיב? 텔아비브까지 가는데 얼마나 걸리나요?
[카마 즈만 로케아흐 레학기아 레텔 아비브]

כְּ-50 דַּקּוֹת. 약 50분요.
[케 하미쉼 다콧]

הָאוֹטוֹבּוּס הַזֶּה מַגִּיעַ לְשָׁם בְּ-11:15.
[하오토부스 하제 막기아 레샴 베아하트 에스레 봐레바]
이 버스는 그곳에 11시 15분에 도착합니다.

בְּסֵדֶר. כִּיוּון אֶחָד בְּבַקָּשָׁה. 좋아요. 편도로 주세요.
[베세데르 키분 에하드 베박캬샤]

Vocabulary

- אֶבְדוֹק 동.미래.1.c.s. 확인하다, 검사하다
- בִּגְלַל 전치. ~때문에
- בַּזְּמַן 관용. 정시에
- הִגִּיעָה 동.과거.3.f.s. 도착하다
- הִצְלִיחָה 동.과거.3.f.s. 성공하다
- יוֹצֵא 동.현재.m.s. 나가다
- יוֹצֵאת 동.현재.f.s. 나가다
- יַחַד עִם 관용. ~와 함께
- יֵצֵא 동.미래.3.m.s. 나가다
- כְּדֵי לְ- 관용. ~하기 위하여
- כָּל רֶבַע שָׁעָה 관용. 매 15분마다
- כֶּנֶס 명.m.s. 컨퍼런스, 집회
- לְבַדָּה 부. 그녀 홀로 by herself
- לְהַגִּיעַ 동. to 부정. to arrive
- לְהִשְׁתַּתֵּף 동. to 부정. to participate
- לוּחַ הַזְּמַנִּים 명.m.s. 시간표
- מֶרְכַּז הָעִיר 명.m.s. 시내 중심가
- פְּקָק 명.m.s. 교통체증
- קוֹנָה 동.현재.f.s. 구입하다
- רַק רֶגַע 관용. 잠깐만
- ש״ח 관용. New Israeli Shekel (=שְׁקָלִים חֲדָשִׁים)
- תַּחֲזוֹר 동.미래.3.f.s. 돌아오다

18 ש"ח בְּבַקָּשָׁה.
[슈모나 아사르 샤크 베박카샤]
18세겔입니다.

סִינְאֶה הִגִּיעָה לְתֵל-אָבִיב מַסְפִּיק מוּקְדָם.
[신애 힉기아 레텔 아비브 마스픽 무크담]
신애는 텔아비브에 충분히 일찍 도착했다.

אֲבָל הִיא לֹא הִצְלִיחָה לְהַגִּיעַ לַכֶּנֶס בַּזְּמַן בִּגְלַל הַפְּקָק בְּמֶרְכַּז הָעִיר.
[아발 히 로 히쯜리하 레학기아 라케네스 바즈만 비글랄 하프카크 베메르카즈 하이르]
그러나 그녀는 시내 중심가의 체증 때문에
제시간에 콘퍼런스에 도착하지 못했다.

Grammar

1 페이-눈 히프일 약동사의 활용: 과거, 미래, 현재, to 부정사형

'차로 이동하다'는 뜻으로 사용하는 **נָסַע** 동사가 히프일형으로 사용되면 '누구를 차로 이동시키다'는 의미의 **הִסִּיעַ**[힛시아]가 된다. 동사 어근의 첫 자음이 되는 **נ** 때문에 약동사로 활용하게 되는 것이다(**הִנְסִיעַ**[힌시아] 〉 **הִסְסִיעַ** 〉 **הִסִּיעַ**[힛시아]). '어디 어디에 도착하다'는 의미의 **הִגִּיעַ**도 같은 형태의 약동사가 되는 것이다(**הִנְגִּיעַ**[힌기아] 〉 **הִגְגִּיעַ** 〉 **הִגִּיעַ**[힉기아]).

📖 **ס**이나 **ג** 가운데의 점은 '다게쉬 카베드'라고 불리는데 알파벳이 중복되었음을 표시한다. 그러나 구어체 히브리어에서는 보통 따로 표시하지 않는다.

הִסִּיעַ: transport (by vehicle)

인칭	과거	미래	현재	to 부정사
הוּא	הִסִּיעַ [힛시아]	יַסִּיעַ [얏시아]		
הִיא	הִסִּיעָה [힛시아]	תַּסִּיעַ [탓시아]		
הֵם	הִסִּיעוּ [힛시우]	יַסִּיעוּ [얏시우]		
הֵן	הִסִּיעוּ [힛시우]	תַּסֵּעְנָה [탓사으나]	מַסִּיעַ [맛시아]	
אַתָּה	הִסַּעְתָּ [힛사으타]	תַּסִּיעַ [탓시아]	מַסִּיעָה [맛시아]	לְהַסִּיעַ [레핫시아]
אַתְּ	הִסַּעְתְּ [힛사으트]	תַּסִּיעִי [탓시이]	מַסִּיעִים [맛시임]	
אַתֶּם	הִסַּעְתֶּם [힛사으템]	תַּסִּיעוּ [탓시우]	מַסִּיעוֹת [맛시옷]	
אַתֶּן	הִסַּעְתֶּן [힛사으텐]	תַּסֵּעְנָה [탓사으나]		
אֲנִי	הִסַּעְתִּי [힛사으티]	אַסִּיעַ [앗시아]		
אֲנַחְנוּ	הִסַּעְנוּ [힛사으누]	נַסִּיעַ [낫시아]		

Vocabulary

- **אוֹתִי** 목적격 인칭대명.1.c.s. 나를
- **אוֹתָנוּ** 목적격 인칭대명.1.c.pl. 우리를
- **אִיחַרְנוּ** 동.과거.1.c.pl. 늦다
- **אִיחַרְתִּי** 동.과거.1.c.s. 늦다
- **אִיתּוֹ** 전치. + 인칭대명. 3.m.s. 그와 with him
- **אַל** 부. (부정명령) 하지 마라 don't, not ~
- **אֶתְכֶם** 목적격 인칭대명.2.m.pl. 당신들을

הִגִּיעַ: 도착하다

인칭	과거	미래	현재	to 부정사
הוּא	הִגִּיעַ [힉기아]	יַגִּיעַ [약기아]		
הִיא	הִגִּיעָה [힉기아]	תַּגִּיעַ [탁기아]		
הֵם	הִגִּיעוּ [힉기우]	יַגִּיעוּ [약기우]		
הֵן	הִגִּיעוּ [힉기우]	תַּגַּעְנָה [탁가으나]	מַגִּיעַ [막기아]	
אַתָּה	הִגַּעְתָּ [힉가으타]	תַּגִּיעַ [탁기아]	מַגִּיעָה [막기아]	לְהַגִּיעַ [레학기아]
אַתְּ	הִגַּעְתְּ [힉가으트]	תַּגִּיעִי [탁기이]	מַגִּיעִים [막기임]	
אַתֶּם	הִגַּעְתֶּם [힉가으템]	תַּגִּיעוּ [탁기우]	מַגִּיעוֹת [막기옷]	
אַתֶּן	הִגַּעְתֶּן [힉가으텐]	תַּגַּעְנָה [탁가으나]		
אֲנִי	הִגַּעְתִּי [힉가으티]	אַגִּיעַ [악기아]		
אֲנַחְנוּ	הִגַּעְנוּ [힉가으누]	נַגִּיעַ [낙기아]		

📖 동사의 첫 번째 어근 נ이 그 다음에 오는 자음에 동화되면서 그 자음이 중복되어 הִסִּיעַ[힛시아], הִגִּיעַ[힉기아]가 되지만 실제 발음에는 [히시아], [히기아]로 들린다. 의도적으로 [ㅅ]이나 [ㄱ]을 중복 발음하지 말고 자연스레 발음하면 된다.

מִי מַסִּיעַ אוֹתָנוּ? 누가 우리를 태워 주지?
[미 맛시아 오타누]

אַל תִּדְאֲגוּ! אֲנִי אַסִּיעַ אֶתְכֶם. 걱정마! 내가 너희들 태워 줄게.
[알 티드아구 아니 앗시아 에트켐]

עַד לְאָן הִגַּעְתֶּם? 어디까지 간 거야?
[아드 레안 힉가템]

נַגִּיעַ עוֹד מְעַט לְיַם הַמֶּלַח. 우리 곧 사해에 도착해.
[낙기아 오드 메아트 레얌 하멜라흐]

הַסַּע אוֹתוֹ! (남성에게) 그를 태워 줘!
[핫사 오토]

הַסִּיעִי אוֹתִי! (여성에게) 나를 태워 줘!
[핫시이 오티]

הַסִּיעוּ אוֹתָם! (복수에게) 그들을 태워 줘!
[핫시우 오탐]

הַגַּע מַהֵר כְּכָל הָאֶפְשָׁר! (남성에게) 최대한 빨리 도착해!
[학가 마헤르 케콜 하에프샤르]

- בִּגְלָלָהּ 전치.+ 인칭대명. 3.f.s. 그녀 때문에 because of her
- גָּמַרְתִּי 동.과거.1.c.s. 끝내다
- הוֹצִיא לָאוֹר 동.과거.3.m.s. 출판하다
- הַסַּכָּנָה 명.f.s. 위험
- הִצְלַחְתִּי 동.과거.1.c.s. 성공하다
- הַרְצָאָה 명.f.s. 강의
- חוֹדֶשׁ שֶׁעָבַר 명.m.s. 지난달
- חָסוּם 형.m.s. 차단된
- יַם הַמֶּלַח 명사결합. m.s. 사해
- כְּבִישׁ 명.m.s. 도로
- כִּיס 명.m.s. 주머니
- כְּכָל הָאֶפְשָׁר 관용. 가능한 대로, 최대한
- לֶאֱכוֹל 동. to 부정. to eat
- לְהָבִיא 동. to 부정. to bring
- לְהִיפָּגֵשׁ 동. to 부정. to meet with
- לְהַצְלִיחַ 동. to 부정. To succeed
- לַחֲסוֹךְ 동. to 부정. to save (저축)
- לַעֲבוֹר 동. to 부정. to pass
- לִפְגּוֹשׁ 동. to 부정. to meet
- לָצֵאת 동. to 부정. to go out
- לִרְכּוֹשׁ 동. to 부정. to buy, acquire
- מַהֵר 부. 빨리
- מְנַסֶּה 동.현재.m.s. 시도하다, 노력하다
- נִכְשַׁל 동.과거.3.m.s. 실패하다
- עַד לְאָן 의문부. 어디까지
- עוֹד מְעַט 관용. 곧, 조금 후에
- פֶּנְסְיָה 명.f.s. 연금
- קָשֶׁה 부. 열심히; 형.m.s. 어려운

שָׁכַחְתִּי 동.과거.1.c.s. 잊어버리다

תִּדְאֲגוּ 동.미래.2.m.pl. 염려하다

הַגִּיעִי הַבַּיְתָה! (여성에게) 집으로 도착해!
[학기이 하바이타]

הַגִּיעוּ בְּשָׁלוֹם! (복수에게) 안전하게 도착해!
[학기우 베샬롬]

הִסִּיעַ[힛시아] **הִגִּיעַ**[히기아]와 같은 형태로 활용하는 히프일 동사

과거	미래	현재	to 부정사	뜻
הִבִּיעַ [힙비아]	יַבִּיעַ [얍비아]	מַבִּיעַ [맙미아]	לְהַבִּיעַ [레합비아]	표현하다, 표명하다
הִזִּיעַ [힛지아]	יַזִּיעַ [얏지아]	מַזִּיעַ [맛지아]	לְהַזִּיעַ [레핫지아]	(땀을) 흘리다, 분비하다
הִצִּיעַ [힛찌아]	יַצִּיעַ [얏찌아]	מַצִּיעַ [맛찌아]	לְהַצִּיעַ [레핫찌아]	제안하다

2 יצא (페이-요드) 파알 약동사의 활용 : 과거, 미래, 현재, to 부정사

יָצָא: 나가다

동사 **נִכְנַס**[니크나스]가 들어가는 것을 표현한다면 **יָצָא**[야짜]는 나가는 것을 표현한다. 사람이나 동물이 밖으로 나오는 것을 포함하여 다양한 문맥에서 사용될 수 있다.

인칭	과거	미래	현재	to 부정사
הוּא	יָצָא [야짜]	יֵצֵא [예쩨]		
הִיא	יָצְאָה [야쯔아]	תֵּצֵא [테쩨]		
הֵם	יָצְאוּ [야쯔우]	יֵצְאוּ [예쯔우]		
הֵן	יָצְאוּ [야쯔우]	תֵּצֶאנָה [테쩨나]	יוֹצֵא [요쩨]	
אַתָּה	יָצָאתָ [야짜타]	תֵּצֵא [테쩨]	יוֹצֵאת [요쩨에트]	לָצֵאת [라쩨에트]
אַתְּ	יָצָאת [야짜트]	תֵּצְאִי [테쯔이]	יוֹצְאִים [요쯔임]	
אַתֶּם	יְצָאתֶם [예짜템]	תֵּצְאוּ [테쯔우]	יוֹצְאוֹת [요쯔옷]	
אַתֶּן	יְצָאתֶן [예짜텐]	תֵּצֶאנָה [테쩨나]		
אֲנִי	יָצָאתִי [야짜티]	אֵצֵא [에쩨]		
אֲנַחְנוּ	יָצָאנוּ [야짜누]	נֵצֵא [네쩨]		

מָתַי יָצְאוּ הַיְלָדִים? 아이들이 언제 나갔나요?
[마타이 야쯔후 하옐라딤]

הֵם יוֹצְאִים בְּיַחַד מֵחוֹדֶשׁ שֶׁעָבַר. 그들은 지난달부터 함께 나가요(사귀어요).
[헴 요쯔임 베야하드 메호데쉬 쉐아바르]

הוּא לֹא רוֹצֶה לָצֵאת לְפֶּנְסְיָה. 그는 은퇴를 원하지 않는다.
[후 로 로쩨 라쩨에트 레펜시야]

!צֵא (남성에게) 나와!
[쩨]

!צְאִי (여성에게) 나와!
[쯔이]

!צְאוּ (복수에게) 나와!
[쯔우]

3 페이-요드 히프일 약동사의 활용 : 과거, 미래, 현재, to 부정사

'나가다'는 뜻의 파알 동사 **יָצָא**를 히프일 동사로 만들어 사용하면 '나가게 만들다, 끄집어내다'는 뜻의 동사가 된다.
그러나 이때 첫 번째 어근 י는 ו로 바뀌게 된다(**הִיצִיא** 〉 **הוֹצִיא**[호찌]).

הוֹצִיא: take out, bring out; extract

인칭	과거	미래	현재	to 부정사
הוּא	הוֹצִיא [호찌]	יוֹצִיא [요찌]		
הִיא	הוֹצִיאָה [호찌아]	תּוֹצִיא [토찌]		
הֵם	הוֹצִיאוּ [호찌우]	יוֹצִיאוּ [요찌우]		
הֵן	הוֹצִיאוּ [호찌우]	תּוֹצֶאנָה [토쩨나]	מוֹצִיא [모찌]	
אַתָּה	הוֹצֵאתָ [호쩨타]	תּוֹצִיא [토찌]	מוֹצִיאָה [모찌아]	לְהוֹצִיא [레호찌]
אַתְּ	הוֹצֵאת [호쩨트]	תּוֹצִיאִי [토찌이]	מוֹצִיאִים [모찌임]	
אַתֶּם	הוֹצֵאתֶם [호쩨템]	תּוֹצִיאוּ [토찌우]	מוֹצִיאוֹת [모찌옷]	
אַתֶּן	הוֹצֵאתֶן [호쩨텐]	תּוֹצֶאנָה [토쩨나]		
אֲנִי	הוֹצֵאתִי [호쩨티]	אוֹצִיא [오찌]		
אֲנַחְנוּ	הוֹצֵאנוּ [호쩨누]	נוֹצִיא [노찌]		

הוּא הוֹצִיא לָאוֹר סֵפֶר חָדָשׁ. 그는 새로운 책을 출간했다.
[후 호찌 라오르 세페르 하다쉬]

הוֹצֵאתִי אֵת הָאַרְנָק מֵהַכִּיס. 난 주머니에서 그 지갑을 꺼냈다.
[호쩨티 아르낙 메하키스]

צְרִיכִים לְהוֹצִיא אוֹתוֹ מֵהַסַּכָּנָה. 위험으로부터 그를 끄집어내야 한다.
[쯔리킴 레호찌 오토 메하사카나]

הוֹצֵא! (남성에게) 꺼내!
[호쩨]

הוֹצִיאִי! (여성에게) 꺼내!
[호찌이]

הוֹצִיאוּ! (복수에게) 꺼내!
[호찌우]

4 히브리어 to 부정사의 명사적 용법

많은 동사가 to 부정사를 목적어로 사용할 수 있다.

גָּמַרְתִּי לֶאֱכוֹל. 난 다 먹었다.
[가마르티 레에콜]

רָצִיתִי לִלְמוֹד בְּקוֹרֵיאָה. 한국에서 공부하고 싶었어요.
[라찌티 릴모드 베코레아]

שָׁכַחְתִּי לְהָבִיא אֵת הַמִּטְרִיָּה. 우산 가져오는 것을 잊었어.
[샤카흐티 레하비 엣 하미트리야]

הִצְלַחְתִּי לַעֲבוֹר אֵת הַמִּבְחָן. 그 시험 통과하는 데 성공했다.
[히쯜라흐티 라아보르 엣 하미브한]

5 목적과 이유의 표현

영어의 in order to에 해당하는 히브리어 표현은 –כְּדֵי לְ[케데이 레]이다. 의도와 목적을 표현하는 히브리어 to 부정사 용법이다.

אֲנִי נוֹסֵעַ כְּדֵי לִפְגּוֹשׁ אוֹתוֹ. 나는 그를 만나러 간다.
[아니 노세아 케데이 리프고쉬 오토]

אֲנִי נוֹסֵעַ כְּדֵי לְהִיפָּגֵשׁ אִיתוֹ. 나는 그와 만나기 위하여 간다.
[아니 노세와 케데이 레히파게쉬 이토]

📖 앞 문장의 **לִפְגּוֹשׁ**[리프고쉬]는 '누구를 만나다'는 뜻의 파알형 타동사 **פָּגַשׁ**[파가쉬]의 to 부정사이고, 뒤 문장의 **לְהִיפָּגֵשׁ**[레히파게쉬]는 '누구와 만나다'는 뜻의 니프알형 자동사 **נִפְגַּשׁ**[니프가쉬]의 to 부정사이다.

הוּא לוֹמֵד קָשֶׁה כְּדֵי לְהַצְלִיחַ.
[후 로메드 카쉐 케데이 레하쯜리아흐]
그는 성공하기 위하여 열심히 공부한다.

הוּא מְנַסֶּה לַחְסוֹךְ כְּדֵי לִרְכּוֹשׁ דִּירָה חֲדָשָׁה.
[후 메낫세 라하소크 케데이 리르코쉬 디라 하다샤]
그는 새 아파트를 구입하려고 절약하기를 노력한다.

이유를 표현하는 because of에 해당하는 대표적인 표현은 בִּגְלַל[비글랄]이다. 보통 בִּגְלַל 다음에 명사가 오지만 접속사 שֶׁ[쉐](=that)가 이끄는 명사절이 오기도 한다. 곧 -בִּגְלַל שֶׁ는 because의 의미가 된다.

אִיחַרְתִּי לְהַרְצָאָה בִּגְלַל הַפְּקָק.
[이하르티 라하르짜아 비글랄 하프카크]
그 교통체증 때문에 그 강의에 내가 늦었다.

אִיחַרְנוּ לַשִּׁיעוּר בִּגְלַל שֶׁהַכְּבִישׁ הָיָה חָסוּם.
[이하르누 라쉬우르 비글랄 쉐하크비쉬 하야 하숨]
도로가 봉쇄되어 있어서 우리가 그 수업에 늦었다.

הוּא נִכְשַׁל בַּמִּבְחָן בִּגְלָלָהּ.
[후 니크샬 바미브한 비글랄라]
그녀 때문에 그는 시험에 실패했다.

6 전치사와 결합하는 인칭대명사 접미

전치사가 인칭대명사를 그 목적어로 취할 경우 인칭대명사 접미가 전치사에 붙게 된다.

인칭	אֵת[에트] ~와 함께	בִּגְלַל[비글랄] ~때문에
הוּא	אִיתוֹ [이토] 그와 함께	בִּגְלָלוֹ [비글랄로] 그 때문에
הִיא	אִיתָהּ [이타] 그녀와 함께	בִּגְלָלָהּ [비글랄라] 그녀 때문에
הֵם	אִיתָם [이탐] 그들과 함께	בִּגְלָלָם [비글랄람] 그들 때문에
הֵן	אִיתָן [이탄] 그녀들과 함께	בִּגְלָלָן [비글랄란] 그녀들 때문에
אַתָּה	אִיתְךָ [이트카] 당신과 함께	בִּגְלָלְךָ [비글랄카] 너 때문에
אַתְּ	אִיתָךְ [이타크] 당신과 함께	בִּגְלָלֵךְ [비글랄레크] 너 때문에
אַתֶּם	אִיתְכֶם [이트켐] 당신들과 함께	בִּגְלַלְכֶם [비글랄켐] 너희들 때문에
אַתֶּן	אִיתְכֶן [이트켄] 당신들과 함께	בִּגְלַלְכֶן [비글랄켄] 너희들 때문에
אֲנִי	אִיתִי [이티] 나와 함께	בִּגְלָלִי [비글랄리] 나 때문에
אֲנַחְנוּ	אִיתָנוּ [이타누] 우리와 함께	בִּגְלָלֵנוּ [비글랄레누] 우리 때문에

אֵת[에트]는 타동사가 한정 목적어를 가질 때 (즉, 정관사 ה가 붙은 명사나 고유명사) 그 앞에 사용되는 불변사이다. 그러나 '~와 함께'라는 의미의 전치사로도 사용된다.

אֶת가 전치사로 사용될 경우는 주로 그 목적어가 인칭대명사인 경우이다. 일반명사가 '~와 함께'라는 전치사의 목적어로 나오는 경우에는 주로 다른 전치사 עִם[임]이 사용된다(אִיתוֹ[이토] 그와 함께 vs. עִם הֶחָבֵר[임 하하베르] 그 친구와 함께).

Expression

1 시외버스정류장으로 이동하기

נַהָג, אַתָּה מַגִּיעַ לַתַּחֲנָה הַמֶּרְכָּזִית? 기사님, 시외버스정류장 가나요?
[나하그 앗타 마기아 라타하나 하메르카짓]

כֵּן, תַּעֲלֶה. 네, 올라오세요.
[켄 타알레]

אֵיפֹה אֲנִי צָרִיךְ לָרֶדֶת? 제가 어디서 내려야 하나요?
[에이포 아니 짜리크 라레뎃]

אֲנִי אַגִּיד לְךָ. 내가 이야기해 줄게요.
[아니 아기드 레카]

תּוֹדָה רַבָּה. 대단히 고맙습니다.
[토다 라바]

*정확하게는 מַגִּיעַ[막기아] אַגִּיד[악기드]이지만 보통 [마기아], [아기드]로도 발음된다.

2 버스표 구입하기

תֵּל-אָבִיב הָלוֹךְ וָשׁוֹב בְּבַקָּשָׁה! 텔아비브 왕복표 부탁해요.
[텔 아비브 할로크 봐쇼브 베박카샤]

אֵין הָלוֹךְ וָשׁוֹב לְתֵל-אָבִיב. אַתָּה קוֹנֶה פָּשׁוּט שְׁתֵּי נְסִיעוֹת.
[엔 할로크 봐쇼브 레텔 아비브 앗타 코네 파슈트 슈테이 네시옷]
텔아비브는 왕복표가 없어요. 그냥 두 장 사면 됩니다.

Vocabulary

- הֵנָּה 부. 여기에
- יְמִינָה 부. 오른쪽으로
- יָשָׁר 형. 직선의; 부. 곧바로
- לְהִיכָּנֵס 동. to 부정. to enter
- לָרֶדֶת 동. to 부정. to get off
- מוֹדִיעִין 명.m. 안내소 information
- מוּל 전치. ~맞은편에 against
- נַהָג 명.m.s. 운전사
- פְּנִימָה 부. 안으로
- קוֹנֶה 동.현재.m.s. 사다
- שֵׁירוּתִים 명.m. 화장실
- שְׁתֵּי נְסִיעוֹת 명사결합. 수.f. 둘, 2 + 명.f.pl. 여행들 (= 버스표 두장)
- תּוֹדָה רַבָּה 관용. 대단히 감사합니다
- תַּחֲנָה מֶרְכָּזִית 명.f.s. 센트럴 스테이션, 시외버스정류장
- תַּעֲלֶה 동.미래.2.m.s. 오르다

בְּסֵדֶר. כַּמָּה זֶה עוֹלֶה?
[베세데르 카마 제 올레]
알겠어요. 얼마지요?

36 ש״ח בְּבַקָּשָׁה.
[쉴로쉼 쉐쉬샤 샤크 베박카샤]
36세겔입니다.

הִנֵּה בְּבַקָּשָׁה!
[힌네 베박카샤]
자, 여기 있습니다.

3 버스 타기

אֵיפֹה נִמְצָא הַמּוֹדִיעִין?
[에이포 님짜 하모디인]
안내소가 어디에 있지요?

שָׁם, מוּל הַשֵּׁירוּתִים.
[샴 물 하셰루팀]
저기요, 화장실 맞은편이요.

אֵיפֹה הָאוֹטוֹבּוּס לְתֵל-אָבִיב?
[에이포 하오토부스 레텔 아비브]
텔아비브 가는 버스가 어디지요?

יָשָׁר וְיָמִינָה.
[야샤르 붸예미나]
똑바로 가서 오른쪽이요.

תוֹדָה רַבָּה.
[토다 라바]
대단히 감사합니다.

אֲדוֹנִי, אֲנִי יָכוֹל לְהִיכָּנֵס פְּנִימָה?
[아도니 아니 야콜 레히카네스 프니마]
선생님 제가 안으로 들어갈 수 있을까요?

כֵּן, בְּבַקָּשָׁה!
[켄 베박카샤]
네, 그러세요.

Exercise

아래 문장들을 히브리어로 표현해보세요.

1 그는 교원 콘퍼런스에 참석하려고 하이파로 간다.

2 그는 도심 교통 체증 때문에 제시간에 도착하지 못했다.

3 수업 제 시간에 주세요(m.pl).

4 언제부터 그들이 사귀기 시작했나요?

그들은 지난달부터 사귀어요.

5 그는 성공하기 위해서 열심히 일한다.

6 제(f)가 어디서 내려야 되나요?

7 실례합니다. 화장실이 어딘가요?

똑바로 가세요.

שִׁיעוּר 11

초대하기

!בְּרוּכִים הַבָּאִים

환영합니다!

Dialogue

.בְּרוּכִים הַבָּאִים
[브루킴 하바임]
환영합니다.

.בְּרוּכִים הַנִּמְצָאִים
[브루킴 하님짜임]
축복합니다.

?מָה שְׁלוֹמְכֶם
[마 쉴롬켐]
안녕들 하시지요?

.בְּסֵדֶר
[베세데르]
잘 지내요.

?וּמָה שְׁלוֹמְכֶם? הַכֹּול בְּסֵדֶר
[붸마 쉴롬켐 하콜 베세데르]
근데 (당신들도) 안녕하세요? 모든 게 잘 되지요?

.מְצוּיָּן. תוֹדָה
[메쭈얀 토다]
아주 좋아요. 고맙습니다.

!וָואוּ, אֵיזוֹ דִּירָה מַקְסִימָה
[와우 에이조 디라 막시마]
와, 아파트가 인상적이네요.

.תוֹדָה. הָיָה לָנוּ מַזָּל לִמְצוֹא אוֹתָהּ
[토다 하야 라누 마잘 림쪼 오타]
감사합니다. 이것을 발견한 건 우리에게 행운이었어요.

.זֶה הַסָּלוֹן, זֶה הַמִּטְבָּח וְזֶה חֲדַר הַשֵּׁינָה עִם מִקְלַחַת
[제 하살론 제 하미트바흐 붸제 하다르 하쉐나 임 미클라하트]
이게 거실, 이게 부엌, 이게 샤워실 딸린 침실이에요.

.נִרְאֶה לִי שֶׁהַדִּירָה מְאוֹד שִׁימוּשִׁית
[니르에 리 쉐하디라 메오드 쉬무쉿]
제가 보기에 아파트가 상당히 실용적이네요.

?מָה אֲנִי יְכוֹלָה לְהַצִּיעַ לָכֶם, מַשֶּׁהוּ קַר אוֹ חַם
[마 아니 예콜라 레하찌아 라켐 마쉐후 카르 오 함]
여러분에게 뭘 드리지요, 찬 거 아니면 뜨거운 거?

Vocabulary

אָה 감. 아~
אוֹ 부. 또는 or
אַחֲרֵי 전치. ~후에 after
אֵיזוֹ 의문대명.f.s. 어떤 which
אִיתָּךְ 전치. with + 인칭접미.2.m.s.
אִיתְּכֶם 전치. with + 인칭접미.2.m.pl.
אֲרוּחָה 명.f.s. 식사
בָּאִים 동.현재.m.pl. 오다; 명.m.pl. 오는 사람들
בָּאתֶם 동.과거.2.m.pl. 오다
בּוֹאוּ 동.명령.m.pl. 오다; 관용. come on
בֵּיתִית 형.m.s. 집에서 만든
בְּלִי 전치. ~없이 without
בְּרוּכִים 형.m.pl. 축복된
בְּשִׂמְחָה 관용. 기꺼이, 기쁘게
בְּתֵיאָבוֹן 관용. 맛있게 드세요
הַזְמָנָה 명.f.s. 초대; 주문
הָיִיתִי 동.과거.1.c.s. ~이다, ~되다
הָיְתָה 동.과거.3.f.s. ~이다, ~되다
הִצְטַלַּמְתֶּם 동.과거.2.m.pl. (자신이 나오도록) 사진을 찍다
וָואוּ 감. 와우
חֲדַר שֵׁינָה 명.m.s. 침실
חַם 형.m.s. 따뜻한, 더운

חֲתוּנָה 명.f.s. 결혼, 결혼식
טָעִים 형.m.s. 맛있는
יוֹפִי 관용. 좋아요; 명.m.s. 아름다움
יְכוֹלָה 조동.현재.f.s. can
יֶרַח דְּבַשׁ 명.m.s. 밀월, 신혼여행
כּוֹס 명.f.s. 컵, 잔
לְהַצִּיעַ 동. to 부정. to suggest
לִימוֹנָדָה 명.f.s. 레몬에이드
לִמְצוֹא 동. to 부정. to find
מוּכָנָה 형.f.s. 준비된
מִטְבָּח 명.m.s. 부엌
מִיָּד 부. 즉시, 바로
מַצִּיעָה 동.현재.f.s. 제시하다, 제안하다
מִקְלַחַת 명.f.s. 샤워, 샤워실
מַקְסִימָה 형.f.s. 매력적인
נֶהֱנֵינוּ 동.과거.1.c.pl. 즐기다
נִמְצָאִים 동.현재.m.pl. 존재하다, 있다; 명.m.pl. (현장에) 있는 사람들
נָסַעְנוּ 동.과거.3.m.pl. 여행하다
נַעֲבוֹר 동.미래.1.c.pl. 옮기다, 건너가다
נִפְלָא 형.m.s. 환상적인, 좋은
-נִרְאֶה לִי שֶׁ 관용. it seems to me that 내가 보기에 ~하다
סוּכָּר 명.m. 설탕
סָלוֹן 명.m.s. 거실
פִּינַת אוֹכֶל 명.f.s. 식탁 자리
קִינוּחַ 명.m.s. 후식
קַר 형.m.s. 차가운, 추운
רֵיחַ 명.m.s. 냄새
שִׁימוּשִׁית 형.f.s. 실용적인
תְּמוּנָה 명.f.s. 사진

הָיִיתִי רוֹצָה מַשֶּׁהוּ קַר.
[하이티 로쩨 마쉐후 카르]
전 차가운 거 원합니다.

יוֹפִי. יֵשׁ לִימוֹנָדָה בֵּיתִית.
[요피 예쉬 리모나다 베이팃]
좋아요. 집에서 만든 레모네이드가 있어요.

וּמָה אִיתָּךְ?
[우마 이타크]
그럼 당신은요?

אֲנִי מַשֶּׁהוּ חַם. אֶפְשָׁר כּוֹס קָפֶה בְּלִי סוּכָּר.
[아니 마쉐후 함 에프샤르 코스 카페 블리 수카르]
저는 뜨거운 거요. 커피 한 잔 설탕 없이 부탁할까요.

בְּשִׂמְחָה.
[베심하]
기꺼이요.

הַתְּמוּנָה מוֹצֵאת חֵן בְּעֵינַי. מָתַי הִצְטַלַּמְתֶּם?
[하트무나 모쩨엣 헨 베에나이 마타이 히쯔탈람템]
사진이 마음에 드네요. 언제 찍은 거예요?

אָה, זֹאת הָיְתָה מִיָּד אַחֲרֵי הַחֲתוּנָה שֶׁלָּנוּ.
[아 좃 하이타 미야드 아하레이 하하투나 쉘라누]
아, 그건 우리 결혼 직후였어요.

נָסַעְנוּ לְאִיטַלְיָה לְיֶרַח דְּבַשׁ. זֶה הָיָה שָׁם.
[나사누 레이탈리야 레예라흐 드바쉬 제 하야 샴]
이탈리아로 신혼여행 갔어요. 저게 그곳이에요.

הָאֲרוּחָה מוּכָנָה. בּוֹאוּ נַעֲבוֹר לְפִינַּת הָאוֹכֶל.
[하아루하 무카나 보우 나아보르 레피나트 하오켈]
식사가 준비되었네요. 식사 자리로 옮기지요.

אֵיזֶה רֵיחַ טוֹב.
[에이제 레아흐 토브]
냄새가 좋네요.

בְּתֵיאָבוֹן.
[베테아본]
맛있게 드세요.

טָעִים מְאוֹד.
[타임 메오드]
매우 맛있네요.

מָה אַתֶּם רוֹצִים לְקִינוּחַ?
[마 앗템 로찜 레키누아흐]
후식으로 뭐 하실래요?

מָה שֶׁאַתְּ מַצִּיעָה.
[마 쉐앗트 마찌아]
제안하시는 것 뭐든지요.

תּוֹדָה עַל הַהַזְמָנָה. מְאוֹד נֶהֱנֵינוּ.
[토나 알 하하즈마나 메오드 네헤네누]
초대해 주셔서 감사합니다. 아주 즐거웠습니다.

תּוֹדָה שֶׁבָּאתֶם. זֶה הָיָה עֶרֶב נִפְלָא אִיתְּכֶם.
[토다 쉐바템 제 하야 에레브 니플라 이트켐]
와 주셔서 감사합니다. 여러분과 아주 좋은 저녁이었습니다.

לְהִתְרָאוֹת.
[레히트라옷]
또 뵙지요.

לְהִתְרָאוֹת. לַיְלָה טוֹב.
[레히트라옷 라일라 토브]
또 봬요. 좋은 밤 되세요.

Grammar

1 라메드-헤이 니프알 약동사의 활용 : 과거, 미래, 현재, to 부정사형

'즐기다'는 의미의 נֶהֱנָה[네헤나]는 니프알 동사로 세 번째 어근이 ה인 약동사이다. 동사 활용은 ה 때문에 약간 불규칙적으로 나타난다.

נֶהֱנָה: enjoy, benefit

<table>
<tr><th>인칭</th><th>과거</th><th>미래</th><th>현재</th><th>to 부정사</th></tr>
<tr><td>הוּא</td><td>נֶהֱנָה [네헤나]</td><td>יֵהָנֶה [예하네]</td><td rowspan="10">נֶהֱנֶה [네헤네]
נֶהֱנֵית [네헤넷]
נֶהֱנִים [네헤님]
נֶהֱנוֹת [네헤놋]</td><td rowspan="10">לֵהָנוֹת
[레하놋]</td></tr>
<tr><td>הִיא</td><td>נֶהֶנְתָה [네헨타]</td><td>תֵּהָנֶה [테하네]</td></tr>
<tr><td>הֵם</td><td>נֶהֱנוּ [네헤누]</td><td>יֵהָנוּ [예하누]</td></tr>
<tr><td>הֵן</td><td>נֶהֱנוּ [네헤누]</td><td>תֵּהָנֶינָה [테하네나]</td></tr>
<tr><td>אַתָּה</td><td>נֶהֱנֵיתָ [네헤네타]</td><td>תֵּהָנֶה [테하네]</td></tr>
<tr><td>אַתְּ</td><td>נֶהֱנֵית [네헤네트]</td><td>תֵּהָנִי [테하니]</td></tr>
<tr><td>אַתֶּם</td><td>נֶהֱנֵיתֶם [네헤네템]</td><td>תֵּהָנוּ [테하누]</td></tr>
<tr><td>אַתֶּן</td><td>נֶהֱנֵיתֶן [네헤네텐]</td><td>תֵּהָנֶינָה [테하네나]</td></tr>
<tr><td>אֲנִי</td><td>נֶהֱנֵיתִי [네헤네티]</td><td>אֵהָנֶה [에하네]</td></tr>
<tr><td>אֲנַחְנוּ</td><td>נֶהֱנֵינוּ [네헤네누]</td><td>נֵהָנֶה [네하네]</td></tr>
</table>

?נֶהֱנֵית אֶתְמוֹל 어제 즐거웠어?
[네헤네트 에트몰]

.הוּא יוֹדֵעַ אֵיךְ לֵהָנוֹת 그는 어떻게 즐길 줄 안다.
[후 요데아 에이크 레하놋]

.אֲנִי מְקַוֶּה שֶׁנֶּהֱנֵיתֶם 즐거운 시간이었기를 바랍니다.
[아니 메카붸 쉐네헤네템]

.תֵּהָנוּ 즐거운 시간 되십시오.
[테하누]

!הֵהָנֵה (남성에게) 즐겨!
[헤하네]

!הֵהָנִי (여성에게) 즐겨!
[헤하니]

!הֵהָנוּ (복수에게) 즐겨!
[헤하누]

문법적으로 위와 같은 명령형을 만들수 있지만 '즐기다' 동사의 경우 보통 미래형을 사용하여 명령적 의미를 표현한다.

תֵּהָנֶה [테하네], תֵּהָנִי [테하니], תֵּהָנוּ [테하누]

2 히브리어 to 부정사의 형용사적 용법

to 부정사가 명사를 수식하는 역할을 한다.

.יֵשׁ לוֹ רָצוֹן לְהִתְקַדֵּם מַהֵר 그에게는 빨리 승진하고자 하는 의욕이 있다.
[예쉬 로 라쫀 레히트카뎀 마헤르]

.אֵין לִי חֵשֶׁק לַעֲבוֹד הַיּוֹם 오늘은 내가 일할 의욕이 없다.
[엔 리 헤쉐크 라아보드 하욤]

.אֵין לִי זְמַן לִישׁוֹן 난 잘 시간이 없어.
[엔 리 즈만 리숀]

.מָצָאתִי דִירָה לִקְנוֹת בָּעִיר 난 시내에 구입할 아파트를 찾았다.
[마짜티 디라 리크놋 바이르]

Vocabulary

אָכַלְתִּי 동.과거.1.c.s. 먹다
בְּעֵינָיו 전치. in + 명.f.pl. 눈 eyes + 인칭접미 3.f.s.
בְּעֵינַיי 전치. in + 명.f.pl. 눈 eyes + 인칭접미 1.c.s.
הוֹרִים 명.m.pl. 부모
הָיָה 동.과거.3.m.s. ~이다, ~되다
חֵן 명.m.s. 은혜, 은총; 매력, 멋
לְבַקֵּשׁ 동. to 부정. to ask
לְדַבֵּר 동. to 부정. to speak
לֵהָנוֹת 동. to 부정. to enjoy
לְהִתְקַדֵּם 동. to 부정. to progress
מוֹצֵא 동.현재.m.s. 발견하다
מָצְאָה 동.과거.3.f.s. 발견하다
מְקַוֶּה 동.현재.m.s. 기대하다, 바라다
נֶהֱנֵית 동.과거.2.f.s. 즐기다
נֶהֱנֵיתֶם 동.과거.2.m.pl. 즐기다
נָתְנוּ 동.과거.3.m.s. 주다
עִיר 명.f.s. 도시
צִילְצַלְתִּי 동.과거.1.c.s. 전화하다

אֵין מָה לְדַבֵּר. 이야기할 게 없다. (더 이상 어쩔 수 없어.)
[엔 마 레다베르]

אֵין מָה לַעֲשׂוֹת. 어쩔 수 없다.
[엔 마 라아소트]

תַּזְמִין 동.미래.2.m.s. 초대하다, 주문하다

תֵּיהָנוּ 동.명령.2.m.pl. 즐기다

תַּעֲשֶׂה 동.미래.2.m.s. 하다

תִּתֵּן 동.미래.2.m.s. 주다

3 관계대명사 ...מָה שֶׁ [마 쉐...] (what), ...מִי שֶׁ [미 쉐...] (who) 용법

תַּעֲשֶׂה מָה שֶׁאַתָּה צָרִיךְ. 네가 해야만 하는 것을 해라.
[타아세 마 쉐앗타 짜리크]

תִּקַּח מָה שֶׁאַתָּה רוֹצֶה. 네가 원하는 것을 취하라.
[티카흐 마 쉐앗타 로쩨]

אָכַלְתִּי אֵת כָּל מָה שֶׁהֵם נָתְנוּ. 그들이 주는 것은 뭐든 먹었다.
[아칼티 엣 콜 마 쉐헴 나트누]

תַּזְמִין אֵת מִי שֶׁאַתָּה אוֹהֵב. 네가 좋아하는 사람을 초청해라.
[타즈민 엣 미 쉐앗타 오헤브]

תִּתֵּן אֵת זֶה לְמִי שֶׁאַתָּה רוֹצֶה. 네가 원하는 사람에게 이것을 주어라.
[티텐 엣 제 레미 쉐앗타 로쩨]

צִילְצַלְתִּי לְכָל מִי שֶׁהָיָה מוּכָן לַעֲזוֹר לִי. 나는 날 도와 줄 준비가 된 모든 이들에게 전화했다.
[찔짤티 레콜 미 쉐하야 무칸 라아조르 리]

4 ...הָיִיתִי רוֹצֶה [하이티 로쩨...] 좀 더 부드러운 요청

'원하다'는 뜻의 동사 **רָצָה**[라짜]를 보통 현재형으로 사용하지만 앞에 **הָיָה**[하야] be, become의 과거형을 더하여 사용하면 훨씬 정중하고 예의 바른 뉘앙스의 표현이 된다.

אֲנִי רוֹצֶה מַיִם. 물을 원합니다.
[아니 로쩨 마임]

הָיִיתִי רוֹצֶה מַיִם. 물 좀 주시겠습니까.
[하이티 로쩨 마임]

אֲנִי רוֹצֶה לְבַקֵּשׁ מַשֶּׁהוּ. 뭔가를 부탁하고 싶어요.
[아니 로쩨 레바케쉬 마쉐후]

הָיִיתִי רוֹצֶה לְבַקֵּשׁ מַשֶּׁהוּ. 제가 뭘 좀 부탁드릴 수 있을지요.
[하이티 로쩨 레바케쉬 마쉐후]

5 ...מָצָא חֵן בְּעֵינֵי [마짜 헨 베에네...] ~의 마음에 들다.

'~의 마음에 들다'는 의미로 사용하는 ...מָצָא חֵן בְּעֵינֵי[마짜 헨 베에네...]의 본래의 뜻은 '~의 눈에 은혜를 발견하다'이다. 관용적으로 많이 사용하는 표현이다.

אַתָּה מוֹצֵא חֵן בְּעֵינַיִ. 네가 내 눈에 은혜를 발견한다.
[앗타 모쩨 헨 베에나이] (넌 내 마음에 든다.)

הִיא מָצְאָה חֵן בְּעֵינָיו. 그는 그녀가 마음에 들었다.
[히 마쯔아 헨 베에나브]

הָאוֹטוֹ לֹא מוֹצֵא חֵן בְּעֵינָיִ. 난 저 차가 마음에 들지 않는다.
[하오토 로 모쩨 헨 베에나이]

הַחֲבֵרָה שֶׁלִּי מָצְאָה חֵן בְּעֵינֵי הַהוֹרִים שֶׁלִּי. 내 부모님은 내 여자친구가 마음에 들었다.
[하하베라 쉘리 마쯔아 헨 베에네이 하호림 쉘리]

6 불규칙하게 활용하는 동사 נָתַן

נָתַן[나탄]: give

인칭	과거	미래	현재	to 부정사
הוּא	נָתַן [나탄]	יִתֵּן [잇텐]		
הִיא	נָתְנָה [나트나]	תִּתֵּן [팃텐]		
הֵם	נָתְנוּ [나트누]	יִתְּנוּ [잇트누]		
הֵן	נָתְנוּ [나트누]	תִּתֵּנָּה [팃텐나]	נוֹתֵן [노텐]	
אַתָּה	נָתַתָּ [나탓타]	תִּתֵּן [팃텐]	נוֹתֶנֶת [노테넷]	לָתֵת [라테트]
אַתְּ	נָתַתְּ [타낫트]	תִּתְּנִי [팃트니]	נוֹתְנִים [노트님]	
אַתֶּם	נְתַתֶּם [나탓템]	תִּתְּנוּ [팃트누]	נוֹתְנוֹת [노트놋]	
אַתֶּן	נְתַתֶּן [나탓텐]	תִּתֵּנָּה [팃텐나]		
אֲנִי	נָתַתִּי [나탓티]	אֶתֵּן [엣텐]		
אֲנַחְנוּ	נָתַנּוּ [나탄누]	נִתֵּן [닛텐]		

!תֵן לוֹ (남성에게) 제게 주세요!
[텐 리]

!תְנִי לוֹ (여성에게) 그에게 주세요!
[트니 로]

!תְנוּ (복수에게) 주세요!
[트누]

Expression

1 친구 집에서

?אַתָּה רוצֶה לֶאֱכול מַשְׁהוּ 뭐 먹을래?
[앗타 로쩨 레에콜 마쉐후]

.לֹא תודָה. אֲנִי לֹא רָעֵב 사양할래. 난 배 안 고파.
[로 토다 아니 로 라에브]

?אִם כֵּן, כּוס קָפֶה אוֹ גְלִידָה 그렇다면, 커피 한 잔 또는 아이스크림은?
[임 켄 코스 카페 오 글리다]

.כֵּן. קָפֶה עִם כַּפִּית סוּכָּר 응. 커피에 설탕 하나.
[켄 카페 임 카핏 수카르]

?מָה! הִפְסַקְתָּ דִיאֶטָה 뭐! 다이어트 그만둔 거야?
[마 히프사크타 디에타]

!סוּכָּר פַּעַם אַחַת בְּיוֹם זֶה בְּסֵדֶר 설탕 하루 한 번 정도는 괜찮아!
[카핏 수카르 제 베세데르]

?מָה עִם גְלִידָה 아이스크림은?
[마 임 글리다]

.אַחַר כָּךְ 좀 있다가.
[아하르 카크]

Vocabulary

- **אָבוֹא** 동.미래.1.c.s. 오다
- **אֵלוּ** 의문대명. 어떤 which
- **אִם כֵּן** 부. 그렇다면
- **אַקְטוּאָלִי** 형.m.s. 유효한
- **אַרְבָּעָה** 수.m.s. 넷, 네 개의, 4
- **בּוֹאוּ** 동.명령.m.pl. 오다; come on
- **בַּחוּץ** 부. 외부에, 밖에
- **בְּיוֹם** 관용. 하루에 (בַּיּוֹם[바욤]은 낮에, 낮 시간에)
- **בַּיי** 관용. bye
- **בֵּינְתַיִם** 부. 당분간, 우선은
- **בָּלָגָן** 명.m.s. 혼란, 무질서
- **בִּסְבִיבוֹת** 부. 대략
- **בִּפְנִים** 부. 내부에, 실내에
- **-בְּקֶשֶׁר לְ** 전치. ~에 관하여
- **בָּשָׂר** 명.m. 고기
- **בְּשָׂרִי** 형.m.s. 고기의 (고기가 들어가는 요리)
- **גְלִידָה** 명.f.s. 아이스크림
- **דִיאֶטָה** 명.f.s. 다이어트
- **דַקָּה** 명.f.s. 분, minute
- **הַאִם** 의문부. yes나 no를 이끄는 의문문 문두에 사용
- **הַלּוֹ** 부. 여보세요

אֵין מַשֶּׁהוּ מְעַנְיֵן? מְשַׁעֲמֵם. [엔 마쉐후 메안옌 메샤아멤]	뭐 재미있는 거 없어? 심심하네.
רוֹצֶה לְשַׂחֵק כַּדּוּרְסַל? [로쩨 레사헤크 카두르살]	농구 할래?
לֹא, נוֹרָא חַם הַיּוֹם. [로 노라 함 하욤]	아니, 오늘 정말 더워.
נֵצֵא לְסֶרֶט? [니쩨 레세레트]	영화 보러 나갈까?
יֵשׁ מַשֶּׁהוּ מְעַנְיֵן? [예쉬 마쉐후 메안옌]	뭐 재미있는 거 있어?
יֵשׁ סֶרֶט אֶחָד חָדָשׁ אֲבָל אֲנִי לֹא בָּטוּחַ אִם זֶה מְעַנְיֵן. [예쉬 세레트 에하드 하다쉬 아발 아니 로 바투아흐 임 제 메안옌]	새 영화 하나 있는데 재미있을지는 모르겠네.
חֶבְרֶה, בּוֹאוּ נֵלֵךְ! [헤브레 보우 닐레크]	친구들. 자, 나가자!

2 카페에서

שָׁלוֹם. אֶפְשָׁר לַעֲזוֹר? כַּמָּה אַתֶּם? [샬롬 에프샤르 라아조르 카마 앗템]	샬롬. 도와 드려도 될까요? 몇 분이시죠?
אֲנַחְנוּ אַרְבָּעָה. [아나흐누 아르바아]	우리는 넷입니다.
אֵיפֹה תִּרְצוּ לָשֶׁבֶת? בִּפְנִים אוֹ בַּחוּץ? [에이포 티르쭈 라셰벳 비프님 오 바후쯔]	어디에 앉으실래요? 실내 아니면 바깥?
אֲנַחְנוּ מַעֲדִיפִים בַּשֶּׁמֶשׁ. [아나흐누 마아디핌 바셰메쉬]	우린 햇빛에 있는 것이 좋아요.
בְּבַקָּשָׁה מִפֹּה. [베박카샤 밉포]	좋습니다. 이리로 오세요.

הָעֶרֶב 부. 오늘 저녁에
הִפְסַקְתָּ 동.과거.2.m.s. 중단하다, 그만하다
הַפְתָּעָה 명.f.s. 깜짝 놀람
חֲלָבִי 형.m.s. 우유의 [유제품이 들어가는 (생선) 요리]
חֶלְקִית 형.f.s. 부분적인
חֶשְׁבּוֹן 명.m.s. 계산서
יַיִן 명.m.s. 와인
יָכוֹל 조동.현재.m.s. can
יְכוֹלִים 조동.현재.m.pl. can
כַּדּוּרְסַל 명.m. 농구
כּוֹלֵל 동.현재.m.s. 포함하다
כִּיסְאוֹת 명.m.pl. 의자들
כַּפִּית 명.f.s. 티스푼
כָּתוּב 형. m.s. 기록된
לָבוֹא 동. to부정. to come
לָבָן 형.m.s. 하얀
לֶחֶם 명.m.s. 빵
לִשְׁתּוֹת 동. to부정. to drink
לְשַׂחֵק 동. to부정. to play
מָה 감탄. 뭐!
מִיטָּה 명.f.s. 침대
מִיץ גֶּזֶר 명.m.s. 당근 주스
מִיץ תַּפּוּזִים 명.m.s. 오렌지 주스
מְלֵאִים 형.m.pl. 가득찬
מַמְלִיצָה 동.현재.m.s. 추천하다
מָנָה עִיקָּרִית 명.f.s. 주요리 main dish
מָנָה רִאשׁוֹנָה 명.f.s. 전식
מַעֲדִיפִים לְ- 동.현재.m.s. ~을 선호하다
מְעוֹרָב 형.m.s. 혼합된
מִפֹּה 부. 이리로

מָה אַתֶּם רוֹצִים לִשְׁתּוֹת? 뭘 마시겠습니까?
[마 앗템 로찜 리쉬톳]

שְׁלוֹשָׁה קָפֶה הָפוּךְ וְתֵה נַעְנָע אֶחָד. 카푸치노 셋 민트 티 하나요.
[쉴로샤 카페 하푸크 붸테 나아나 에하드]

עוֹד מַשֶּׁהוּ? 뭐 더 필요한 것 있나요?
[오드 마쉐후]

בֵּינְתַיִם לֹא. 우선은 됐어요.
[벤타임 로]

הַכֹּל בְּסֵדֶר? 다 괜찮은가요?
[하콜 베세데르]

תוֹדָה. 감사합니다.
[토다]

3 식당에서

בְּרוּכִים הַבָּאִים! 어서 오십시오.
[브루킴 하바임]

אֶפְשָׁר לַעֲזוֹר לָכֶם? 여러분을 도와 드려도 될까요?
[에프샤르 라아조르 라켐]

בְּשָׂרִי אוֹ חֲלָבִי? 고기 드실 건가요, 생선 드실 건가요?
[브사리 오 할라비]

מָה אַתֶּם רוֹצִים לְמָנָה רִאשׁוֹנָה? 첫 코스로 뭘 하실까요?
[마 앗템 로찜 레마나 리쇼나]

מָה יֵשׁ לָכֶם? 뭐가 있나요?
[마 예쉬 라켐]

יֵשׁ לָנוּ מָרָק מְצוּיָּן. 수프가 아주 좋습니다.
[예쉬 라누 마라크 메쭈얀]

זֶה מַגִּיעַ עִם לֶחֶם? 빵도 같이 나오나요?
[제 마기아 임 레헴]

- **מְקָרֵר** 명.m.s. 냉장고
- **מְרוּהֶטֶת** 형.f.s. 가구가 갖추어진
- **מָרָק** 명.m.s. 수프, 국
- **מְשַׁעֲמֵם** 형.m.s. 심심한
- **מִתְקַשֵּׁר** 동.현재.m.s. 전화하다, 연락하다
- **נוֹרָא** 부. 매우; 무시무시한
- **נֵלֵךְ** 동.미래.1.c.pl. 가다, 걸어가다
- **נֵצֵא** 동.미래.1.c.pl. 나가다
- **עוּגָה** 명.f.s. 케이크
- **פִּירְסַמְתֶּם** 동.과거.2.m.pl. 광고하다
- **פִּיתָה** 명.f.s. 피타 빵
- **פַּעַם אַחַת** 관용. 한 번, 1회
- **קַבָּלָה** 명.f.s. 영수증
- **קָפֶה הָפוּךְ** 명.m.s. 카푸치노
- **קָפֶה טוּרְקִי** 명.m.s. 터키식 커피
- **רָהִיטִים** 명.m.pl. 가구들
- **רָעֵב** 형.m.s. 배고픈
- **שִׁגָּעוֹן** 명.m.s. 미친 짓 craziness
- **שׁוּלְחָן** 명.m.s. 식탁
- **שָׁחוֹר** 형.m.s. 검은
- **שְׁטוּת** 명.f.s. 어리석음 nonsense
- **שָׁטִיחַ** 명.m.s. 카펫
- **שֵׁירוּת** 명.m.s. 서비스
- **שְׁלוֹשָׁה** 수.m.s. 셋, 세 개의, 3
- **שֶׁמֶשׁ** 명.m.s. 태양
- **תֵּה נַעְנָע** 명.m.s. 민트 티
- **תּוּכַל** 조동.미래.2.m.s. can
- **תְּנִי** 동.명령.f.s 주다
- **תְּנַסּוּ** 동.미래.2.m.pl. 시도하다

תִּרְצוּ 동.미래.2.m.pl. 원하다

כֵּן. לֶחֶם לָבָן אוֹ לֶחֶם שָׁחוֹר אוֹ פִּיתָה?
[켄 레헴 라반 오 레헴 샤호르 오 피타]
네. 흰 빵, 검은 빵, 피타 빵 뭘로 드릴까요?

מָה תִּרְצוּ לְמָנָה עִיקָרִית?
[마 티르쭈 레만나 이카릿]
메인 디쉬는 뭘로 드릴까요?

מָה אַתְּ מַמְלִיצָה?
[마 앗트 마믈리짜]
뭘 추천하시나요?

אוּלַי תְּנַסּוּ בָּשָׂר מְעוֹרָב.
[테나누 바사르 메오라브]
제육볶음 한번 드셔보시지요.

טוֹב. וְאֵיזֶה יַיִן יֵשׁ לָכֶם?
[토브 붸에이제 야인 예쉬 라켐]
좋아요. 그리고 와인은 어떤 것이 있나요?

מָה תִּרְצוּ לִשְׁתּוֹת?
[마 티르쭈 리쉬톳]
무엇을 마시겠습니까?

מִיץ גֶּזֶר וּמִיץ תַּפּוּזִים בְּבַקָּשָׁה.
[미쯔 케제르 붸미쯔 타푸짐 베박카샤]
당근 주스하고 오렌지 주스 부탁합니다.

אֵיזֶה קִינּוּחַ אַתֶּם רוֹצִים?
[에이제 키누아흐 앗템 로찜]
후식은 무엇을 드릴까요?

תְּנִי לָנוּ קָפֶה טוּרְקִי.
[트니 라누 카페 투르키]
우리는 터키식 커피로 주세요.

אוּלַי אַתֶּם רוֹצִים גַּם עוּגָה?
[울라이 앗템 로찜 감 우가]
혹시 케이크도 원하시는지요?

לֹא תּוֹדָה. אֲנַחְנוּ מְלֵאִים.
[로 토다 아나흐누 믈레임]
사양할게요. 우린 배불러요(꽉 찼어요).

חֶשְׁבּוֹן בְּבַקָּשָׁה!
[헤쉬본 베박카샤]
계산서 주세요!

מִיַּד!
[미야드]
바로 드릴께요!

הַחֶשְׁבּוֹן לֹא כּוֹלֵל שֵׁירוּת.
[하에쉬본 로 콜렐 쉐룻]
계산서는 서비스를 포함하고 있지 않습니다.

הִנֵה קַבָּלָה. 여기 영수증 있습니다.
[히네 카발라]

4 집 구하기 전화

הַלוֹ? 여보세요?
[할로]

הַלוֹ, מִי מְדַבֵּר? 여보세요, 누구세요?
[할로 미 메다베르]

שָׁלוֹם. קוֹרְאִים לִי קִים. 샬롬. 제 이름은 김입니다.
[샬롬 코르임 리 킴]

אֲנִי מִתְקַשֵׁר בְּקֶשֶׁר לַדִירָה שֶׁפִּירְסַמְתֶּם.
[아니 미트카셰르 베케셰르 라디라 쉐피르삼템]
당신들이 광고 낸 아파트 관련해서 전화드려요.

זֶה עֲדַיִן אַקְטוּאָלִי? 그것 아직 유효한가요?
[제 아다인 악투알리]

כֵּן. בְּבַקָשָׁה. 예. 그렇습니다.
[켄 베박카샤]

כָּתוּב שֶׁהַדִירָה מְרוּהֶטֶת חֶלְקִית. אָז אֵלוּ רָהִיטִים יֵשׁ בַּדִירָה?
[카투브 쉐하디라 메루헤테트 헬킷 아즈 엘루 라히팀 예쉬 바디라]
집에 가구가 부분적으로 갖추어져 있다고 쓰여 있네요. 그럼 아파트에 어떤 가구들이 있나요?

יֵשׁ בַּדִירָה מִיטָה, מְקָרֵר, שָׁטִיחַ, שוּלְחָן וְכִּיסְאוֹת.
[예쉬 바디라 미타 메카레르 샤티아흐 슐한 붸키스옷]
아파트에는 침대 냉장고 카펫 식탁과 의자들이 있어요.

אִם כֵּן, הַאִם אֲנִי יָכוֹל לִרְאוֹת אֶת הַדִירָה?
[임 켄 하임 아니 야콜 리르옷 엣 하디라]
그렇다면 제가 아파트를 볼 수 있을까요?

כֵּן. בְּאֵיזוֹ שָׁעָה אַתָּה רוֹצֶה לָבוֹא? 예. 몇 시에 올래요?
[켄 베에이제 샤아 앗타 로쩨 라보]

מָתַי שֶׁאַתֶּם יְכוֹלִים.
[마타이 쉐앗템 예콜림]
당신들이 가능한 시간 언제든지요.

תּוּכַל לָבוֹא הָעֶרֶב?
[투칼 라보 하에레브]
오늘 저녁에 올 수 있나요?

בְּסֵדֶר.
[베세데르]
괜찮아요.

אֲנִי אָבוֹא בִּסְבִיבוֹת שָׁעָה 7.
[아니 아보 베스비봇 샤아 쉐바]
7시경에 제가 가겠습니다.

בְּסֵדֶר. תּוֹדָה בָּיי.
[베세데르 토다 바이]
좋아요. 고맙습니다. 바이.

בָּיי.
[바이]
바이.

5 놀라움의 표현

אֵיזֶה יוֹפִי!
[에이제 요피]
What a beauty(와 아름답다)!

אֵיזוֹ הַפְתָּעָה!
[에이조 하프타아]
What a surprise(깜짝 놀라겠네)!

אֵיזֶה אָדָם!
[에이제 아담]
What a man(정말 놀라운 사람이네)!

אֵיזֶה בָּלָגָן!
[에이제 발라간]
What a mass(야 엉망이네)!

אֵיזוֹ שְׁטוּת!
[에이조 쉬투트]
What a nonsense(이 무슨 바보 짓이야)!

אֵיזֶה שִׁגָּעוֹן!
[에이제 쉬가온]
What a craziness(이 무슨 미친 짓이야)!

Exercise

아래 문장들을 히브리어로 표현해보세요.

1 환영합니다!(m.s.) (손님 영접 인사)

축복합니다!(m.pl) (방문사 응답 인사)

2 제(f)가 보기에 아파트가 매우 예쁩니다.

3 그에게는 진보하고자 하는 의지가 없다.

어쩔 수 없다.

4 그녀가 원하지 않는 것은 하지 마라(m).

5 그는 내 마음에 들지 않는다.

6 우리는 어디에 앉을 수 있나요?

원하시는 곳에 앉으십시오.

7 아파트 관련해서 전화드립니다(f).

שִׁיעוּר **12**

길 묻기

실례합니다. 하하가나 거리 어떻게 가야 하나요?

סְלִיחָה, אֵיךְ אֲנִי מַגִּיעַ לִרְחוֹב הָהַגָּנָה?

Vocabulary

- אוֹמֵר 동.현재.m.s. 말하다
- אִם 의문부. if
- אָמוּר 형.m.s. 언급된; 예상되는
- גְּבֶרֶת 명.f.s. 부인
- הַר הַצּוֹפִים 지명. 예루살렘의 스코푸스산
- יוֹמוּלֶדֶת 명.m.s. 생일
- לְאַט לְאַט 부. 천천히 천천히
- לַחֲזוֹר 동. to 부정. to return
- מְדַבֶּרֶת 동.현재.f.s. 말하다
- מְדוּבֶּרֶת 동.현재.f.s. 말해지는, 구어체의
- מְסִיבָּה 명.f.s. 파티
- עַל לֹא דָבָר 부. 천만에요
- עֲרָבִית 명.f.s. 아랍어
- עֶשֶׂר 수.f.s. 열, 열 개의, 10
- קוֹדֶם 부. 먼저
- קוּרְס 명.m.s. 코스, 강좌
- קַיִץ 명.m.s. 여름
- -שֶׁ 관계대명사 that
- תַּגִּיעַ 동.미래.2.m.s. 도착하다, 도달하다
- תּוּכְלִי 조동.미래.2.f.s. can
- -תְּחַכֶּה לְ 동.미래.2.m.s. 기다리다
- תַּחֲנַת אוֹטוֹבּוּס 명.f.s. 버스정류장
- תֵּלֵךְ 동.미래.2.m.s. 가다, 걸어가다

Dialogue

אִילְגְוֹאַנְג לוֹמֵד עֲרָבִית מְדוּבֶּרֶת בְּקוּרְס קַיִץ.
[일광 로메드 아라빗 메두베렛 베쿠르스 카이츠]
일광은 섬머 코스에서 구어체 아랍어를 공부한다.

הוּא מוּזְמָן לִמְסִיבַּת הַיּוֹמוּלֶדֶת שֶׁל זָאהֵר שֶׁגָּר בִּרְחוֹב הָהַגָּנָה.
[후 무즈만 레메시바트 하요물레뎃 쉘 자헤르 쉐가르 베레호브 하하가나]
그는 하하가나 거리에 사는 자헤르의 생일 파티에 초대받았다.

סְלִיחָה, אֵיךְ אֲנִי מַגִּיעַ לִרְחוֹב הָהַגָּנָה?
[슬리하 에이크 아니 마기아 레레호브 하하가나]
실례합니다. 하하가나 거리는 어떻게 가야 하나요?

תֵּלֵךְ מִפֹּה לְתַחֲנַת הָאוֹטוֹבּוּס.
[텔레크 밉포 레타하나트 하오토부스]
이쪽으로 버스정류장으로 가세요.

וְתִקַּח אֶת קַו 68 לְכִּיווּן הַר הַצּוֹפִים.
[봐티카흐 엣 카브 쉬쉼 붸슈모네 레키분 하르 하쪼핌]
그리고 68번 하라쪼핌 방향을 타세요.

גְּבֶרֶת, אַתְּ מְדַבֶּרֶת מַהֵר מִדַּי.
[그베렛 아트 메다베렛 마헤르 미다이]
부인, 너무 빠르게 말씀하시네요.

תּוּכְלִי לַחֲזוֹר לְאַט לְאַט?
[투클리 라하조르 레아트 레아트]
천천히 반복해 주실 수 있나요?

בְּסֵדֶר. קוֹדֶם תֵּלֵךְ לְכִיווּן הַזֶּה.
[베세데르 코뎀 텔레크 라키분 하제]
오케이. 먼저 이 방향으로 가세요.

כְּשֶׁתַּגִּיעַ לְתַחֲנַת הָאוֹטוֹבּוּס, תְּחַכֶּה לְאוֹטוֹבּוּס 68.
[케쉐타기아 레타하나트 하오토부스 테학케 레오토부스 쉬쉼 붸슈모네]
버스정거장에 도착하면 68번을 기다리세요.

כְּשֶׁהָאוֹטוֹבּוּס מַגִּיעַ, תִּשְׁאַל אֶת הַנֶּהָג אִם זֶה לְהַר הַצּוֹפִים.
[케쉐하오토부스 마기아 티쉬알 엣 하나하그 임 제 레하르 하쪼핌]
버스가 도착하면 기사에게 그게 하라쪼핌으로 가는지 물어보세요.

אִם הוּא אוֹמֵר כֵּן, תַּעֲלֶה לָאוֹטוֹבּוּס.
[임 후 오메르 켄 타알레 라오토부스]
그가 그렇다고 말하면 버스에 오르세요.

תִּשְׁאַל אֲנָשִׁים בָּאוֹטוֹבּוּס אֵיפֹה לָרֶדֶת.
[티쉬알 아나쉼 바오토부스 에이포 라레데트]
버스 안 사람들에게 어디서 내려야 하는지 물어보세요.

זֶה אָמוּר לָקַחַת לֹא יוֹתֵר מֵעֶשֶׂר דַּקּוֹת.
[제 아무르 라카하트 로 요테르 메에세르 다콧]
십 분 이상 걸리지 않을 겁니다.

תּוֹדָה רַבָּה.
[토다 랍바]
대단히 감사합니다.

עַל לֹא דָבָר.
[알 로 다바르]
천만에요.

תַּעֲלֶה 동.미래.2.m.s. 올라가다, 오르다

תִּקַּח 동.미래.2.m.s. 취하다 take

תִּשְׁאַל 동.미래.2.m.s. 묻다

Grammar

1 푸알 동사의 활용: 과거, 미래, 현재, to 부정사형

동작의 강화나 반복을 표현하는 피엘 동사의 수동적 의미를 표현하는 푸알 동사의 활용을 정리하면 다음과 같다.

דּוּבַּר: be spoken

인칭	과거	미래	현재	to 부정사
הוּא	דּוּבַּר [두바르]	יְדוּבַּר [예두바르]	מְדוּבָּר [메두바르]	사용 않음
הִיא	דּוּבְּרָה [두브라]	תְּדוּבַּר [테두바르]	מְדוּבֶּרֶת [메두베렛]	
הֵם	דּוּבְּרוּ [두브루]	יְדוּבְּרוּ [예두브루]	מְדוּבָּרִים [메두바림]	
הֵן	דּוּבְּרוּ [두브루]	תְּדוּבַּרְנָה [테두바르나]	מְדוּבָּרוֹת [메두바롯]	
אַתָּה	דּוּבַּרְתָּ [두바르타]	תְּדוּבַּר [테두바르]		
אַתְּ	דּוּבַּרְתְּ [두바르트]	תְּדוּבְּרִי [테두브리]		
אַתֶּם	דּוּבַּרְתֶּם [두바르템]	תְּדוּבְּרוּ [테두브루]		
אַתֶּן	דּוּבַּרְתֶּן [두바르텐]	תְּדוּבַּרְנָה [테두바르나]		
אֲנִי	דּוּבַּרְתִּי [두바르티]	אֲדוּבַּר [에두바르]		
אֲנַחְנוּ	דּוּבַּרְנוּ [두바르누]	נְדוּבַּר [네두바르]		

Vocabulary

אַגִּיעַ 동.미래.1.c.s. 도착하다

אוֹכֵל 동.현재.m.s. 먹다

אֵלַיי 전치. to + 인칭접미. 1.c.s. 나에게

אֵלֶיךָ 전치. to + 인칭접미. 2.m.s. 당신에게

אַף עַל פִּי שֶׁ- 접. 비록 ~할지라도 even though

אִשְׁתּוֹ 명.f.s. 여자, 부인 + 인칭접미.3.m.s. 그의 부인

בָּאָה 동.현재.f.s. 오다

בֶּאֱמֶת 부. 정말로

בִּגְלַל 전치. ~때문에 because of

בְּהַשְׁוָואָה לְ- 전치. ~와 비교하면 in comparison to

בַּחֲזָרָה 부. 되돌아

בִּכְלָל 부. 전혀(부정문에서)
בְּמִקְרֶה שֶׁ- 할 경우에 in the case of ~
בֶּן אָדָם 명.m.s. 인간, 인자
בְּעוֹד שֶׁ- 접. ~하는 반면에 while
בְּשֶׁקֶט 부. 조용히
גֶּשֶׁם 명.m.s. 비
חוּ"ל 명.m.s. (חוּץ לָאָרֶץ) 해외
טָס 동.현재.m.s. 비행하다
יְאַחֵר 동.미래.3.m.s. 지각하다
יַגִּיעַ 동.미래.3.m.s. 도착하다, 도달하다
יוֹדַעַת 동.현재.f.s. 알다
יוֹצֵא 동.현재.m.s. 나가다
יוֹרֵד 동.현재.m.s. 내려가다, 내리다
כְּדֵי שֶׁ- 접. ~하기 위하여 in order that
כִּי 접. ~하기 때문에 because
כְּמוֹ שֶׁ- 접. ~하는 것 처럼 as
לְהַשְׁמִין 동. to부정. to become fat
לָכֵן 부. 그래서, 그러므로
לַמְרוֹת ~에도 불구하고 in spite of
לְעוֹלָמוֹ 관용. 저 세상으로
לְעוּמָתוֹ 전치.+인칭접미.3.m.s. 그에 반하여
לִפְנֵי שֶׁ- 접. ~하기 전에 before
מְוַתֵּר 동.현재.m.s. 포기하다
מְחִיר 명.m.s. 가격
מַחֲלָה 명.f.s. 병, 질병
מַמְשִׁיךְ 동.현재.m.s. 계속하다
מְנַסָּה 동.현재.f.s. 시도하다, 노력하다
מְסִיבָּה 명.f.s. 파티

📖 두 번째 동사 어근이 중복되기 때문에 **דוּבַּר**[둡바르]라고 쓰는 것이 바르겠지만 이스라엘 사람의 실제 발음은 [두바르]에 가깝다.

עַל מָה מְדוּבָּר? 뭐에 대한 이야기인데?
[알 마 메두바르]

הוּא מְדַבֵּר שׁוֹטֵף בְּעֲרָבִית מְדוּבֶּרֶת. 그는 구어체 아랍어에 유창하다.
[후 메답베르 쇼테프 베아라빗 메두베렛]

📖 푸알 동사의 명령형은 사용되지 않음.

2 후프알 동사의 활용: 과거, 미래, 현재, to 부정사형

주로 동작의 사역적 의미를 표현하는 히프일 동사의 수동적 의미를 표현하는 후프알 동사의 활용은 다음과 같이 나타난다.

הוּזְכַּר: 언급되다, 상기되다 be reminded

인칭	과거	미래	현재	to 부정사
הוּא	הוּזְכַּר [후즈카르]	יוּזְכַּר [유즈카르]	מוּזְכָּר [무즈카르]	사용 않음
הִיא	הוּזְכְּרָה [후즈케라]	תוּזְכַּר [투즈카르]	מוּזְכֶּרֶת [무즈케렛]	
הֵם	הוּזְכְּרוּ [후즈케루]	יוּזְכְּרוּ [유즈케루]	מוּזְכָּרִים [무즈카림]	
הֵן	הוּזְכְּרוּ [후즈케루]	תוּזְכַּרְנָה [투즈카르나]	מוּזְכָּרוֹת [무즈카롯]	
אַתָּה	הוּזְכַּרְתָּ [후즈카르타]	תוּזְכַּר [투즈카르]		
אַתְּ	הוּזְכַּרְתְּ [후즈카르트]	תוּזְכְּרִי [투즈케리]		
אַתֶּם	הוּזְכַּרְתֶּם [후즈카르템]	תוּזְכְּרוּ [투즈케루]		
אַתֶּן	הוּזְכַּרְתֶּן [후즈카르텐]	תוּזְכַּרְנָה [투즈카르나]		
אֲנִי	הוּזְכַּרְתִּי [후즈카르티]	אוּזְכַּר [우즈카르]		
אֲנַחְנוּ	הוּזְכַּרְנוּ [후즈카르누]	נוּזְכַּר [누즈카르]		

הַשֵּׁם שֶׁלְּךָ מוּזְכָּר בַּסֵּפֶר שֶׁלָּה. 당신 이름이 그녀의 책에 언급됩니다.
[하쉠 쉘카 무즈카르 바세페르 쉘라]

הַנּוֹשֵׂא יוּזְכַּר בַּיְשִׁיבָה הַבָּאָה. 그 주제는 다음 회의에서 언급될 것입니다.
[하노세 유즈카르 바예쉬바 하바아]

📖 후프알 동사의 명령형은 사용되지 않음.

3 הָלַךְ 동사의 활용 : 과거, 미래, 현재, to 부정사형

'걸어가다'는 의미의 הָלַךְ[할라크] 동사는 형태적으로 정동사이지만 첫 어근 ה 때문에 불규칙적으로 활용한다(페이-헤이 약동사라는 카테고리는 따로 없음).

הָלַךְ: go (on foot), walk

인칭	과거	미래	현재	to 부정사
הוּא	הָלַךְ [할라크]	יֵלֵךְ [옐레크]	הוֹלֵךְ [홀레크]	לָלֶכֶת [랄레켓]
הִיא	הָלְכָה [할카]	תֵּלֵךְ [텔레크]	הוֹלֶכֶת [홀레켓]	
הֵם	הָלְכוּ [할쿠]	יֵלְכוּ [옐쿠]	הוֹלְכִים [홀킴]	
הֵן	הָלְכוּ [할쿠]	תֵּלֵכְנָה [텔레그나]	הוֹלְכוֹת [홀콧]	
אַתָּה	הָלַכְתָּ [할라크타]	תֵּלֵךְ [텔레크]		
אַתְּ	הָלַכְתְּ [할라크트]	תֵּלְכִי [텔키]		
אַתֶּם	הֲלַכְתֶּם [할라크템]	תֵּלְכוּ [텔쿠]		
אַתֶּן	הֲלַכְתֶּן [할라크텐]	תֵּלֵכְנָה [텔레크나]		
אֲנִי	הָלַכְתִּי [할라크티]	אֵלֵךְ [엘레크]		
אֲנַחְנוּ	הָלַכְנוּ [할라크누]	נֵלֵךְ [넬레크]		

לְאָן אַתָּה הוֹלֵךְ?
[레안 앗타 홀레크]
너 어디 가?

אֲנִי רוֹצֶה לָלֶכֶת הַבַּיְתָה כְּבָר.
[아니 로쩨 랄레켓 하바이타 크바르]
난 어서 집에 가고 싶다.

הוּא הָלַךְ לְעוֹלָמוֹ.
[후 할라크 레올라모]
그는 그의 세상으로 갔다(그는 세상을 떴다).

לֵךְ מִכָּאן!
[레크 미칸]
(남성에게) 여기에서 꺼져!

לְכִי מַהֵר!
[레키 마헤르]
(여성에게) 빨리 가!

לְכוּ בַּחֲזָרָה!
[레쿠 베하자라]
(복수에게) 되돌아들 가!

נִשְׁאַר 동.과거.3.m.s. 남다

עָבְרָה 동.과거.3.f.s. 통과하다, 옮겨가다

פָּחוֹת 부. 덜 less

פֶּן 접. lest ~하지 않게 되도록

שׁוֹטֵף 형.m.s. 유창한

תּוֹדִיעַ 동.미래.2.m.s. 알려주다

תְּצַלְצֵל 동.미래.2.m.s. 전화를 하다

תַּקְצִיב 명.m.s. 예산

תִּתְקַיֵּם 동.미래.3.f.s. 열리다, 개최되다

4 라메드-헤이 피엘 약동사의 활용 : 과거, 미래, 현재, to 부정사형

'기다리다'는 의미의 חִיכָּה[힉카]는 피엘 동사이지만 세 번째 어근이 ה인 약동사이다. 따라서 동사 활용은 ה 때문에 약간 불규칙적으로 나타난다. '무엇을 기다리다'로 표현할 경우 לְ가 사용된다(~ חִיכָּה לְ).

חִיכָּה: wait

인칭	과거	미래	현재	to 부정사
הוּא	חִיכָּה [힉카]	יְחַכֶּה [예학케]		
הִיא	חִיכְּתָה [힉크타]	תְּחַכֶּה [테학케]		
הֵם	חִיכּוּ [힉쿠]	יְחַכּוּ [예학쿠]		
הֵן	חִיכּוּ [힉쿠]	תְּחַכֶּינָה [테학케나]	מְחַכֶּה [메학케]	
אַתָּה	חִיכִּיתָ [힉키타]	תְּחַכֶּה [테학케]	מְחַכָּה [메학카]	לְחַכּוֹת
אַתְּ	חִיכִּית [힉키트]	תְּחַכִּי [테학키]	מְחַכִּים [메학킴]	[레학콧]
אַתֶּם	חִיכִּיתֶם [힉키템]	תְּחַכּוּ [테학쿠]	מְחַכּוֹת [메학콧]	
אַתֶּן	חִיכִּיתֶן [힉키텐]	תְּחַכֶּינָה [테학케나]		
אֲנִי	חִיכִּיתִי [힉키티]	אֲחַכֶּה [아학케]		
אֲנַחְנוּ	חִיכִּינוּ [힉키누]	נְחַכֶּה [네학케]		

לְמִי אַתְּ מְחַכָּה?
[레미 앗트 메학카]
너는 누굴 기다리니?

כַּמָּה זְמַן בֶּן אָדָם יָכוֹל לְחַכּוֹת!
[카마 즈만 벤 아담 야콜 레학콧]
인간이 도대체 얼마나 기다릴 수 있단 말인가!

אַל תְּחַכֶּה לָהּ. הִיא לֹא תַּחֲזוֹר אֵלֶיךָ.
[알 테학케 라 히 로 타하조르 엘레카]
그녀를 기다리지 마. 네게로 돌아오지 않을 거야.

חַכֵּה! עוֹד דַּקָּה!
[학케 오드 다카]
(남성에게) 기다려. 일 분 더.

חַכִּי עַד שֶׁאַגִּיעַ.
[학키 아드 쉐아기아]
(여성에게) 기다려 내가 도착할 때까지.

כּוּלָּם חַכּוּ בְּשֶׁקֶט!
[쿨람 학쿠 베쉐케트]
(복수에게) 모두 조용히 기다려!

חִיכָּה [히카]와 같은 형태로 활용하는 피엘 동사들

과거	미래	현재	to 부정사	뜻
בִּילָּה [빌라]	יְבַלֶּה [예발레]	מְבַלֶּה [메발레]	לְבַלּוֹת [레발롯]	(시간을) 보내다
גִּילָּה [길라]	יְגַלֶּה [예갈레]	מְגַלֶּה [메갈레]	לְגַלּוֹת [레갈롯]	드러내다; 발견하다
כִּיבָּה [킵바]	יְכַבֶּה [예캅베]	מְכַבֶּה [메캅베]	לְכַבּוֹת [레캅봇]	끄다
מִיצָּה [밋짜]	יְמַצֶּה [예맛쩨]	מְמַצֶּה [메맛쩨]	לְמַצּוֹת [레맛쫏]	짜내다, 고갈시키다
נִיסָּה [닛사]	יְנַסֶּה [예낫세]	מְנַסֶּה [메낫세]	לְנַסּוֹת [레낫솟]	시도하다
נִיקָּה [닉카]	יְנַקֶּה [예낙케]	מְנַקֶּה [메낙케]	לְנַקּוֹת [레낙콧]	청소하다
צִיפָּה [찝파]	יְצַפֶּה [예짭페]	מְצַפֶּה [메짭페]	לְצַפּוֹת [레짭폿]	기대하다
קִיוָּה [키봐]	יְקַוֶּה [예카붸]	מְקַוֶּה [메카붸]	לְקַוּוֹת [레카봇]	희망하다
רִימָּה [림마]	יְרַמֶּה [예람메]	מְרַמֶּה [메람메]	לְרַמּוֹת [레람못]	속이다
שִׁינָּה [쉰나]	יְשַׁנֶּה [예샨네]	מְשַׁנֶּה [메샨네]	לְשַׁנּוֹת [레샨놋]	변경하다

5 명령, 요구의 뉘앙스를 가지는 미래 2인칭 동사

경어와 반말의 구분이 따로 없는 히브리어는 상당히 직접적이고 직설적인 언어이다. 이스라엘 사람은 보통 완곡하게 표현하거나 암시하기보다는 자기가 생각하는 것을 자기 어휘로 표현한다. 의사소통 문화가 상당히 선명한 편인 것이다. 두 사람 간의 대화에서는 미래 2인칭 동사가 많이 사용하는데 적지 않은 경우 이 동사들은 미래적 의미보다 명령이나 요구의 뉘앙스를 가진다.

תַּעֲנֶה. [타아네] 당신이 대답할 것이다(X); (당신이) 대답해(O) = עֲנֵה! [아네] 대답해!

תְּדַבֵּר. [테답베르] 당신이 말할 것이다(X); (당신이) 말해(O) = דַּבֵּר! [답베르] 말해!

תֵּלֵךְ. [텔레크] 당신이 갈 것이다(X); (당신이) 가(O) = לֵךְ! [레크] 가!

תֹּאכַל. [토칼] 당신이 먹을 것이다(X); (당신이) 먹어(O) = אֱכוֹל! [에콜] 먹어!

תְּחַכֶּה. [테학케] 당신이 기다릴 것이다(X); (당신이) 기다려(O) = חַכֵּה! [학케] 기다려!

6 히브리어 접속사 용법

양보

אַף עַל פִּי שֶׁאֲנִי אוֹכֵל פָּחוֹת, אֲנִי מַמְשִׁיךְ לְהַשְׁמִין.
[아프 알 피 쉐아니 오켈 파홋 아니 맘쉬크 레하쉬민] 비록 내가 적게 먹어도 난 계속 살찐다.

לַמְרוֹת זֹאת, הוּא לֹא מְוַתֵּר. 그럼에도 불구하고 그는 포기하지 않는다.
[람므롯 좃 후 로 베봣테르]

조건

אִם אַתָּה בָּא, אֲנִי גַּם אָבוֹא. 네가 온다면 나도 갈게.
[임 앗타 바 아니 감 아보]

בְּמִקְרֶה שֶׁיּוֹרֵד גֶּשֶׁם, הַמְּסִיבָּה תִּתְקַיֵּם בָּאוּלָם.
[베미크레 쉐요레드 케쉠 하메시바 티티카옘 바울람] 비가 오는 경우 파티는 실내 홀에서 진행될 거야.

시간

כַּאֲשֶׁר אַתָּה מוּכָן, תְּצַלְצֵל אֵלַיי. 네가 준비되면 내게 전화해 줘.
[카아쉐를 앗타 무칸 테짤쩰 엘라이]

תּוֹדִיעַ לִי לִפְנֵי שֶׁאַתָּה טָס לְחוּ״ל. 네가 해외로 비행기 타기 전에 내게 알려 줘.
[토이아 리 리프네이 쉐앗타 타스 레훌]

비교

כְּמוֹ שֶׁאַתְּ יוֹדַעַת, אֵין לָנוּ תַּקְצִיב לְאוֹטוֹ חָדָשׁ.
[케모 쉐앗트 요다앗 엔 라누 타크찌브 레오토 하다쉬] 당신도 알다시피 우리에게 새 차를 위한 예산은 없어요.

בְּהַשְׁוָאָה לַמְּחִיר, זֶה מְצוּיָּן. 가격에 비하면 이것은 매우 좋다.
[베하슈바아 라메히르 제 메쭈얀]

대조

בְּעוֹד שֶׁהוּא עוֹבֵד קָשֶׁה, הִיא לֹא מְנַסָּה בִּכְלָל.
[베오드 쉐후 오베드 카셰 히 로 메낫사 비클랄] 그가 힘들게 일하는 반면 그녀는 노력하지 않는다.

לְעוּמָּתוֹ, הִיא לֹא עָבְרָה אֶת הַמִּבְחָן. 그와 반대로 그녀는 시험을 통과하지 못했다.
[레움마트 좃 후 로 아바르 엣 하미브한]

목적

הוּא קָם מוּקְדָם כְּדֵי שֶׁיַּגִּיעַ לָעֲבוֹדָה בַּזְּמַן.
[후 캄 무크담 케데이 쉐야기아 라아보다 바즈만]
제시간에 직장에 가기 위하여 그는 일찍 일어났다.

הוּא קָם מוּקְדָם פֶּן יְאַחֵר לָעֲבוֹדָה.
[후 캄 무크담 펜 예아헤르 라아보다]
직장에 늦지 않기 위하여 그는 일찍 일어났다.

이유

הוּא קָם מוּקְדָם כִּי אִשְׁתּוֹ הָיְתָה חוֹלָה.
[후 캄 무크담 키 이쉬토 하이타 홀라]
그는 부인이 아팠기 때문에 일찍 일어났다.

הוּא קָם מוּקְדָם בִּגְלַל הַמַּחֲלָה שֶׁל אִשְׁתּוֹ.
[후 캄 무크담 비글랄 하마할라 쉘 이쉬토]
그는 부인의 병 때문에 일찍 일어났다.

결과

אִשְׁתּוֹ חוֹלָה, לָכֵן הוּא לֹא יוֹצֵא לָעֲבוֹדָה.
[잇쉬토 홀라 라켄 후 로 요쩨 라아보다]
그의 부인은 아프다.
그래서 그는 직장에 안 간다.

לְפִיכָךְ, הוּא נִשְׁאַר בַּבַּיִת.
[레피카크 후 니쉬아르 바바이트]
그래서 그는 집에 남아 있었다.

Expression

1 택시 타기

הַלוֹ. חֶבְרַת מוֹנִיּוֹת?
[알로 헤브라트 모니욧]
여보세요. 택시 회사죠?

אֲנִי צָרִיךְ לְהַגִּיעַ לְמֶרְכַּז הָעִיר.
[아니 짜리크 레하기아 레메르카즈 하이르]
제가 시내로 나가야 합니다.

אֵיפֹה אַתָּה נִמְצָא?
[에이포 앗타 님짜]
어디에 계시지요?

רְחוֹב הָהֲגָנָה 25.
[레호브 하하가나 에스림 붸하메쉬]
하하가나 25번지요.

Vocabulary

- בְּעֶצֶם 부. 실제로, 사실은
- דוּגְמָה 명.f.s. 용례, 예
- הֵבַנְתִּי 동.과거.1.c.s. 이해하다
- חֶבְרַת מוֹנִיּוֹת 명.f.s. 택시회사
- כַּסְפּוֹמָט 명.m.s. 현금인출기(ATM)
- מוֹנֶה 명.m.s. 미터기
- מִילִּים 명.f.pl. 단어들, 어휘들

מָשָׁל 명.m.s. 비유
סוֹף 명.m.s. 끝
סִיכּוּם 명.m.s. 요약
סְנִיף 명.m.s. 지점
פּוֹעֲלִים 명.m.pl. 노동자들
פִּינָה 명.f.s. 코너, 구석
צַד 명.m.s. 측면
קִיצּוּר 명.m.s. 축약
רֶגַע 명.m.s. 순간; 부. 잠깐
שְׁכוּנָה 명.f.s. 지역, 이웃
שְׂמֹאלָה 부. 왼편으로
תַּגִּיד 관용. (남성에게) 좀 알려주세요 tell
תִּפְנֶה 동.미래.2.m.s. 돌다, 향하다
תֵּצֵא 동.미래.2.m.s. 나가다
תִּרְאֶה 동.미래.2.m.s. 보다
תִּתְקַדֵּם 동.미래.2.m.pl. 나아가다

תֵּצֵא עוֹד 10 דַּקּוֹת. 10분 후에 나오세요.
[티쩨 오드 에세르 다콧]

תּוֹדָה. 감사합니다.
[토다]

שָׁלוֹם, לְאָן אֲדוֹנִי? 샬롬, 선생님 어디로?
[샬롬 레안 아도니]

לְמֶרְכַּז הָעִיר. וַאֲנִי מְבַקֵּשׁ מוֹנֶה בְּבַקָּשָׁה.
[레메르카즈 하이르 봬아니 메바케쉬 모네 베박카샤] 시내요. 그리고 미터기 부탁드려요.

רֶגַע. שְׁלוֹשִׁים שֶׁקֶל זֶה בְּסֵדֶר? 잠깐만요. 30세겔 괜찮아요?
[레가. 쉴로쉼 셰겔 제 베세데르]

מִצְטַעֵר. בְּעֶצֶם אֲנִי צָרִיךְ קַבָּלָה. 미안합니다. 사실 제가 영수증이 필요해요.
[미쯔타에르 베에쩸 아니 짜리크 카발라]

טוֹב. הֵבַנְתִּי. 좋아요. 이해했어요.
[토브 헤반티]

2 길 묻기

תַּגִּיד, אֵיפֹה בַּנְק הַפּוֹעֲלִים? 말씀해 주세요, 하포알림 은행이 어디예요?
[타기드 에이포 반크 하포알림]

אֵין סְנִיף בַּנְק הַפּוֹעֲלִים בַּשְּׁכוּנָה הַזֹּאת.
[엔 스니프 반크 하포알림 바쉬쿠나 하좃] 이 지역에는 하포알림 은행 지점이 없어요.

אִם כֵּן, יֵשׁ בַּנְקִים אֲחֵרִים? 그러면 다른 은행들은 있나요?
[임 켄 예쉬 반킴 아헤림]

יֵשׁ בַּנְק דִּיסְקוֹנְט. יֵשׁ גַּם כַּסְפּוֹמָט. 디스카운트 은행이 있어요.
[예쉬 반크 디스콘트 예쉬 감 카스포마트] 현금인출기도 있어요

אֵיפֹה זֶה? 어디요?
[에이포 제]

תִתְקַדֵּם עַד הַפִּינָה וְשָׁם תִפְנֶה שְׂמֹאלָה.
[티트캇뎀 아드 하피나 붸샴 티프네 스몰라]
저 모퉁이까지 나아가세요.
그리고 왼쪽으로 향하세요.

תִרְאֶה אֵת הַסְנִיף בְּצָד יָמִין.
[티르에 엣 하스니프 베짜드 야민]
오른쪽에 지점을 보실 거예요.

אֲנִי מוֹדֶה לְךָ.
[아니 모데 레카]
제가 감사드립니다.

בְּבַקָּשָׁה.
[베박카샤]
뭘요.

3 부사구 표현 연습하기

לְמָשָׁל.
[레마샬]
예를 들면.

לְדוּגְמָה.
[레두그마]
예를 들자면.

כְּלוֹמַר.
[클로마르]
즉.

זֹאת אוֹמֶרֶת.
[좃 오메렛]
즉, 달리 말하면.

בְּמִילִים אֲחֵרוֹת.
[베밀림 아헤롯]
다른 말로 하자면.

בְּקִיצּוּר.
[베킷쭈르]
줄이자면.

לְסִיכּוּם.
[레싯쿰]
요약하자면.

קוֹדֶם כֹּל.
[코뎀 콜]
먼저, 첫 번째로.

לְבַסוֹף.

[레바소프]

마지막으로.

אַגַּב.

[아가브]

그건 그렇고.

Exercise

아래 문장들을 히브리어로 표현해보세요.

1 어디에서 내릴지 사람들에게 물어보세요(m).

2 오늘은 일찍 집에 가고 싶다(m).

3 너(m)는 무엇을 기다리니?

4 네(f)가 오지 않으면 나도 안 갈 거야.

5 어디로 가시나요?

시내로 데려다 주세요.

6 말씀 좀 해 주실래요(f). 현금지급기가 어디 있나요?

저기 하나 있어요.

7 히브리어, 그거 어렵지 않아요!

Supplement

히브리어 동사 활용

정동사 활용표

	니프알	푸알	후프알	히트파엘	히프일	피엘	파알
과거 3ms	נִשְׁמַר	דוּבַּר	הוּזְכַּר	הִתְקַשֵּׁר	הִזְכִּיר	דִיבֵּר	שָׁמַר
3fs	נִשְׁמְרָה	דוּבְּרָה	הוּזְכְּרָה	הִתְקַשְּׁרָה	הִזְכִּירָה	דִיבְּרָה	שָׁמְרָה
3mpl	נִשְׁמְרוּ	דוּבְּרוּ	הוּזְכְּרוּ	הִתְקַשְּׁרוּ	הִזְכִּירוּ	דִיבְּרוּ	שָׁמְרוּ
3fpl	נִשְׁמְרוּ	דוּבְּרוּ	הוּזְכְּרוּ	הִתְקַשְּׁרוּ	הִזְכִּירוּ	דִיבְּרוּ	שָׁמְרוּ
2ms	נִשְׁמַרְתָּ	דוּבַּרְתָּ	הוּזְכַּרְתָּ	הִתְקַשַּׁרְתָּ	הִזְכַּרְתָּ	דִיבַּרְתָּ	שָׁמַרְתָּ
2fs	נִשְׁמַרְתְּ	דוּבַּרְתְּ	הוּזְכַּרְתְּ	הִתְקַשַּׁרְתְּ	הִזְכַּרְתְּ	דִיבַּרְתְּ	שָׁמַרְת
2mpl	נִשְׁמַרְתֶּם	דוּבַּרְתֶּם	הוּזְכַּרְתֶּם	הִתְקַשַּׁרְתֶּם	הִזְכַּרְתֶּם	דִיבַּרְתֶּם	שְׁמַרְתֶּם
2fpl	נִשְׁמַרְתֶּן	דוּבַּרְתֶּן	הוּזְכַּרְתֶּן	הִתְקַשַּׁרְתֶּן	הִזְכַּרְתֶּן	דִיבַּרְתֶּן	שְׁמַרְתֶּן
1cs	נִשְׁמַרְתִּי	דוּבַּרְתִּי	הוּזְכַּרְתִּי	הִתְקַשַּׁרְתִּי	הִזְכַּרְתִּי	דִיבַּרְתִּי	שָׁמַרְתִּי
1cpl	נִשְׁמַרְנוּ	דוּבַּרְנוּ	הוּזְכַּרְנוּ	הִתְקַשַּׁרְנוּ	הִזְכַּרְנוּ	דִיבַּרְנוּ	שָׁמַרְנוּ
미래 3ms	יִשָּׁמֵר	יְדוּבַּר	יוּזְכַּר	יִתְקַשֵּׁר	יַזְכִּיר	יְדַבֵּר	יִשְׁמוֹר
3fs	תִשָּׁמֵר	תְדוּבַּר	תוּזְכַּר	תִתְקַשֵּׁר	תַזְכִּיר	תְדַבֵּר	תִשְׁמוֹר
3mpl	יִשָּׁמְרוּ	יְדוּבְּרוּ	יוּזְכְּרוּ	יִתְקַשְּׁרוּ	יַזְכִּירוּ	יְדַבְּרוּ	יִשְׁמְרוּ
3fpl	תִשָּׁמַרְנָה	תְדוּבַּרְנָה	תוּזְכַּרְנָה	תִתְקַשֵּׁרְנָה	תַזְכֵּרְנָה	תְדַבֵּרְנָה	תִשְׁמוֹרְנָה
2ms	תִשָּׁמֵר	תְדוּבַּר	תוּזְכַּר	תִתְקַשֵּׁר	תַזְכִּיר	תְדַבֵּר	תִשְׁמוֹר
2fs	תִשָּׁמְרִי	תְדוּבְּרִי	תוּזְכְּרִי	תִתְקַשְּׁרִי	תַזְכִּירִי	תְדַבְּרִי	תִשְׁמְרִי
2mpl	תִשָּׁמְרוּ	תְדוּבְּרוּ	תוּזְכְּרוּ	תִתְקַשְּׁרוּ	תַזְכִּירוּ	תְדַבְּרוּ	תִשְׁמְרוּ
2fpl	תִשָּׁמַרְנָה	תְדוּבַּרְנָה	תוּזְכַּרְנָה	תִתְקַשֵּׁרְנָה	תַזְכֵּרְנָה	תְדַבֵּרְנָה	תִשְׁמוֹרְנָה
1cs	אִשָּׁמֵר	אֲדוּבַּר	אוּזְכַּר	אֶתְקַשֵּׁר	אַזְכִּיר	אֲדַבֵּר	אֶשְׁמוֹר
1cpl	נִשָּׁמֵר	נְדוּבַּר	נוּזְכַּר	נִתְקַשֵּׁר	נַזְכִּיר	נְדַבֵּר	נִשְׁמוֹר
현재 3ms	נִשְׁמָר	מְדוּבָּר	מוּזְכָּר	מִתְקַשֵּׁר	מַזְכִּיר	מְדַבֵּר	שׁוֹמֵר
3fs	נִשְׁמֶרֶת	מְדוּבֶּרֶת	מוּזְכֶּרֶת	מִתְקַשֶּׁרֶת	מַזְכִּירָה	מְדַבֶּרֶת	שׁוֹמֶרֶת
3mpl	נִשְׁמָרִים	מְדוּבָּרִים	מוּזְכָּרִים	מִתְקַשְּׁרִים	מַזְכִּירִים	מְדַבְּרִים	שׁוֹמְרִים
3fpl	נִשְׁמָרוֹת	מְדוּבָּרוֹת	מוּזְכָּרוֹת	מִתְקַשְּׁרוֹת	מַזְכִּירוֹת	מְדַבְּרוֹת	שׁוֹמְרוֹת
명령 2ms	הִשָּׁמֵר	-	-	הִתְקַשֵּׁר	הַזְכֵּר	דַּבֵּר	שְׁמוֹר
2fs	הִשָּׁמְרִי	-	-	הִתְקַשְּׁרִי	הַזְכִּירִי	דַּבְּרִי	שִׁמְרִי
2cpl	הִשָּׁמְרוּ	-	-	הִתְקַשְּׁרוּ	הַזְכִּירוּ	דַּבְּרוּ	שִׁמְרוּ
to 부정사	לְהִשָּׁמֵר	-	-	לְהִתְקַשֵּׁר	לְהַזְכִּיר	לְדַבֵּר	לִשְׁמוֹר

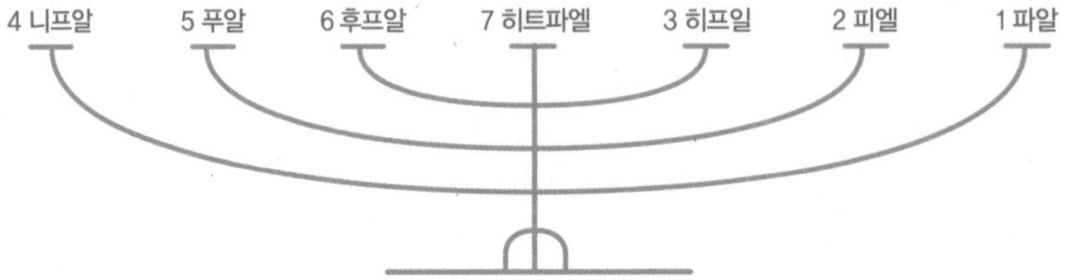

📖 동사 활용표에서 다게쉬 칼은 따로 표시하지 않았음.

페이 약동사 활용표(페이–알레프, 페이–요드, 페이–눈)

אכל (페이–알레프): 파알 **אָכַל** – 먹다, 니프알 **נֶאֱכַל** – 먹히다

יצא (페이–요드): 파알 **יָצָא** –나가다, 히프일 **הוֹצִיא** – 꺼내다

נסע (페이–눈): 파알 **נָסַע** – (차로) 가다, 히프일 **הִסִּיעַ** – 태워다 주다

	니프알 (페이-알레프)	푸알	후프알	히트파엘	히프일 (페이-눈)	히프일 (페이-요드)	피엘	파알 (페이-눈)	파알 (페이-요드)	파알 (페이-알레프)
과거 3ms	נֶאֱכַל				הִסִּיעַ	הוֹצִיא		נָסַע	יָצָא	אָכַל
3fs	נֶאֶכְלָה				הִסִּיעָה	הוֹצִיאָה		נָסְעָה	יָצְאָה	אָכְלָה
3mpl	נֶאֶכְלוּ				הִסִּיעוּ	הוֹצִיאוּ		נָסְעוּ	יָצְאוּ	אָכְלוּ
3fpl	נֶאֶכְלוּ				הִסִּיעוּ	הוֹצִיאוּ		נָסְעוּ	יָצְאוּ	אָכְלוּ
2ms	נֶאֱכַלְתָּ				הִסַּעְתָּ	הוֹצֵאתָ		נָסַעְתָּ	יָצָאתָ	אָכַלְתָּ
2fs	נֶאֱכַלְתְּ				הִסַּעְתְּ	הוֹצֵאת		נָסַעְתְּ	יָצָאת	אָכַלְתְּ
2mpl	נֶאֱכַלְתֶּם				הִסַּעְתֶּם	הוֹצֵאתֶם		נְסַעְתֶּם	יְצָאתֶם	אֲכַלְתֶּם
2fpl	נֶאֱכַלְתֶּן				הִסַּעְתֶּן	הוֹצֵאתֶן		נְסַעְתֶּן	יְצָאתֶן	אֲלַכְתֶּן
1cs	נֶאֱכַלְתִּי				הִסַּעְתִּי	הוֹצֵאתִי		נָסַעְתִּי	יָצָאתִי	אָכַלְתִּי
1cpl	נֶאֱכַלְנוּ				הִסַּעְנוּ	הוֹצֵאנוּ		נָסַעְנוּ	יָצָאנוּ	אָכַלְנוּ
미래 3ms	יֵאָכֵל				יַסִּיעַ	יוֹצִיא		יִסַּע	יֵצֵא	יֹאכַל
3fs	תֵּאָכֵל				תַּסִּיעַ	תּוֹצִיא		תִּסַּע	תֵּצֵא	תֹּאכַל
3mpl	יֵאָכְלוּ				יַסִּיעוּ	יוֹצִיאוּ		יִסְעוּ	יֵצְאוּ	יֹאכְלוּ
3fpl	תֵּאָכַלְנָה				תַּסַּעְנָה	תּוֹצֶאנָה		תִּסַּעְנָה	תֵּצֶאנָה	תֹּאכַלְנָה
2ms	תֵּאָכֵל				תַּסִּיעַ	תּוֹצִיא		תִּסַּע	תֵּצֵא	תֹּאכַל
2fs	תֵּאָכְלִי				תַּסִּיעִי	תּוֹצִיאִי		תִּסְעִי	תֵּצְאִי	תֹּאכְלִי
2mpl	תֵּאָכְלוּ				תַּסִּיעוּ	תּוֹצִיאוּ		תִּסְעוּ	תֵּצְאוּ	תֹּאכְלוּ
2fpl	תֵּאָכַלְנָה				תַּסַּעְנָה	תּוֹצֶאנָה		תִּסַּעְנָה	תֵּצֶאנָה	תֹּאכַלְנָה
1cs	אֵאָכֵל				אַסִּיעַ	אוֹצִיא		אֶסַּע	אֵצֵא	אֹכַל
1cpl	נֵאָכֵ				נַסִּיעַ	נוֹצִיא		נִסַּע	נֵצֵא	נֹאכַל
현재 3ms	נֶאֱכָל				מַסִּיעַ	מוֹצִיא		נוֹסֵעַ	יוֹצֵא	אוֹכֵל
3fs	נֶאֱכֶלֶת				מַסִּיעָה	מוֹצִיאָה		נוֹסַעַת	יוֹצֵאת	אוֹכֶלֶת
3mpl	נֶאֱכָלִים				מַסִּיעִים	מוֹצִיאִים		נוֹסְעִים	יוֹצְאִים	אוֹכְלִים
3fpl	נֶאֱכָלוֹת				מַסִּיעוֹת	מוֹצִיאוֹת		נוֹסְעוֹת	יוֹצְאוֹת	אוֹכְלוֹת
명령 2ms	-				הַסַּע	הוֹצֵא		סַע	צֵא	אֱכֹל
2fs	-				הַסִּיעִי	הוֹצִיאִי		סְעִי	צְאִי	אִכְלִי
2cpl	-				הַסִּיעוּ	הוֹצִיאוּ		סְעוּ	צְאוּ	אִכְלוּ
to 부정사	לְהֵאָכֵל				לְהַסִּיעַ	לְהוֹצִיא		לִנְסוֹעַ	לָצֵאת	לֶאֱכוֹל

아인 약동사 활용표(아인–봐브, 아인–요드, 아인–아인)

קום (아인–봐브): 파알 קָם – 일어나다, 히프일 הֵקִים – 설립하다, 후프알 הוּקַם – 설립되다
שיר (아인–요드): 파알 שָׁר – 노래하다
סבב (아인–아인/이중 아인): 파알 סָבַב – 돌다, 히트파엘 הִסְתּוֹבֵב – 돌아다니다

	니프알	푸알	후프알 (아인-봐브)	히트파엘 (아인-아인)	히프일 (아인-봐브)	피엘	파알 (아인-아인)	파알 (아인-요드)	파알 (아인-봐브)
과거 3ms			הוּקַם	הִסְתּוֹבֵב	הֵקִים		סָבַב	שָׁר	קָם
3fs			הוּקְמָה	הִסְתּוֹבְבָה	הֵקִימָה		סָבְבָה	שָׁרָה	קָמָה
3mpl			הוּקְמוּ	הִסְתּוֹבְבוּ	הֵקִימוּ		סָבְבוּ	שָׁרוּ	קָמוּ
3fpl			הוּקְמוּ	הִסְתּוֹבְבוּ	הֵקִימוּ		סָבְבוּ	שָׁרוּ	קָמוּ
2ms			הוּקַמְתָּ	הִסְתּוֹבַבְתָּ	הֵקַמְתָּ		סָבַבְתָּ	שַׁרְתָּ	קַמְתָּ
2fs			הוּקַמְתְּ	הִסְתּוֹבַבְתְּ	הֵקַמְתְּ		סָבַבְתְּ	שַׁרְתְּ	קַמְתְּ
2mpl			הוּקַמְתֶּם	הִסְתּוֹבַבְתֶּם	הֵקַמְתֶּם		סְבַבְתֶּם	שַׁרְתֶּם	קַמְתֶּם
2fpl			הוּקַמְתֶּן	הִסְתּוֹבַבְתֶּן	הֵקַמְתֶּן		סְבַבְתֶּן	שַׁרְתֶּן	קַמְתֶּן
1cs			הוּקַמְתִּי	הִסְתּוֹבַבְתִּי	הֵקַמְתִּי		סָבַבְתִּי	שַׁרְתִּי	קַמְתִּי
1cpl			הוּקַמְנוּ	הִסְתּוֹבַבְנוּ	הֵקַמְנוּ		סָבַבְנוּ	שַׁרְנוּ	קַמְנוּ
미래 3ms			יוּקַם	יִסְתּוֹבֵב	יָקִים		יִסְבּוֹב	יָשִׁיר	יָקוּם
3fs			תּוּקַם	תִּסְתּוֹבֵב	תָּקִים		תִּסְבּוֹב	תָּשִׁיר	תָּקוּם
3mpl			יוּקְמוּ	יִסְתּוֹבְבוּ	יָקִימוּ		יִסְבְּבוּ	יָשִׁירוּ	יָקוּמוּ
3fpl			תּוּקַמְנָה	תִּסְתּוֹבַבְנָה	תָּקֵמְנָה		תִּסְבּוֹבְנָה	תָּשֵׁרְנָה	תְּקוּמֶנָה
2ms			תּוּקַם	תִּסְתּוֹבֵב	תָּקִים		תִּסְבּוֹב	תָּשִׁיר	תָּקוּם
2fs			תּוּקְמִי	תִּסְתּוֹבְבִי	תָּקִימִי		תִּסְבְּבִי	תָּשִׁירִי	תָּקוּמִי
2mpl			תּוּקְמוּ	תִּסְתּוֹבְבוּ	תָּקִימוּ		תִּסְבְּבוּ	תָּשִׁירוּ	תָּקוּמוּ
2fpl			תּוּקַמְנָה	תִּסְתּוֹבַבְנָה	תָּקֵמְנָה		תִּסְבּוֹבְנָה	תָּשֵׁרְנָה	תְּקוּמֶנָה
1cs			אוּקַם	אֶסְתּוֹבֵב	אָקִים		אֶסְבּוֹב	אָשִׁיר	אָקוּם
1cpl			נוּקַם	נִסְתּוֹבֵב	נָקִים		נִסְבּוֹב	נָשִׁיר	נָקוּם
현재 3ms			מוּקָם	מִסְתּוֹבֵב	מֵקִים		סוֹבֵב	שָׁר	קָם
3fs			מוּקֶמֶת	מִסְתּוֹבֶבֶת	מְקִימָה		סוֹבֶבֶת	שָׁרָה	קָמָה
3mpl			מוּקָמִים	מִסְתּוֹבְבִים	מְקִימִים		סוֹבְבִים	שָׁרִים	קָמִים
3fpl			מוּקָמוֹת	מִסְתּוֹבְבוֹת	מְקִימוֹת		סוֹבְבוֹת	שָׁרוֹת	קָמוֹת
명령 2ms			-	הִסְתּוֹבֵב	הָקֵם		סְבוֹב	שִׁיר	קוּם
2fs			-	הִסְתּוֹבְבִי	הָקִימִי		סִבְבִי	שִׁירִי	קוּמִי
2cpl			-	הִסְתּוֹבְבוּ	הָקִימוּ		סִבְבוּ	שִׁירוּ	קוּמוּ
to 부정사			-	לְהִסְתּוֹבֵב	לְהָקִים		לִסְבּוֹב	לָשִׁיר	לָקוּם

현대 히브리어에서 아인–아인(이중아인) 어근의 파알형 동사는 정동사와 같이 활용한다.

라메드 약동사 활용표(라메드–헤이)

ראה (라메드–헤이): 파알 רָאָה – 보다, 니프알 נִרְאָה – 보여지다, 히프일 הֶרְאָה – 보여주다

שׁנה (라메드–헤이): 피엘 שִׁנָּה – 변경하다, 푸알 שׁוּנָּה – 변경되다, 히트파엘 הִשְׁתַּנָּה – 변하다

	니프알	푸알	후프알	히트파엘	히프일	피엘	파알
과거 3ms	נִרְאָה	שׁוּנָּה		הִשְׁתַּנָּה	הֶרְאָה	שִׁנָּה	רָאָה
3fs	נִרְאֲתָה	שׁוּנְּתָה		הִשְׁתַּנְּתָה	הֶרְאֲתָה	שִׁנְּתָה	רָאֲתָה
3mpl	נִרְאוּ	שׁוּנּוּ		הִשְׁתַּנּוּ	הֶרְאוּ	שִׁנּוּ	רָאוּ
3fpl	נִרְאוּ	שׁוּנּוּ		הִשְׁתַּנּוּ	הֶרְאוּ	שִׁנּוּ	רָאוּ
2ms	נִרְאֵיתָ	שׁוּנֵּיתָ		הִשְׁתַּנֵּיתָ	הֶרְאֵיתָ	שִׁנִּיתָ	רָאִיתָ
2fs	נִרְאֵית	שׁוּנֵּית		הִשְׁתַּנֵּית	הֶרְאֵית	שִׁנִּית	רָאִית
2mpl	נִרְאֵיתֶם	שׁוּנֵּיתֶם		הִשְׁתַּנֵּיתֶם	הֶרְאֵיתֶם	שִׁנִּיתֶם	רְאִיתֶם
2fpl	נִרְאֵיתֶן	שׁוּנֵּיתֶן		הִשְׁתַּנֵּיתֶן	הֶרְאֵיתֶן	שִׁנִּיתֶן	רְאִיתֶן
1cs	נִרְאֵיתִי	שׁוּנֵּיתִי		הִשְׁתַּנֵּיתִי	הֶרְאֵיתִי	שִׁנִּיתִי	רָאִיתִי
1cpl	נִרְאֵינוּ	שׁוּנֵּינוּ		הִשְׁתַּנֵּינוּ	הֶרְאֵינוּ	שִׁנִּינוּ	רָאִינוּ
미래 3ms	יֵרָאֶה	יְשׁוּנֶּה		יִשְׁתַּנֶּה	יַרְאֶה	יְשַׁנֶּה	יִרְאֶה
3fs	תֵּרָאֶה	תְּשׁוּנֶּה		תִּשְׁתַּנֶּה	תַּרְאֶה	תְּשַׁנֶּה	תִּרְאֶה
3mpl	יֵרָאוּ	יְשׁוּנּוּ		יִשְׁתַּנּוּ	יַרְאוּ	יְשַׁנּוּ	יִרְאוּ
3fpl	תֵּרָאֶינָה	תְּשׁוּנֶּינָה		תִּשְׁתַּנֶּינָה	תַּרְאֶינָה	תְּשַׁנֶּינָה	תִּרְאֶינָה
2ms	תֵּרָאֶה	תְּשׁוּנֶּה		תִּשְׁתַּנֶּה	תַּרְאֶה	תְּשַׁנֶּה	תִּרְאֶה
2fs	תֵּרָאִי	תְּשׁוּנִּי		תִּשְׁתַּנִּי	תַּרְאִי	תְּשַׁנִּי	תִּרְאִי
2mpl	תֵּרָאוּ	תְּשׁוּנּוּ		תִּשְׁתַּנּוּ	תַּרְאוּ	תְּשַׁנּוּ	תִּרְאוּ
2fpl	תֵּרָאֶינָה	תְּשׁוּנֶּינָה		תִּשְׁתַּנֶּינָה	תַּרְאֶינָה	תְּשַׁנֶּינָה	תִּרְאֶינָה
1cs	אֵרָאֶה	אֲשׁוּנֶּה		אֶשְׁתַּנֶּה	אַרְאֶה	אֲשַׁנֶּה	אֶרְאֶה
1cpl	נֵרָאֶה	נְשׁוּנֶּה		נִשְׁתַּנֶּה	נַרְאֶה	נְשַׁנֶּה	נִרְאֶה
현재 3ms	נִרְאֶה	מְשׁוּנֶּה		מִשְׁתַּנֶּה	מַרְאֶה	מְשַׁנֶּה	רוֹאֶה
3fs	נִרְאֵית	מְשׁוּנָּה		מִשְׁתַּנָּה	מַרְאָה	מְשַׁנָּה	רוֹאָה
3mpl	נִרְאִים	מְשׁוּנִּים		מִשְׁתַּנִּים	מַרְאִים	מְשַׁנִּים	רוֹאִים
3fpl	נִרְאוֹת	מְשׁוּנּוֹת		מִשְׁתַּנּוֹת	מַרְאוֹת	מְשַׁנּוֹת	רוֹאוֹת
명령 2ms	הֵרָאֵה	-		הִשְׁתַּנֵּה	הַרְאֵה	שַׁנֵּה	רְאֵה
2fs	הֵרָאִי	-		הִשְׁתַּנִּי	הַרְאִי	שַׁנִּי	רְאִי
2cpl	הֵרָאוּ	-		הִשְׁתַּנּוּ	הַרְאוּ	שַׁנּוּ	רְאוּ
to 부정사	לְהֵרָאוֹת	-		לְהִשְׁתַּנּוֹת	לְהַרְאוֹת	לְשַׁנּוֹת	לִרְאוֹת

📖 히트파엘의 경우 동사의 페이 어근이 파찰음이 올 경우 약간의 변화가 생긴다:

שׁנה + הת → התשׁנה → השׁתנה

이중 약동사 활용표

ירה (페이–요드 + 라메드–헤이): 파알 יָרָה – (총, 활을) 쏘다, 니프알 נוֹרָה – (총을) 맞다

נכה (페이–눈 + 라메드–헤이): 히프일 הִכָּה – 때리다, 후프알 הוּכָּה – 맞다

	니프알	푸알	후프알	히트파엘	히프일	피엘	파알
과거 3ms	נוֹרָה		הוּכָּה		הִכָּה		יָרָה
3fs	נוֹרְתָה		הוּכְּתָה		הִכְּתָה		יָרְתָה
3mpl	נוֹרוּ		הוּכּוּ		הִכּוּ		יָרוּ
3fpl	נוֹרוּ		הוּכּוּ		הִכּוּ		יָרוּ
2ms	נוֹרֵיתָ		הוּכֵּיתָ		הִכֵּיתָ		יָרִיתָ
2fs	נוֹרֵית		הוּכֵּית		הִכֵּית		יָרִית
2mpl	נוֹרֵיתֶם		הוּכֵּיתֶם		הִכֵּיתֶם		יְרִיתֶם
2fpl	נוֹרֵיתֶן		הוּכֵּיתֶן		הִכֵּיתֶן		יְרִיתֶן
1cs	נוֹרֵיתִי		הוּכֵּיתִי		הִכֵּיתִי		יָרִיתִי
1cpl	נוֹרֵינוּ		הוּכֵּינוּ		הִכֵּינוּ		יָרִינוּ
미래 3ms	יִיָּרֶה		יוּכֶּה		יַכֶּה		יִירֶה
3fs	תִּיָּרֶה		תוּכֶּה		תֶּכה		תִּירֶה
3mpl	יִיָּרוּ		יוּכּוּ		יַכּוּ		יִירוּ
3fpl	תִּיָּרֶינָה		תוּכֶּינָה		תַּכֶּינָה		תִּירֶינָה
2ms	תִּיָּרֶה		תוּכֶּה		תַּכֶּה		תִּירֶה
2fs	תִּיָּרִי		תוּכִּי		תַּכִּי		תִּירִי
2mpl	תִּיָּרוּ		תוּכּוּ		תַּכּוּ		תִּירוּ
2fpl	תִּיָּרֶינָה		תוּכֶּינָה		תַּכֶּינָה		תִּירֶינָה
1cs	אִיָּרֶה		אוּכֶּה		אַכֶּה		אִירֶה
1cpl	נִיָּרֶה		נוּכֶּה		נַכֶּה		נִירֶה
현재 3ms	נוֹרֶה		מוּכֶּה		מַכֶּה		יוֹרֶה
3fs	נוֹרֵית		מוּכָּה		מַכֶּה		יוֹרָה
3mpl	נוֹרִים		מוּכִּים		מַכִּים		יוֹרִים
3fpl	נוֹרוֹת		מוּכּוֹת		מַכּוֹת		יוֹרוֹת
명령 2ms	הִיָּרֵה		-		הַכֵּה		יְרֵה
2fs	הִיָּרִי		-		הַכִּי		יְרִי
2cpl	הִיָּרוּ		-		הַכּוּ		יְרוּ
to 부정사	לְהִיָּרוֹת		-		לְהַכּוֹת		לִירוֹת

사자근 동사 활용표

פרסם (사자근): 피엘 פִּירְסֵם – 광고하다, 출간하다, 푸알 פּוּרְסַם – 광고되다, 출간되다
히트파엘 הִתְפַּרְסֵם – 알려지다, 유명해지다

	니프알	푸알	후프알	히트파엘	히프일	피엘	파알
과거 3ms		פּוּרְסַם		הִתְפַּרְסֵם		פִּירְסֵם	
3fs		פּוּרְסְמָה		הִתְפַּרְסְמָה		פִּירְסְמָה	
3mpl		פּוּרְסְמוּ		הִתְפַּרְסְמוּ		פִּירְסְמוּ	
3fpl		פּוּרְסְמוּ		הִתְפַּרְסְמוּ		פִּירְסְמוּ	
2ms		פּוּרְסַמְתָּ		הִתְפַּרְסַמְתָּ		פִּירְסַמְתָּ	
2fs		פּוּרְסַמְתְּ		הִתְפַּרְסַמְתְּ		פִּירְסַמְתְּ	
2mpl		פּוּרְסַמְתֶּם		הִתְפַּרְסַמְתֶּם		פִּירְסַמְתֶּם	
2fpl		פּוּרְסַמְתֶּן		הִתְפַּרְסַמְתֶּן		פִּירְסַמְתֶּן	
1cs		פּוּרְסַמְתִּי		הִתְפַּרְסַמְתִּי		פִּירְסַמְתִּי	
1cpl		פּוּרְסַמְנוּ		הִתְפַּרְסַמְנוּ		פִּירְסַמְנוּ	
미래 3ms		יְפוּרְסַם		יִתְפַּרְסֵם		יְפַרְסֵם	
3fs		תְּפוּרְסַם		תִּתְפַּרְסֵם		תְּפַרְסֵם	
3mpl		יְפוּרְסְמוּ		יִתְפַּרְסְמוּ		יְפַרְסְמוּ	
3fpl		תְּפוּרְסַמְנָה		תִּתְפַּרְסֵמְנָה		תְּפַרְסֵמְנָה	
2ms		תְּפוּרְסַם		תִּתְפַּרְסֵם		תְּפַרְסֵם	
2fs		תְּפוּרְסְמִי		תִּתְפַּרְסְמִי		תְּפַרְסְמִי	
2mpl		תְּפוּרְסְמוּ		תִּתְפַּרְסְמוּ		תְּפַרְסְמוּ	
2fpl		תְּפוּרְסַמְנָה		תִּתְפַּרְסֵמְנָה		תְּפַרְסֵמְנָה	
1cs		אֲפוּרְסַם		אֶתְפַּרְסֵם		אֲפַרְסֵם	
1cpl		נְפוּרְסַם		נִתְפַּרְסֵם		נְפַרְסֵם	
현재 3ms		מְפוּרְסָם		מִתְפַּרְסֵם		מְפַרְסֵם	
3fs		מְפוּרְסֶמֶת		מִתְפַּרְסֶמֶת		מְפַרְסֶמֶת	
3mpl		מְפוּרְסָמִים		מִתְפַּרְסְמִים		מְפַרְסְמִים	
3fpl		מְפוּרְסָמוֹת		מִתְפַּרְסְמוֹת		מְפַרְסְמוֹת	
명령 2ms		-		הִתְפַּרְסֵם		פַּרְסֵם	
2fs		-		הִתְפַּרְסְמִי		פַּרְסְמִי	
2cpl		-		הִתְפַּרְסְמוּ		פַּרְסְמוּ	
to 부정사		-		לְהִתְפַּרְסֵם		לְפַרְסֵם	

어휘 모음집

אַבָּא 명.m.s. 아버지
אֶבְדוֹק 동.미래.1.c.s. 확인하다, 검사하다
אָבוֹא 동.미래.1.c.s. 오다
אֲבַטִּיחִים (אֲבַטִּיחַ) 명.m.pl. 수박들
אֲבָל 접. 그러나
אַגִּיעַ 동.미래.1.c.s. 도착하다
אֲדוֹנִי 관용. 선생님 Mr.
אֲדִירָה 형.f.s. 엄청난
אָדָם 명.m.s. 인간, 사람
אָה 감. 아~
אַהֲבָה 명.f.s. 사랑
אוֹ 부. 또는 or
אוֹהֵב 동.현재.m.s. 사랑하다
אוֹטוֹ 명.m. 자동차
אוֹטוֹבּוּס 명.m.s. 버스
אוֹכֵל 동.현재.m.s. 먹다
אוֹכְלִים 동.현재.m.pl. 먹다
אוּלַי 부. 아마도, 혹시 maybe
אוּלָם 명.m.s. 강당, 홀
אוֹמֵר 동.현재.m.s. 말하다
אוֹמֶרֶת 동.현재.f.s. 말하다
אוּנִיבֶרְסִיטָה 명.f.s. 대학
אוֹתָהּ 목적격대명.3.f.s. 그녀를
אוֹתוֹ 목적격 인칭대명.3.m.s. 그를, 그것을
אוֹתִי 목적격 인칭대명.1.c.s. 나를
אוֹתְךָ 인칭접미.2.m.s. 당신을
אוֹתָךְ 인칭접미.2.f.s. 당신을(여)
אוֹתָם 목적격 인칭대명.3.m.pl. 그들를, 그것들을
אוֹתָנוּ 목적격 인칭대명.1.c.pl. 우리를
אָז 부. 그래서 so; 그때 then
-אַזְמִין לְ 동.현재.1.c.s. ~에 초대하다
אֶחָד 수.m.s. 하나

אֲחֵרוֹת 형.f.pl. 다른
אַחֲרֵי 전치. after ~후에
אֲחֵרִים 형.m.복 다른
אַחֶרֶת 형.f.s. 다른
אַחַת 수.f.s. 하나
אִימֵייל 명.m.s. 이메일
אִיבַּדְתִּי 동.과거.1.c.s. 잃어버리다
אֵיזֶה 의문대명.m.s. 어떤, which
אֵיזוֹ 의문대명.f.s. 어떤 which
אִיחַרְנוּ 동.과거.1.c.pl. 늦다
אִיחַרְתִּי 동.과거.1.c.s. 늦다
אֵיךְ 의문부. 어떻게
אֵילַת 지명. 이스라엘 최남단 해변도시
אֵין 동. ~없다
אֵין דָּבָר 관용. 신경쓰지 마세요 naver mind
אֵינָהּ is not 3.m.s. ~가 아닌
אֵיפֹה 의문부. 어디에
-אֵיפֹה שֶׁ 관계부. wherever
אִישׁ 명.m.s. 사람, 남편
אִיתּוֹ 전치. + 인칭대명.3.m.s. 그와 with him
אִיתְּךָ 전치. with + 인칭접미.2.m.s.
אִיתְּכֶם 전치. with + 인칭접미.2.m.pl.
אָכַלְתִּי 동.과거.1.c.s. 먹다
אָכֵן 부. 정말로 indeed
אַל 부. (부정명령) don't, not ~하지 마라
אֵלֶּה 지시대명.c.pl. 이분들, 이것들 these
אֵלּוּ 의문대명. 어떤 which
אֵלַיי 전치. to + 인칭접미.1.c.s. 나에게
אֵלֶיךָ 전치. to + 인칭접미.2.m.s. 당신에게
אֵלֵינוּ אֶל 전치. to + 인칭접미.1.c.pl. 우리에게
אִם 의문부. If
אִם כֵּן 부. 그렇다면

אִמָּא 명.f.s. 엄마
אָמוּר 형.m.s. 언급된; 예상되는
אָמַר 동.과거.3.m.s. 말하다
אָמַרְתִּי 동.과거.1.c.s. 말하다
אֱמֶת 명.f.s. 진리
אַנְגְלִיָּה 명.f.s. 영국여자
אֲנַחְנוּ 인칭대명.1.c.pl. 우리들(남녀공용)
אֲנִי 인칭대명.1.c.s. 나
אֲנָשִׁים 명.m.pl. 사람들
אֲסַיֵּם 동.미래.1.c.s. 마치다, 끝내다
אַף אֶחָד (부정문에 오면서) 아무도 no one
-אַף עַל פִּי שֶׁ 접. even though 비록 ~할지라도
-אֶפְשָׁר לְ 관용. ~해도 될까요 (부정사 사용)
אֶפְשָׁרוּיוֹת 명.f.pl. 가능성들
אֶפְשָׁרִי 형.m.s. 가능한
אֵצֶל 전치. ~댁에서
אֶצְלָהּ 전치. at + 인칭접 3.f.s. 그녀 (집)에서
אֶצְלִי 전치. with + 인칭접미.1.c.s. 내게
אַקְטוּאָלִי 형.m.s. 유효한
אַרְבָּעָה 수.m.s. 넷, 네개의, 4
אֲרוּחָה 명.f.s. 식사
אֲרוּחַת עֶרֶב 명.f.s. 저녁식사
אַרְנָק 명.m.s. 지갑
אֵשׁ 명.f.s. 불, 화재
אִשָּׁה 명.f.s. 여자, 부인
אֶשְׁכּוֹלִיּוֹת (אֶשְׁכּוֹלִית) 명.f.pl. 자몽들 grapefruits
אִשְׁתּוֹ 명.f.s. 여지, 부인 + 인칭접미.3.m.s. 그의 부인
אִשְׁתְּךָ אִשָּׁה 명.f.s. 여자, 부인 + 인칭접미.2.m.s.
אֶת 한정목적어 표시어
אַתְּ 인칭대명.2.f.s. 너, 당신(여)
אַתָּה 인칭대명.2.m.s. 너, 당신
אֶתְכֶם 목적격 인칭대명.2.m.pl. 당신들을
אַתֶּם 인칭대명.2.m.pl. 너희들, 당신들
אֶתְמוֹל 부. 어제
אֶתֵּן 동.미래.1.c.s. 주다
אַתֶּן 인칭대명.2.f.pl. 너희들, 당신들(여)
אֶתְקַשֵּׁר 동.미래.1.c.s. 전화하다, 연락하다
בָּא 동.현재.m.s. 오다
בָּאוּ 동.과거.3.c.pl. 오다
בְּאֵיזוֹ שָׁעָה 관용. 몇 시에
בָּאִים 동.현재.m.pl. 오다; 명.m.pl. 오는사람들
בֶּאֱמֶת 부. 정말로
בָּאתָ 동.과거.2.m.s. 오다
בָּאתֶם 동.과거.2.m.pl. 오다
בְּבַקָּשָׁה 전치. by (בּ) + 명.f.s. 요청; 부사적으로 please
בְּג'ינְס 전치. in + 명.m. 청바지 jeans
בִּגְלַל 전치. because of ~때문에
בִּגְלָלָהּ 전치. + 인칭대명.3.f.s. 그녀 때문에 because of her
בַּדִּירָה 전치. in + 정관. the + 명.f.s. 아파트
בְּהַצְלָחָה 관용. 성공하세요
-בְּהַשְׁוָוָאָה לְ 전치. in comparison to ~와 비교하면
בּוֹ 전치. in + 인칭접 3.m.s. 그 안에
בּוֹאוּ 동.명령.m.pl. 오다; 관용. come on!
בּוֹדֵק 동.현재.m.s. 확인하다, 점검하다
בְּוַדַּאי 전치. in + 형.m.s. 확실한, 부사적으로 확실히
בּוֹקֶר 명.m.s. 아침
בִּזְהִירוּת 관용. 조심스럽게
בִּזְמַן 전치. ~하는 동안에
בַּזְּמַן 관용. 정시에
בַּחוּץ 부. 외부에, 밖에
בַּחֲזָרָה 부. 되돌아
בְּחֵיפָה 전치. in + 하이파
בָּטוּחַ 형.m.s. 확실한
בֶּטַח 부. 그럼요 of course
בְּיוֹם 관용. 하루에 (בַּיּוֹם [바-욤]은 낮에, 낮 시간에)
בְּיַחַד 부. 함께
בַּיי 관용. bye
בֵּינְתַיִם 부. 당분간, 우선은
בִּירוּשָׁלַיִם 전치. in + 예루살렘

בַּיִת 명.m.s. 집

בֵּית סֵפֶר 명.m.s. 학교

בֵּיתִית 형.m.s. 집에서 만든

בִּכְלָל 부. 전혀(부정문에서)

בָּלָגָן 명.m.s. 혼란, 무질서

בְּלִי 전치. ~없이 without

בְּמָה 의문부. 무엇에, 어떤 것에

בַּמֶּה 전치. by + 의문대명. what by what

בַּמְּחִיר 전치. in + 정관. the + 명.m.s. 가격

בְּמִקְרֶה שֶׁ- 접. in the case of ~할 경우에

בֵּן 명.m.s. 아들

בֶּן אָדָם 명.m.s. 인간, 인자

בֶּן כַּמָּה- 관용. 몇 살(남성)?

בָּנִים 명.m.pl. 아들들

בָּנָנוֹת (בָּנָנָה) 명.f.pl. 바나나들

בַּנְק 명.m.s. 은행

בִּסְבִיבוֹת 부. 대략

בְּסֵדֶר 관용. 괜찮아요

בְּסֵיאוּל 전. in + 서울

בְּעוֹד שֶׁ- 접. while ~하는 반면에

בְּעָיָה 명.f.s. 문제

בְּעֵינָיו 전치. in + 명.f.pl. eyes 눈 + 인칭접미. 3.f.s.

בְּעֵינַיי 전치. in + 명.f.pl. eyes 눈 + 인칭접미. 1.c.s.

בְּעֶצֶם 부. 실제로, 사실은

בְּעֵרֶךְ 부. 약

בִּפְנִים 부. 내부에, 실내에

בְּקֶשֶׁר לְ- 전치. ~에 관하여

בָּרוּךְ 형.m.s. 복된, 찬양받을

בְּרוּכִים 형.m.pl. 축복된

בָּרוּר 형.m.s. 분명한

בְּרֵיכָה 명.f.s. 수영장

בְּרָכוֹת 명.f.pl. blessings, 복들

בִּשְׁבִילִי 전치. for + 인칭접미. 1.c.s. 나를 위하여

בִּשְׁבִילְךָ 전치. for + 인칭접미.2.m.s. for you

בְּשָׁלוֹם 관용. 평안히

בְּשִׂמְחָה 관용. 기꺼이, 기쁘게

בְּשֶׁקֶט 부. 조용히

בָּשָׂר 명.m. 고기

בְּשָׂרִי 형.m.s. 고기의 (고기가 들어가는 요리)

בַּת כַּמָּה- 관용. 몇 살(여성)?

בְּתֵיאָבוֹן 관용. 맛있게 드세요

גְּבִינָה 명.f.s. 치즈

גְּבֶרֶת 명.f.s. 부인

גָּדוֹל 형.m.s. 큰

גְּדוֹלָה 형.f.s. 큰

גְּדוֹלִים 형.m.pl. 큰

גִּינָה 명.f.s. 정원

גְּלִידָה 명.f.s. 아이스크림

גַּם 부. 또한

גָּמַרְתִּי 동.과거.1.c.s. 끝내다

גָּר 동.현재.m.s. 살다

גָּרָה 동.현재.f.s. 살다

גָּרוּ 동.과거.3.c.pl. 살다, 거주하다

גֶּשֶׁם 명.m.s. 비

דָּבָר 명.m.s. 일, 사건, 말

דְּבָרִים 명.m.pl. 일, 말, 사건들

דּוּגְמָה 명.f.s. 용례, 예

דַּי 관용. (충분하니) 그만해요

דִּיאֶטָה 명.f.s. 다이어트

דִּיבְּרוּ 동.과거.3.c.pl. 이야기하다

דִּיבְּרוּ 동.과거.3.c.pl. 이야기하다

דִּיבַּרְתֶּם 동.과거.2.m.pl. 이야기하다

דִּירָה 명.f.s. 아파트

דַּל שׁוּמָּן 형.m.s. 저지방의

דַּעְתְּךָ 명.f.s. 견해 + 인칭접미.2.m.s.

דַּעְתֵּךְ 명.f.s. 견해 + 인칭접미.2.f.s.

דַּעְתְּכֶם 명.f.s. 견해 + 인칭접미.2.m.pl.

דַּקָּה 명.f.s. 분 minute

דַּקּוֹת 명.f.pl. 분 minutes

דָּרוֹם 명.m. 남쪽

דָתִיָּה 형.f.s. 종교적인

הָאוֹטוֹ 정관. the + 명.m.s. 자동차

הָאֵלֶּה 정관. the + 지시형.c.pl. 이 these

הַאִם 의문부. yes나 no를 이끄는 의문문 문두에 사용

הָאֲנָשִׁים 정관. the + 명.m.pl. 사람들

הָאֲרוּחָה 정관. the + 명.f.s. 식사 meal

הַבָּא 정관. the + 동.현재.m.s. 오는, 다가오는

הַבָּחוּר 정관. the + 명.m.s. 청년

הַבַּיְתָה 관용. 집으로

הַבַּנְק 정관. the + 명.m.s. 은행

הֵבַנְתִּי 동.과거.1.c.s. 이해하다

הִגִּיעָה 동.과거.3.f.s. 도착하다

הַהוּא 정관. the + 지시형.m.s. 그 that

הַהִיא 정관. the + 지시형.f.s. 그 that

הָהֵם 정관. the + 지시형.m.pl. 그 those

הָהֵן 정관. the + 지시형.f.pl. 그 those

הוּא 인칭대명.3.m.s. 그, 그 사람

הוֹלֵךְ 동.현재.m.s. 걸어가다

הוֹצִיא לָאוֹר 동.과거.3.m.s. 출판하다

הוֹרִים 명.m.pl. 부모

הַזֹּאת 정관. the + 지시형.f.s. 이 this

הַזֶּה 정관. the + 지시형.m.s. 이 this

הַזְמָנָה 명.f.s. 초대; 주문

הִיא 인칭대명.3.f.s. 그녀, 그 여자

הָיָה 동.과거.3.m.s. ~이다, ~되다

הַיּוֹם 부. 오늘

הָיִיתִי 동.과거.1.c.s. ~이다, ~되다

הַיַּפָּנִים 정관. the + 명.m.pl. 일본사람들

הָיְתָה 동.과거.3.f.s. ~이다, ~되다

הַכֹּול 대명. every body, everything

הַלוֹ 부. 여보세요

הֵם 인칭대명.3.m.pl. 그들, 그 남자들

הַמַּדְרִיךְ 정관. the + 명.m.s. 인도자, 안내자

הַמּוֹרוֹת 정관. the + 명.f.pl. 여선생들

הַמּוֹרִים 정관. the + 명.m.pl. 선생들

הַמְּכוֹנִית 정관. the + 명.f.s. 자동차

הַמַּצָּב 정관. the (ה) + 명.m. 상황

הַמִּתְנַדְּבִים 정관. the + 명.m.pl. 자원봉사자들

הֵן 인칭대명.3.f.pl. 그녀들, 그 여자들

הִנֵּה 부. 여기에

הֲנָחָה 명.f.s. 할인

הַסַּכָּנָה 명.f.s. 위험

הָעֶזְרָה 정관. the (ה) + 명.f.s. 도움

הָעִיר 정관. the + 명.f.s. 도시

הָעֶרֶב 부. 오늘 저녁에

הָעַתִּיקָה 정관. the + 형.f.s. 오래된 ancient

הִפְסַקְתָּ 동.과거.2.m.s. 중단하다, 그만하다

הַפְתָּעָה 명.f.s. 깜짝 놀람

הִצְטַלַּמְתֶּם 동.과거.2.m.pl. 사진을 찍다

הַצְלָחָה 명.f.s. 성공

הִצְלַחְתִּי 동.과거.1.c.s. 성공하다

הִצְלִיחָה 동.과거.3.f.s. 성공하다

הַצְּעִירָה 정관. the + 형.f.s. 젊은

הַקָּטָן 정관. the + 형.m.s. 작은, 막내의

הַקַּיִץ 부. 이번 여름에

הַר הַצּוֹפִים 지명. 예루살렘의 스코푸스 산

הַרְבֵּה 부. 많이

הַרְצָאָה 명.f.s. 강의

הַשֵּׁם 정관. the + 명.m.s. 이름 (=하나님)

וְאַתָּה 접. and + 인칭대명.2.m.s. 당신

וָואוּ 감. 와우

זֹאת 지시대명.f.s. 이것, this

זֶה 지시대명.m.s. it, this

זֶהוּ 관용. That's it.

זוֹ 지시대명.f.s. it, this

זוֹכְרִים 동.현재.m.pl. 기억하다

זוֹל 형.m.s. 싼, 저렴한

זְמַן 명.m.s. 시간

זַמֶּרֶת 명.f.s. 가수(여)

חֲבִיבִּי 관용. 친구여

חֲבָל 감. 유감, 안타까움을 표현
חָבֵר 명.m.s. 친구
חֲבֵרָה 명.f.s. 여자친구
חֲבֵרוֹת 명.f.pl. 여자친구들
חֲבֵרִים 명.m.pl. 친구들
חֶבְרַת מוֹנִיּוֹת 명.f.s. 택시회사
חֶדֶר 명.m.s. 방 room
חֲדַר שֵׁינָה 명.m.s. 침실
חָדָשׁ 형.m.s. 새로운
חָדָשׁ 명.m.s. 새 것
חֲדָשׁוֹת 명.f.pl. 뉴스 news
חוּ"ל 명.m.s. (חוּץ לָאָרֶץ) 해외
חוֹדֶשׁ שֶׁעָבַר 명.m.s. 지난 달
חוֹדְשַׁיִם 명.m.pl. 두 달(쌍수 표현으로 몇몇 단어에 나타남)
חוֹלֶה 형.m.s. 아픈
חוֹלָה 형.f.s. 아픈
חוֹפֶשׁ 명.m.s. 휴가
חוֹשֵׁב 동.현재.m.s. 생각하다
חוֹשֶׁבֶת 동.현재.f.s. 생각하다
חָזָק 형.m.s. 강한
חֲזָקָה 형.f.s. 강한
חָזַר 동.과거.3.m.s. 돌아오다
חַיָּבִים 형.m.pl. 빚진; ~을 해야만 하는
חַיֶּלֶת 명.f.s. 여군.
חִיכִּינוּ 동.과거.1.c.pl. 기다리다
חִיכְּתָה 동.과거.3.f.s. 기다리다
חִיפְּשׂוּ 동.과거.3.c.pl. 찾다
חִיפַּשְׂתִּי 동.과거.1.c.s. 찾다
חָכָם 형.m.s. 영리한
חָלָב 명.m. 우유
חֲלָבִי 형.m.s. 우유의 (유제품이 들어가는 (생선) 요리)
חַלּוֹן 명.m.s. 창, 창문
חֶלְקִית 형.f.s. 부분적인
חַם 형.m.s.따뜻한, 더운
חֲמוּדָה 형.f.s. 귀여운

חֲמוּרָה 형.f.s. 심각한
חֵן 명.m.s. 은혜, 은총; 매력, 멋
חֲנוּת 명.f.s. 가게
חַס וְחָלִילָה 관용. 결코 그럴 수 없어요.
חָסוּם 형.m.s. 차단된
חָסֵר 형.m.s. 부족한, 빠진
חֲצִי מְחִיר 명.m.s. 반 값
חֲצִי שָׁעָה 명.m.s. 반 시간, 30분
חַקְלַאי 명.m.s. 농부
חֶשְׁבּוֹן 명.m.s. 계산서
חָשׁוּב 형.m.s. 중요한
חֵשֶׁק 명.m.s. 의욕, 욕구
חֲתוּנָה 명.f.s. 결혼, 결혼식
חָתִיךְ 형.m.s. 잘 생긴
חֲתִימָה 명.f.s. 싸인 signature
טוֹב 형.m.s. 좋은
טוֹב 부. 잘 well
טוֹבָה 형.f.s. 좋은
טוֹבוֹת 형.f.pl. 좋은
טוֹבִים 형.m.pl. 좋은
טַיָּס 명.m.s. 조종사
טֶלֶפוֹן נַיָּד 명.m.s. 핸드폰, 모바일폰
טָס 동.현재.m.s. 비행하다
טָעוּת 명.f.s. 실수
טָעִים 형.m.s. 맛있는
טָעִיתִי 동.과거.1.c.s. 실수하다
יְאָחֵר 동.미래.3.m.s. 지각하다
יַגִּידוּ 동.미래.3.m.pl. 말하다
יַגִּיעַ 동.미래.3.m.s. 도착하다, 도달하다
יְהוּדִי 명.m.s. 유대인
יוֹדֵעַ 동.현재.m.s. 알다
יוֹדַעַת 동.현재.f.s. 알다
יוֹם 명.m.s. 날
יוֹמַיִם 명.pl.m. 이틀
יוֹפִי 명.m.s. 아름다움; 관용. 잘 했어요!

יוֹצֵא	동.현재.m.s. 나가다
יוֹצֵאת	동.현재.f.s. 나가다
יוֹרֵד	동.현재.m.s. 내려가다, 내리다
יוֹשֵׁב	동.현재.m.s. 앉다
יוֹתֵר	부. 더 more
יַחַד עִם	관용. ~와 함께
יִיגָּמֵר	동.미래.3.m.s. 끝나다
יַיִן	명.m.s. 와인, 포도주
יָכוֹל	조동.현재.m.s. can
יְכוֹלָה	조동.현재.f.s. can
יְכוֹלִים	조동.현재.m.pl. can
יֶלֶד	명.m.s. 아이
יְלָדִים	명.m.pl. 아이들
יַם הַמֶּלַח	명사결합. m.s. 사해
יָמִים	명.m.pl. 날들 days
יְמִינָה	부. 오른쪽으로
יַעֲלֶה	동.미래.3.m.s. 올라가다, 오르다
יָפֶה	형.m.s. 아름다운
יָפָה	형.f.s. 아름다운
יָפוֹת	형.f.pl. 아름다운
יָפִים	형.m.pl. 예쁜, 아름다운
יַפָּנִי	명.m.s. 일본사람
יַפָּנִית	명.f.s. 일본어
יֵצֵא	동.미래.3.m.s. 나가다
יֶרַח דְּבַשׁ	명.m.s. 밀월, 신혼여행
יְרָקוֹת	(יֶרֶק) 명.m.pl. 채소들
יֵשׁ	~이 있다, 존재하다
יְשִׁיבָה	명.f.s. 회의
יְשִׁירָה	형.f.s. 직선의, 직행의
יָשָׁר	형. 직선의; 부. 곧 바로
יִשְׂרְאֵלִי	명/형.m.s. 이스라엘 사람, 이스라엘의
יִשְׂרְאֵלִים	명.m.pl. 이스라엘 사람들
כָּאן	부. 여기, 여기에서
כַּאֲשֶׁר	접. ~할 때 when
כְּבֵדָה	형.f.s. 무거운
כָּבוֹד	명.m. 영광
כְּבִישׁ	명.m.s. 도로
כְּבָר	부. 벌써
כַּדּוּרְסַל	명.m. 농구
כְּדֵי ל-	관용. in order to ~하기 위하여
כְּדֵי שֶׁ-	접. in order that ~하기 위하여
כּוֹחַ	명.m.s. 힘
כּוֹלֵל	동.현재.m.s. 포함하다
כּוּלָּם	관용. 모두들
כּוֹס	명.f.s. 컵, 잔
כּוֹס קָפֶה	명.f.s. 커피 한잔
כּוֹתֵב	동.현재.m.s. 쓰다
כָּזֶה	전치. like + 지시대명. it, this, that
כִּי	접. because ~하기 때문에
כִּיווּן אֶחָד	명/부. 편도, 편도로
כִּיס	명.m.s. 주머니
כִּיסְאוֹת	명.m.pl. 의자들
כִּיתָּה	명.f.s. 수업, 교실
כָּךְ	부. 그렇게 so
כָּכָה	부. 이렇게, 이런 식으로
כָּכָה כָּכָה	관용. 그저 그래요, So so.
כְּכָל הָאֶפְשָׁר	관용. 가능한대로, 최대한
כָּל	명.m. all; every (뒤에 비한정단수명사 올 경우)
כָּל הַיּוֹם	관용. 하루종일
כָּל יוֹם	관용. 매일
כָּל רֶבַע שָׁעָה	관용. 매 15분 마다
כֶּלֶא	명.m.s. 감옥, 형무소
כְּלוּם	명.m. 아무 것, nothing
כַּמָּה	형. 몇몇; 부. how much, how many
כַּמָּה זְמַן	의문부. how long
כַּמָּה שֶׁיּוֹתֵר	관용. 최대한 많이
כְּמוֹ שֶׁ-	접. as ~하는 것 처럼
כִּמְעַט	부. 거의 almost
כֵּן	부. 예, yes
כֶּנֶס	명.m.s. 컨퍼런스, 집회

כֶּסֶף 명.m.s. 돈
כַּסְפּוֹמָט 명.m.s. 현금인출기 ATM
כַּפִּית 명.f.s. 티스푼
כְּפָר 명.m.s. 마을
כְּרוּבִים סִינִים (כְּרוּב סִינִי) 명.m.pl. 배추들
כַּרְטִיס 명.m.s. 카드, 표
כַּרְטִיס אַשְׁרַאי 명.m.s. 신용카드
כַּרְטִיס בְּרָכָה 명.m.s. 축하카드
-כְּשֶׁ 접. ~할 때, when
כַּתָּב 명.m.s. 기자
לֹא 부정부사. 아니오, not
לֹא כָּל כָּךְ 관용. 그렇게 ~하지 않은
-לֹא פָּחוֹת מִ 관용. ~보다 적지 않은
לְאוֹטוֹבּוּס 전치. for + 버스
לְאַט לְאַט 부. 천천히 천천히
לֶאֱכוֹל 동. to 부정. to eat
לָאֵל 전치. to + 정관. + 명.m.s. God, 하나님
לְאָן 의문부. 어디로
לֵב 명.m.s. 심장, 마음
לְבַדָּה 부. 그녀 홀로 by herself
לָבוֹא 동. to 부정. to come
לָבָן 형.m.s. 하얀
-לְבַקֵּר בְּ 동. to 부정. to visit
לְבַקֵּשׁ 동. to 부정. to ask
לִבְרִיאוּת 전치. for + 명.f.s. 건강
לַגָּלִיל 전치. לְ to + הַגָּלִיל 갈릴리
לִגְמוֹר 동. to 부정. to finish
לְדַבֵּר 동. to 부정. to speak
לְהָבִיא 동. to 부정. to bring
לְהַגִּיעַ 동. to 부정. to arrive
לְהוֹרִיד 동. to 부정. to reduce, take down
לְהִיכָּנֵס 동. to 부정. to enter
לְהִיפָּגֵשׁ 동. to 부정. to meet with
לֵהָנוֹת 동. to 부정. to enjoy
לְהֶפֶךְ 관용. 그 반대로

לְהַצִּיעַ 동. to 부정. to suggest
לְהַצְלִיחַ 동. to 부정. to succeed
לְהַשְׁמִין 동. to 부정. to become fat
לְהִשְׁתַּתֵּף 동. to 부정. to participate
לְהִתְקַדֵּם 동. to 부정. to progress
לְהִתְרָאוֹת 관용. 다시 만나요
לוֹ 전치. to + 인칭접미. 3.m.s. 그에게
לוּחַ הַזְּמַנִּים 명.m.s. 시간표
לוֹמֵד 동.현재.m.s. 공부하다
לוֹקֵחַ 동.현재.m.s. 취하다, ~을 타다
לָזֶה 전치. for + 지시대명. m.s. this
לַחֲבֵרִים 전치. for + 친구들
לַחֲזוֹר 동. to 부정. to return
לִחְיוֹת 동. to 부정. to live
לֶחֶם 명.m.s. 빵
לַחְסוֹךְ 동. to 부정. to save (저축)
לִי 전치. to + 인칭접미.1.c.s. me to me
לְיַד 전치. ~ 옆에
לְיַד 전치. near, by
לַיְלָה 명.m.s. 밤
לִימוֹנָדָה 명.f.s. 레몬에이드
לִישׁוֹן 동. to 부정. to sleep
לְךָ 전치. to(ל) + 인칭접미.2.m.s. 네게, to you
לָךְ 전치. to(ל) + 인칭접미.2.f.s. 네게(여), to you
לָכֶם 전치. to(ל) + 인칭접미.2.m.pl. 당신들에게, to you
לָכֵן 부. 그래서, 그러므로
לָלֶכֶת 동. to 부정. to go
לָמַד 동.과거.3.m.s. 공부하다
לָמְדוּ 동.과거.3.c.pl. 공부하다
לְמָה 전치. to, for + 의문대명. what to what
לָמָּה 의문부. 왜, why
לָמָּה לֹא 관용. why not
לִמְצוֹא 동. to 부정. to find
לַמְרוֹת in spite of ~에도 불구하고

לָנוּ 전치. to + 인칭접미. 1.c.pl. 우리에게
לִנְסוֹעַ 동. to 부정. to travel
לַעֲבוֹד 동. to 부정. to work
לַעֲבוֹר 동. to 부정. to pass
לְעוֹלָם 관용. 영원히(긍정), 절대로(부정)
לְעוֹלָמוֹ 관용. 저 세상으로
לְעוּמַת 전치. against ~에 반하여
לַעֲזוֹר 동. to 부정. to help
לַעֲשׂוֹת 동. to 부정. to do
לְעַשֵּׁן 동.to부정. to smoke
לִפְגּוֹשׁ 동. to 부정. to meet
לְפִיכָךְ 부. 그래서, 그렇게 해서
לִפְנֵי שֶׁ- 접. before ~하기 전에
לִפְעָמִים 부. 가끔, 때때로
לָצֵאת 동. to 부정. to go out
לָקַחַת 동. to 부정. to take
לִקְנוֹת 동. to 부정. to buy
לִרְאוֹת 동. to 부정. to see
לָרֶדֶת 동. to 부정. to get off
לִרְכּוֹשׁ 동. to 부정. to buy, acquire
לָשֶׁבֶת 동. to 부정. to sit
לְשַׂחֵק 동. to 부정. to play
לְשַׁלֵּם 동. to 부정. to pay
לְשָׁם 부. 그곳으로
לִשְׁתּוֹת 동. to 부정. to drink
מִ- עַד 전치. ~에서 ~까지
מְאוֹד 부. 매우
מְאוּשָּׁרִים 형.m.pl. 행복한
מֵאַיִן 의문부. 어디에서
מֵאֵיפֹה 의문부. 어디에서
מִבְחָן 명.m.s. 시험
מֵבִין 동.현재.m.s. 이해하다
מִבֶּן-גּוּרִיוֹן 전치. from + 벤 구리온(공항)
מִבְצָע 명.m.s. 작전, 세일 sale
מְבַקְּשׁ 동.현재.m.pl. 구하다, 요청하다

מַגִּיעַ 동.현재.m.s. 도달하다, 가다
מַגִּיעִים 동.현재.m.s. 도착하다
מְדַבֵּר 동.현재.m.s. 말하다
מְדַבֶּרֶת 동.현재.f.s. 말하다
מִדַּי 부. 너무
מַדְפֶּסֶת 명.f.s. 프린터
מָה 의문대명. 무엇
מָה 감탄. 뭐!
מָה הַשָּׁעָה 관용. 몇 시입니까?
מָה שֶׁ- 관계대. what
מְהַנְדֵּס 명.m.s. 엔지니어
מַהֵר 부. 빨리
מוֹדֶה 동.현재.m.s. 감사하다
מוֹדָה 동.현재.f.s. 감사하다
מוֹדִיעִין 명.m. 안내소 information
מוּזֵאוֹן 명.m.s. 박물관
מוּזִיקָה 명.f. 음악
מוֹטִיבַצְיָה 명.f.s. 동기
מוּכָן 동.현재.m.s. 준비되다
מוּכָנָה 형.f.s. 준비된
מוּל 전치. ~맞은 편에 against
מוֹנֶה 명.m.s. 미터기
מוֹצֵא 동.현재.m.s. 발견하다
מוּקְדָם 형.m.s. 일찍, 이른
מוֹרֶה 명.m.s. 교사
מוֹרָה 명.f.s. 여교사
מוֹשָׁב 명.m.s. 자리
מְוַתֵּר 동.현재.m.s. 포기하다
מִזֶּה 관용. 이것보다
מַזְכִּירָה 명.f.s. 비서
מַזָּל 명.m.s. 행운, 복
מִזְּמַן 부. 오래 전에
מַחְבֶּרֶת 명.f.s. 노트, 공책
מְחִיר 명.m.s. 가격
מְחַכֶּה 동.현재.m.s. 기다리다

מְחַכָּה	동.현재.f.s. 기다리다
מְחַכִּים	동.현재.m.pl. 기다리다
מַחֲלָה	명.f.s. 병, 질명
מְחַפֵּשׂ	동.현재.m.s. 찾다
מָחָר	부. 내일에
מַחְשֵׁב	명.m.s. 컴퓨터
מַחְשֵׁבִים	명.m.pl. 컴퓨터들
מִטְבָּח	명.m.s. 부엌
מִטְרִיָּה	명.f.s. 우산
מִי	의문대명. 누구 who
מִיָּד	부. 즉시, 바로
מִיהוּ	관용. who is he? (=מִי הוּא)
מְיוּחָד	형.m.s. 특별한
מִיטָּה	명.f.s. 침대
מִילוֹן	명.m.s. 사전
מִילִים	명.f.pl. 단어들, 어휘들
מַיִם	명.m.pl. 물
מִיץ גֶּזֶר	명.m.s. 당근쥬스
מִיץ תַּפּוּזִים	명.m.s. 오렌지쥬스
מִישֶׁהוּ	대명.m.s. 누군가, somebody
מִיִּשְׂרָאֵל	전치. from + 이스라엘
מְכוֹנַת גִּילוּחַ	명.f.s. 전기면도기
מַכִּיר	동.현재.m.s. (사람을) 알다
מְלֵאִים	형.m.pl. 가득찬
מִמּוֹצָא	관용. ~출신의, ~기원의
מַמְלִיצָה	동.현재.m.s. 추천하다
מַמְשִׁיךְ	동.현재.m.s. 계속하다
מֶמְשָׁלָה	명.f.s. 정부
מִמָּתַי	의문부. 언제부터
מִן	전치. from
מָנָה עִיקָּרִית	명.f.s. 주 요리 main dish
מָנָה רִאשׁוֹנָה	명.f.s. 전식
מְנַהֵל	명.m.s. 부서장, 메니저
מְנַהֵל בַּנְק	명.m.s. 은행(지점)장
מְנַסֶּה	동.현재.m.s. 시도하다, 노력하다
מְנַסָּה	동.현재.f.s. 시도하다, 노력하다
מְסוּיָּם	형.m.s. 특정한; 어떤
מִסֵּיאוּל	전. from + 서울
מְסִיבָּה	명.f.s. 파티
מִסִּין	전치. from + 명.f.s. 중국
מַסְכִּים	동.현재.m.s. 동의하다
מַסְפִּיק	형.m.s. 충분한; 부. 충분하게
מַעֲדִיפִים לְ-	동.현재.m.s. ~을 선호하다
מְעוֹרָב	형.m.s. 혼합된
מְעַנְיֵין	형.m.s. 흥미로운
מִפֹּה	부. 이리로
מִפְלָגָה	명.f.s. 정당
מַפְסִיד	동.현재.m.s. 손해보다
מָצְאָה	동.과거.3.f.s. 발견하다
מָצָאתִי	동.과거.1.c.s. 발견하다
מַצַּב רוּחַ	명.m.s. 기분, 분위기
מְצוּיָּן	형.m.s. 훌륭한, 뛰어난; 관용. 탁월해요!
מְצוּיָּנוֹת	형.f.pl. 탁월한
מְצוּיָּנִים	형.m.pl. 탁월한
מִצְטַעֵר	동.현재.m.s. 미안해 하다; 형.m.s. 미안한
מִצְטַעֲרִים	동.현재.m.pl. 미안해 하다; 형.m.pl. 미안한
מִצְטַעֶרֶת	동.현재.f.s. 미안해 하다; 형.f.s. 미안한
מַצִּיעָה	동.현재.f.s. 제시하다, 제안하다
מְקַבֵּל	동.현재.m.s. 수용하다
מְקוּבָּל	동.현재.m.s. 수용되다
מְקַוֶּה	동.현재.m.s. 기대하다, 바라다
מָקוֹם	명.m.s. 장소, 자리
מִקּוֹרֵיאָה	전치. from + 명.f.s. 한국
מִקְלַחַת	명.f.s. 샤워, 샤워실
מַקְסִימָה	형.f.s. 매력적인
מַקְסִימוּם	부. 최대로
מִקְצוֹעַ	명.m.s. 직업
מִקְרָא	명.m.s. 성서, 성서학, 구약학
מְקָרֵר	명.m.s. 냉장고
מַר	관용. Mr. 씨

מְרוּהֶטֶת 형.f.s. 가구가 갖추어진
מָרוֹקָאִי 명.m.s. 모로코사람
מֶרְכַּז הָעִיר 명.m.s. 시내 중심가
מָרָק 명.m.s. 수프, 국
מַשֶּׁהוּ 명. 어떤 것, something
מָשָׁל 명.m.s. 비유
מִשֶּׁלּוֹ 관용. 그 자신만의
מְשַׁעֲמֵם 형.m.s. 심심한
מִשְׁפָּחָה 명.f.s. 가족
מַתְאִים 동.현재.m.s. 적합하다, 일치하다
מַתְחִיל 동.현재.m.s. 시작하다
מָתַי 의문부. 언제, when
מְתַכְנֵת 명.m.s. 프로그래머
מְתַכְנֶתֶת 명.f.s. 프로그래머(여)
מַתָּנָה 명.f.s. 선물
מִתְקַשֵּׁר 동.현재.m.s. 전화하다, 연락하다
מִתְקַשְּׁרִים 동.현재.m.복 전화하다, 연락하다
נִגְמָר 형.m.s. 끝난
נִדְלָק 동.현재.m.s. 켜지다, 불이 붙다
נַהָג 명.m.s. 운전사
נַהָג אוֹטוֹבּוּס 명.m.s. 운전기사
נֶהֱנֵינוּ 동.과거.1.c.pl. 즐기다
נֶהֱנֵית 동.과거.2.f.s. 즐기다
נֶהֱנֵיתֶם 동.과거.2.m.pl. 즐기다
נוּ 관용. you see, come on
נוֹסֵעַ 동.현재.m.s. (차가)가다, (차를 타고) 가다
נוֹסַעַת 동.현재.f.s. (차가)가다, (차를 타고) 가다
נוֹרָא 부. 매우; 무시무시한
נוֹשֵׂא 명.m.s. 주제
נָחִים 동.현재.m.pl. 쉬다
נֶחְמָד 형.m.s. 친절한
נֶחְמָדוֹת 형.f.pl. 친절한
נֶחְמָדִים 형.m.pl. 친절한
נָכוֹן 형.m.s. 옳은
נָכוֹן 형.m.s. 옳은; 관용. 옳아요

נִכְנֶסֶת 동.현재.f.s. 들어가다
נִכְשַׁל 동.과거.3.m.s. 실패하다
נֵלֵךְ 동.미래.1.c.pl. 가다, 걸어가다
נִמְצָא 동.현재.m.s. 발견되다, 있다
נִמְצָאִים 동.현재.m.pl. 발견되다, 있다; 명.m.pl. (현장에) 있는 사람들
נִמְשָׁךְ 동.현재.m.s. 지속되다.
נְסִיעָה 명.f.s. 여행
נָסַעְנוּ 동.과거.3.m.pl. 여행하다
נַעֲבוֹר 동.미래.1.c.pl. 옮기다, 건너가다
נַעֲלַיִם 명.m.pl. 신발 한 켤레
נִפְלָא 형.m.s. 멋진, 놀라운
נֵצֵא 동.미래.1.c.pl. 나가다
נִרְאֶה 동.현재.m.s. 보이다
-נִרְאֶה לִי שֶׁ 관용. It seems to me that 내가 보기에 ~하다
נִשְׁאַר 동.과거.3.m.s. 남다
נָשִׂיא 명.m.s. 대통령, 총장, 대법원장
נִתְחַתֵּן 동.미래.1.c.pl. 결혼하다
נָתְנוּ 동.과거.3.m.s. 주다
נִתְרָאֶה 동.미래.1.c.pl. 서로 보다, 만나다
סָבִיר 형.m.s. 이치에 맞는, 그럴듯 한
סוּג 명.m.s. 종류
סוֹכֵן נְסִיעוֹת 명.m.s. 여행사직원
סוּכָּר 명.m. 설탕
סוֹף 명.m.s. 끝
סוֹף הַשָּׁבוּעַ 명.m.s. 주말
סְטוּדֶנְטִית 명.f.s. 여대생
סִיגָרִיָּה 명.f.s. 담배
סִיכּוּי 명.m.s. 기회
סִיכּוּם 명.m.s. 요약
סָלוֹן 명.m.s. 거실
סְלִיחָה 명.f.s. 용서; 관용. 실례합니다
סְמָארְטְפוֹן 명.m.s. 스마트폰
סְנִיף 명.m.s. 지점
סַע 동.명령.2.m.s. 운전하라

סְעוּ	동.명령.2.m.pl. 운전하라
סְעִי	동.명령.2.f.s. 운전하라(여)
סְפֶּצִיפִי	형.m.s. 특정한 specific
סֵפֶר	명.m.s. 책
סִפְרֵי דִקְדּוּק	명사결합.m.pl. 문법책들
סְפָרִים	명.m.pl. 책들
סֶרֶט	명.m.s. 영화
סְתָם	명.m.s. 그저 그런 것, 그냥…
עֲבוֹדָה	명.f.s. 일
עָבְרָה	동.과거.3.f.s. 통과하다, 옮겨기디
עִבְרִית	명.f. 히브리어
עַגְבָנִיּוֹת	(עַגְבָנִיָּה) 명.f.pl. 토마토들
עַד לְאָן	의문부. 어디 까지
עַד שֶׁ-	접. ~할 때 까지
עֲדַיִן	부. 아직
עָדִיף	형.m.s. 더 나은
עוֹבֵד	명.m.s. 노동자
עוֹבֵד	동.현재.m.s. 작동하다(기계), 일하다(사람)
עוֹבֵד מְדִינָה	명.m.s. 공무원
עוֹבֵד מִפְעָל	명.m.s. 공장노동자
עוֹבֶדֶת	동.현재.f.s. 일하다
עוֹבֶדֶת סוֹצְיָאלִית	명.f.s. 복지요원(여)
עוּגָה	명.f.s. 케이크
עוֹד	부. more 더
עוֹד מְעַט	관용. 곧, 조금 후에
עוֹד פַּעַם	관용. 다시 한번, 또 한번
עוֹצֶרֶת	동.현재.f.s. 서다, 중단시키다, 체포하다
עוֹשֶׂה	동.현재.m.s. 하다
עוֹשִׂים	동.현재.m.pl. 하다
עֶזְרָה	명.f.s. 도움
עֵט	명.m.s. 볼펜
עָיֵף	형.m.s. 피곤한
עֲיֵפוֹת	형.f.pl. 피곤한
עֲיֵפִים	형.m.pl. 피곤한
עִיר	명.f.s. 도시
עַכְשָׁיו	부. 지금
עַל	전치. on
עַל לֹא דָבָר	부. 천만에요
עַל מָה	전치. on + 의문대명. what on what
עָלָיו	전치. on + 인칭접 3.m.s. 그에 관해서
עָלַיי	전치. on + 인칭접미.1.c.s. me
עַם	명.m.s. 민족
עֲנָבִים	(עֵנָב) 명.m.pl. 포도들
עִנְיָן	명.m.s. 문제, 일
עַצְמְךָ	명.m.s. 자신 + 인칭접미.2.m.s. 네 자신
עַצְמֵךְ	명.m.s. 자신 + 인칭접미.2.f.s. 네 자신(여)
עַצְמְכֶם	명.m.s. 자신 + 인칭접미.2.m.pl. 너희들 자신을
עֲקֶרֶת בַּיִת	명.f.s. 전업주부
עֶרֶב	명.m.s. 저녁
עָשׂוּ	동.과거.3.c.pl. 하다
עֶשֶׂר	수.f.s. 열, 열개의, 10
עָתִיד	명.m.s. 미래
פֹּה	부. 여기
פּוֹלִיטִיקָאִית	명.f.s. 정치인(여)
פּוֹעֲלִים	명.m.pl. 노동자들
פּוֹתֵחַ	동.현재.m.s. 열다
פָּחוֹת	부. 덜 less
פִּינָה	명.f.s. 코너, 구석
פִּינַת אוֹכֶל	명.f.s. 식탁 자리
פֵּירוֹת	(פְּרִי) 명.m.pl. 과일들, 열매들
פִּירְסַמְתֶּם	동.과거.2.m.pl. 광고하다
פִּיתָה	명.f.s. 피타 빵
פֶּן	접. lest ~하지 않게 되도록
פָּנוּי	형.m.s. 비는, 한가한
פְּנִימָה	부. 안으로
פֶּנְסְיָה	명.f.s. 연금
פֶּנְסְיוֹנֶר	명.m.s. 은퇴자
פָּעִיל	명.m.s. 활동가
פַּעַם אַחַת	관용. 한 번, 1회
פָּקִיד	명.m.s. 사무원

פְּקִידָה 명.f.s. 여직원
פְּקִידִים 명.m.pl. 직원들
פְּקָק 명.m.s. 교통체증
פְּרָחִים (פֶּרַח) 명.m.pl. 꽃들
פָּשׁוּט 형.m.s. 단순한, 간략한
פִּתְאוֹם 부. 갑자기
צַד 명.m.s. 측면
צְהוּבָּה 형.f.s. 노란
צָהֳרַיִם 명.m.pl. 오전 오후 낮 시간
צוֹדֵק 형.m.s. 옳은
צוֹדֶקֶת 형.f.s. 옳은
צִיּוּרִים 명.m.pl. 그림들
צִלְצַלְתִּי 동.과거.1.c.s. 전화하다
צָפוֹנָה 부. 북쪽으로
צַר 형.m.s. 좁은, **צַר לִי** 관용. I am sorry
צָרִיךְ 조동.현재.m.s. 필요하다; must
צְרִיכָה 조동.현재.f.s. 필요하다; must
צְרִיכִים 조동.현재.m.pl. 필요하다; must
קַבָּלָה 명.f.s. 영수증
קַו 명.m.s. 노선
קוֹדֵם 부. 먼저
קוֹל 명.m.s. 음성, 소리
קוֹנָה 동.현재.f.s. 구입하다
קוֹרֵא 동.현재.m.s. 부르다; 읽다
קוֹרְאִים 동.현재.m.pl. 부르다; 읽다
קוֹרְאִים לִי 동.현재.m.pl. + 전치. + 인칭접. 1.c.s. 나는 ~라고 부르다
קוֹרֶה 동.현재.m.s. (일이) 일어나다
קוֹרֵיאָנִי 명/형.m.s. 한국사람, 한국의
קוֹרֵיאָנִים 명/형.m.pl. 한국사람, 한국의
קוֹרֵיאָנִית 명/형.f.s. 한국사람, 한국의
קוֹרֵיאָנִית 명.f.s. 한국어
קוּרְס קַיִץ 명.m.s. summer course
קְטַנָּה 형.f.s. 작은
קְטַנִּים 형.m.pl. 작은

קִינּוּחַ 명.m.s. 후식
קִיצּוּר 명.m.s. 축약
קָם 동.현재.m.s. 일어나다
קֶמַח 명.m. 밀가루
קָפֶה 명.m. 커피
קָפֶה הָפוּךְ 명.m. 카푸치노
קָפֶה טוּרְקִי 명.m. 터키식 커피
קְצָת 부. 약간 a little bit
קַר 형.m.s. 차가운, 추운
קָרָה 동.과거.3.m.s. (일이) 일어나다
קָרוֹב לְ~ 형.m.s. ~에 가까운
קָרוֹן 명.m.s. 객차
קָשֶׁה 부. 열심히; 형.m.s. 어려운
רֹאשׁ 명.m.s. 머리, 우두머리
רַבָּה 형.f.s. 많은; 부사적. 매우
רֶבַע 명.m.s. 4분의 1, 15분
רָגִיל 형.m.s. 보통의
רֶגַע 명.m.s. 순간; 부. 잠깐
רָהִיטִים 명.m.pl. 가구들
רוֹאֶה 동.현재.m.s. 보다
רוֹאָה 동.현재.f.s. 보다
רוֹאִים 동.현재.m.pl. 보다
רוֹב 명.m.s. 대다수, 많음
רוֹפֵא 명.m.s. 의사
רוֹפֵא שִׁנַּיִם 명.m.s. 치과의사
רוֹצֶה 동.현재.m.s. 원하다
רוֹצִים 동.현재.m.pl. 원하다
רַוָּקָה 명.f.s. 미혼여성
רְחוֹב 명.m.s. 거리 street
רַחְפָן 명.m.s. 드론
רֵיחַ 명.m.s. 냄새
רַכֶּבֶת 명.f.s. 기차
רָם 형.m.s. 높은
רַע 형.m.s. 나쁜
רָעֵב 형.m.s. 배고픈

רָצוֹן 명.m.s. 의욕

רָצִיף 명.m.s. 승강장, 플랫폼

רַק 부. 단지

רַק רֶגַע 관용. 잠깐만

-שֶׁ 관계대명. that

ש"ח 관용. New Israeli Shekel (=שְׁקָלִים חֲדָשִׁים)

שָׁבוּעַ 명.m.s. 주, week

שַׁבָּת 명.f.s. 안식일

שִׁגָּעוֹן 명.m.s. 미친 짓 craziness

שֶׁהֵם 접. that + 인칭대 3.m.pl. they

שׁוּב 부. 다시, 또

שׁוֹטֵף 형.m.s. 유창한

שׁוּלְחָן 명.m.s. 식탁

שׁוֹתֶה 동.현재.m.s. 마시다

שׁוֹתָה 동.현재.f.s. 마시다

שָׁחוֹר 형.m.s. 검은

שְׁטֻיּוֹת 명.f.pl. 엉터리, 쓸데 없는 것들

שְׁטוּת 명.f.s. 어리석음 nonsense

שָׁטִיחַ 명.m.s. 카펫

שִׁמּוּשִׁים 형.m.pl. 실용적인

שִׁמּוּשִׁית 형.f.s. 실용적인

שִׁיעוּר 명.m.s. 수업, 강의

שִׁיעוּרֵי הַבַּיִת 명.m.pl. 숙제, 과제물들

שֵׁירוּת 명.m.s. 서비스

שֵׁירוּתִים 명.m. 화장실

שְׁכוּנָה 명.f.s. 지역, 이웃

שָׁכַח 동.과거.3.m.s. 잊다

שָׁכַחְתִּי 동.과거.1.c.s. 잊어버리다

שָׁלוֹם 명.m.s. 평화, 평안

שְׁלוֹמְךָ 명.m.s. 평화, 안녕 + 인칭접미.2.m.s. 당신의

שְׁלוֹמֵךְ 명.m.s. 평화, 안녕 + 인칭접미.2.f.s. 당신의

שְׁלוֹמְכֶם 명.m.s. 평화, 안녕 + 인칭접미.2.m.pl. 당신들의

שְׁלוֹמְכֶן 명.m.s. 평화, 안녕 + 인칭접미.2.f.pl. 당신들의

שָׁלוֹשׁ 수.f. 3, 셋

שְׁלוֹשָׁה 수.m.s. 셋, 세게의, 3

שֶׁלִּי 대명.소유.1.c.s. 나의 my

שֶׁלְּךָ 소유격 인칭대명. 2.m.s. 당신의

שֶׁלָּנוּ 소유격 대명. 1.c.pl. 우리의

שֵׁם 명.m.s. 이름

שָׁם 부. 거기에

שְׂמֹאלָה 부. 외편으로

שְׁמוֹר 동.명령.2.m.s. 지켜라

שְׁמִי 명.m.s. 이름 + 인칭접미. 1.c.s.

שְׁמֵךְ 명.m.s. 이름 + 인칭접미.2.f.s.

שִׁמְךָ 명.m.s. 이름 + 인칭접미.2.m.s.

שָׁמַעְתִּי 동.과거.1.c.s. 듣다

שִׁמְרוּ 동.명령.2.m.pl. 지켜라

שִׁמְרִי 동.명령.2.f.s. 지켜라(여)

שֶׁמֶשׁ 명.m.s. 태양

שָׁנָה 명.f.s. 해 year

שָׁנִים 명.f.pl. 해 years

שָׁעָה 명.f.s. 시간

שָׁעוֹת 명.f.pl. 시간들

שֶׁקֶט 명.m.s. 정숙, 조용함

שְׁתֵּי נְסִיעוֹת 명사결합. 수.f. 둘 two + 명.f.pl. 여행들 (=버스표 두장)

תַּגִּיד 관용. (남성에게) 좀 알려주세요! tell!

תַּגִּיעַ 동.미래.2.m.s. 도착하다, 도달하다

תִּדְאֲגוּ 동.미래.2.m.pl. 염려하다

תֵּה 명.m. 차, tea

תֵּה נַעֲנָע 명.m.s. 민트 티

תִּהְיֶה 동.미래.2.m.s. be, become

תּוֹדָה 관용. 감사합니다

תּוֹדָה רַבָּה 관용. 대단히 감사합니다.

תּוֹדִיעַ 동.미래.2.m.s. 알려주다

תּוּכַל 조동.미래.2.m.s. can

תּוּכְלִי 조동.미래.2.f.s. can

תּוֹרָה 명.f.s. 토라, 율법

תַּזְמִין 동.미래.2.m.s. 초대하다, 주문하다

תַּחֲזוֹר 동.미래.3.f.s. 돌아오다

תְּחַכֶּה לְ- 동.미래.2.m.s. 기다리다

תַּחֲנָה מֶרְכָּזִית 명.f.s. Central station시외버스정류장

תַּחֲנַת אוֹטוֹבּוּס 명.f.s. 버스정류장

תַּחֲנַת רַכֶּבֶת 명.f.s. 기차역

תֵּיהָנוּ 동.명령.2.m.pl. 즐기다

תַּיָּרוּת 명.f.s. 여행업

תִּיק 명.m.s. 가방

תִּיקִים 명.m.pl. 가방들

תֵּירוּץ 명.m.s. 변명

תַּיָּרִים 명.m.복 관광객

תָּכִינִי 동.미래.2.f.s. 준비하다

תֵּלֵךְ 동.미래.2.m.s. 가다, 걸어가다

תַּלְמִידִים 명.m.pl. 학생들

תְּמוּנָה 명.f.s. 사진

תְּמוּנוֹת 명.f.pl. 사진들

תְּנִי 동.명령.f.s. 주다

תְּנַסּוּ 동.미래.2.m.pl. 시도하다

תִּסְלַח 동.미래.2.m.s. 용서하다

תַּעֲלֶה 동.미래.2.m.s. 오르다

תַּעֲלֶה 동.미래.2.m.s. 올라가다, 오르다

תַּעֲשֶׂה 동.미래.2.m.s. 하다

תַּפּוּחִים (תַּפּוּחַ) 명.m.pl. 사과들

תִּפְנֶה 동.미래.2.m.s. 돌다, 향하다

תֵּצֵא 동.미래.2.m.s. 나가다

תְּצַלְצֵל 동.미래.2.m.s. 전화를 하다

תִּקְוָה 명.f.s. 희망

תִּקַּח 동.미래.2.m.s. take, 타다

תַּקְצִיב 명.m.s. 예산

תִּרְאֶה 동.미래.2.m.s. 보다

תִּרְצוּ 동.미래.2.m.pl. 원하다

תִּשְׁאַל 동.미래.2.m.s. 묻다

תְּשׁוּבָה 명.f.s. 응답

תִּתְחַדֵּשׁ 동.미래.m.s. 새로워지다;
관용. 새로운 변화에 하는 인사

תִּתֵּן 동.미래.2.m.s. 주다

תִּתְקַדֵּם 동.미래.2.m.pl. 나아가다

תִּתְקַיֵּם 동.미래.3.f.s. 열리다, 개최되다

해답

제시된 답은 하나의 예시이며, 다른 표현도 얼마든지 가능하다.

שִׁיעוּר 01

1 בוקר טוב.
[보케르 토브]

צהרים טובים.
[쪼호라임 토빔]

ערב טוב.
[에레브 토브]

לילה טוב.
[라일라 토브]

2 מה נשמע?
[마 니쉬마]

טוב. תודה.
[토브 토다]

3 אַתָּה ישראלי?
[앗타 이스라엘리]

אני קוריאני.
[아니 코레아니]

4 מה המצב?
[마 하마짜브]

טוב מאוד.
[토브 메오드]

5 תהיה בריא!
[티히예 바리]

תהיי בריאה!
[티히이 브리아]

6 יום טוב!
[욤 토브]

שבת שלום!
[샤밧 샬롬]

7 תודה רבה.
[토다 라바]

על לא דבר!
[알 로 다바르]

שִׁיעוּר 02

1 מי זה?
[미 제]

זה דוד.
[제 다비드]

2 מי זאת?
[미 좃]

זאת מרים.
[좃 미리얌]

3 אלה תלמידים מקוריאה.
[엘레 탈미딤 미코레아]

4 מי זה יוהן?
[미 제 요한]

5 לא, אני לא סיני.
[로 아니 로 시니]

אני מקוריאה.
[아니 미코레아]

6 הוא מנהל בנק.
[후 메나헬 반크]

היא מזכירה.
[히 마즈키라]

7 די. אני לא מסכים.
[다이 아니 로 마스킴]

שִׁיעוּר 03

1 מה זה?
[마 제]

זה ספר קטן.
[제 세페르 카탄]

2 מה זאת?
[마 좃]

זאת מחברת חדשה.
[좃 마흐베렛 하다샤]

3 אלה ספרים מענינים.
[엘레 스파림 메안예님]

4 האנשים האלה תירים סינים.
[하아나쉼 하엘레 타야림 시님]

5 אז מה!
[아즈 마]

6 אַתָּה צודק. אין בעיה.
[앗타 쪼덱 엔 바아야]

7 אני לא יודע. מי יודע.
[아니 로 요데아 미 요데아]

שִׁיעוּר 04

1 מאין אַתָּה?
[메아인 앗타]

אני מישראל.
[아니 미이스라엘]

2 איפה אַתָּה גר?
[에이포 앗타 가르]

אני גר בירושלים.
[아니 가르 베예루샬라임]

3 מה אַתָּה עושה בישראל?
[마 앗타 오세 베이스라엘]

אני לומד באוניברסיטה העברית.
[아니 로메드 바우니베르시타 하이브릿]

4 מה אַתְּ עושה בקוריאה?
[마 앗트 오사 베코레아]

אני לומדת קוריאנית.
[아니 로메뎃 코레아닛]

5 מה אַתֶּם עושים בשבת?
[마 앗템 오심 베샤밧]

אנחנו נוסעים צפונה.
[아나흐누 노스임 짜포나]

6 במה אַתָּה עובד?
[바메 앗타 오베드]

אני רופא.
[아니 로페]

7 מזל טוב!
[마잘 토브]

בהצלחה!
[베하쯜라하]

שִׁיעוּר 05

1 איך קוראים לך?
[에이크 코르임 레카]

קוראים לי יואל.
[코르임 리 요엘]

2 איך הקוריאנים?
[에이크 하코레아님]

אני חושב שהם נחמדים.
[아니 호셰브 쉐헴 네흐마딤]

3 אנחנו גרנו בירושלים.
[아나흐누 가르누 베예루샬라임]

4 מתי אַתָּה בא?
[마타이 앗타 바]

5 אני חושבת שאני צודקת.
[아니 호셰벳 쉐아니 쪼데켓]

6 מה דעתך?
[마 타아트카]

7 בסדר, אין דבר.
[베세데르 엔 다바르]

שִׁיעוּר 06

1 יש לו אוטו.
[예쉬 로 오토]

האוטו נוסע טוב מאוד.
[하오토 노세아 토브 메오드]

2 מה אַתְּ מחפשת?
[마 앗트 메하페셋]

אני מחפשת תיק גדול.
[아니 메하페셋 틱 가돌]

3 אין לנו בריכה בבית.
[엔 라누 브레카 바바이트]

4 מי מדבר קוריאנית כאן?
[미 메다베르 코레아닛 칸]

5 אני לא מכיר אותה.
[아니 로 마키르 오타]

6 אני מחכה לאבא שלי.
[아니 메하카 레아바 쉘리]

7 זה סתם תירוץ.
[제 스탐 테루쯔]

שִׁיעוּר 07

1 יש לך זמן היום?
[예쉬 라크 즈만 하욤]

לא. אין לי זמן פנוי היום.
[로 엔 리 즈만 파누이 하욤]

2 יש מדפסת בבית?
[예쉬 마트페셋 바바이트]

אין. אני רוצה לקנות אחת חדשה.
[엔 아니 로짜 리크놋 아하트 하다샤]

3 הכול יהיה בסדר.
[하콜 이히예 베세데르]

4 אתקשר הערב.
[에트카셰르 하에레브]

5 אנחנו רוצים להתחתן הקיץ.
[아나흐누 로찜 레히트하텐 하카이츠]

6 לפעמים אני חיב לישון מוקדם.
[리프아밈 아니 하야브 리숀 무크담]

7 אין לנו אופציות אחרות.
[엔 라누 옵찌욧 아헤롯]

שִׁיעוּר 08

1 אני לוקח רכבת לתל-אביב.
[아니 로케아흐 라케벳 레텔 아비브]

2 אני לא יכולה ללמוד בזמן הנסיעה.
[아니 로 예콜라 릴모드 베즈만 하네시아]

3 מי לקח את המחשב שלי?
[미 라카흐 엣 하마흐셰브 쉘리]

4 אני לא יכול ככה.
[아니 로 야콜 카카]

5 רצתי כל היום בעבודה.
[라쯔티 콜 하욤 바아보다]

6 כרטיס לתל-אביב כיוון אחד בבקשה.
[카르티스 레텔 아비브 키분 에하드 베박카샤]

7 איך מגיעים לתחנת הרכבת?
[에이크 마기임 레타하나트 하라케벳]

שִׁיעוּר 09

1 בן כמה הוא?
[벤 카마 후]

הוא בן שלושים ורווק.
[후 벤 쉴로쉼 뵈라바크]

2 בת כמה היא?
[밧 카마 히]

היא בת עשרים וחמש והיא מסיאול.
[히 밧 에스림 뵈하메쉬 뵈히 미서울]

3 מה אַתְּ רוצה ללמוד באוניברסיטה?
[마 앗트 로짜 릴모드 바우니베르시타]

אני חושבת ללמוד מקרא.
[아니 호셰벳 릴모드 미크라]

4 מה השעה עכשיו?
[마 하샤아 아크샤브]

השעה אחת וחצי.
[하샤아 아하트 봐헤찌]

*접속사 ו에는 보통 쉐바가 와서 וְ[붸]로 발음된다. 여기에서는 후음 ח의 영향으로 [a] 모음이 더해져서 [봐]로 발음된다.

5 כמה זמן זה לוקח מירושלים לתל-אביב?
[카마 즈만 제 로케아흐 미예루샬라임 레텔 아비브]

זה יקח בערך שעה.
[제 이카흐 베에레크 샤아]

6 כמה זמן יש לך עד השיעור?
[카마 즈만 예쉬 레카 아드 하쉬우르]

יש לי עשרים דקות.
[예쉬 리 에스림 다콧]

7 כמה זה עולה?
[카마 제 올레]

שלושים שקל. תקח שנים בחמשים.
[쉴로쉼 셰켈 티카흐 슈나임 베하미쉼]

שִׁיעוּר 10

1 הוא נוסע לחיפה כדי להשתתף בכנס המורים.
[후 노세아 레하이파 케데이 레히쉬타테프 베케네스 하모림]

2 הוא לא הגיע בזמן בגלל הפקק במרכז העיר.
[후 로 히기아 바즈만 비글랄 하프카크 베메르카즈 하이르]

3 תגיעו לשיעור בזמן בבקשה.
[타기우 라쉬우르 바즈만 베박카샤]

4 ממתי הם התחילו לצאת ביחד?
[미마타이 헴 히트힐루 라쩨에트 베야하드]

הם יוצאים ביחד מחודש שעבר.
[헴 요쯔임 베야하드 메호데쉬 셰아바르]

5 הוא עובד קשה כדי להצליח.
[후 오베드 카셰 케데이 레하쯜리아흐]

6 איפה אני צריכה לרדת?
[에이포 아니 쯔리카 라레뎃]

7 סליחה. איפה השירותים?
[슬리하 에이포 하셰루팀]

ישר בבקשה.
[야샤르 베박카샤]

שִׁיעוּר 11

1 ברוך הבא!
[바룩 하바]

ברוכים הנמצאים!
[브루킴 하님짜임]

2 נראה לי שהדירה מאוד יפה.
[니르에 리 셰하디라 메오드 야파]

3 אין לו רצון להתקדם.
[엔 로 라쫀 레히트카뎀]

אין מה לעשות.
[엔 마 라아소트]

4 אל תעשה מה שהיא לא רוצה.
[알 타아세 마 셰히 로 로짜]

5 הוא לא מוצא חן בעיניי.
[후 로 모쩨 헨 베에나이]

6 איפה אנחנו יכולים לשבת?
[에이포 아나흐누 예콜림 라셰벳]

תשבו איפה שאַתֶּם רוצים.
[티쉬부 에이포 셰앗템 로찜]

7 אני מתקשרת בקשר לדירה.
[아니 미트카셰렛 베케셰르 라디라]

שִׁיעוּר 12

1 תשאל אנשים איפה לרדת.
[티쉬알 아나쉼 에이포 라레뎃]

2 היום אני רוצה ללכת הביתה מוקדם.
[하욤 아니 로쩨 랄레켓 하바이타 무크담]

3 למה אַתָּה מחכה?
[레마 앗타 메하케]

4 אם אַתְּ לא באה, אני גם לא אבוא.
[임 앗트 로 바아 아니 감 로 아보]

5 לאן בבקשה?
[레안 베박카샤]

תקח אותי למרכז העיר.
[티카흐 오티 레메르카즈 하이르]

6 תגידי בבקשה, איפה יש כספומט?
[타기디 베박카샤 에이포 예쉬 카스포마트]

יש אחד שם.
[예쉬 에하드 샴]

7 עברית, היא לא קשה!
[이브릿 히 로 카샤]